Verlag
Jakob
van
Hoddis

mehr ist eben nicht

Kranksein
Behindertsein
Menschsein

Beiträge des Arbeitskreises Kirche und „Euthanasie" der Evangelischen Kirche im Rheinland

Herausgeber: Jürgen Seim

Verlag Jakob van Hoddis

Im Förderkreis
Wohnen-Arbeit-Freizeit e.V.

Verlag Jakob van Hoddis

im Förderkreis Wohnen – Arbeit – Freizeit
Gartenstraße 4, 4830 Gütersloh
Telefon: 0 52 41 – 1 20 14

Satz: Satz-Service Berkemeier, Gütersloh
Druck: Werbe-Druck Poppe, Gütersloh
Umschlag-Gestaltung und Typographie: Atelier Scheffer, Gütersloh

Gütersloh, im Dezember 1988

ISBN 3-926278-13-7

Inhalt

Seite

5

Materialien und Medien:

Vorwort

Im Januar 1985 hat die Landessynode der Evangelischen Kirche im Rheinland in einer öffentlichen Erklärung zur Zwangssterilisierung, Vernichtung sogenannten lebensunwerten Lebens und medizinischen Versuchen an Menschen unter dem Nationalsozialismus Stellung bezogen. Zwangssterilisierung, Euthanasie und Menschenversuche in Konzentrationslagern zur Zeit des Nationalsozialismus sind ja nur der verbrecherische Ausdruck einer auch sonst anzutreffenden Haltung gegenüber Kranken und Behinderten, daß die Gesunden über diese Menschen, indem sie vorgeben, ihnen zu helfen oder ihnen auch tatsächlich helfen, ein Verfügungsrecht beanspruchen.

Die Erklärung der Landessynode ist von unserer westfälischen Schwesterkirche übernommen und auch in der Ökumene beachtet worden.

Der von der Kirchenleitung berufene Arbeitskreis »Kirche und Euthanasie« hat sich seither bemüht, die knappen Formulierungen seines Arbeisauftrages so zu übersetzen, daß die Bedeutung der Synodalerklärung für die alltägliche Begegnung mit kranken und behinderten Menschen deutlich wird.

Die Angehörigen und Nachbarn der Betroffenen in unseren Gemeinden und die Mitarbeiter/innen in unseren Schulen, Heimen und Krankenhäusern sollen auf diese Weise ermutigt, getröstet und in ihrem Bemühen gestärkt werden, den geistlichen Horizont der Synodalerklärung zu erkennen.

Es bleibt bedrückend, daß die Opfer der nationalsozialistischen »Gesundheitspolitik« bis heute nicht als Verfolgte anerkannt, rehabilitiert und entschädigt sind. Die Bemühungen der Evangelischen Kirche im Rheinland (vgl. EKD-Texte 21, »Vergessene Opfer«, 1987) haben leider nur bescheidene Früchte bei den politisch Verantwortlichen getragen. Das mag auch daran liegen, daß wir noch immer im Umgang mit Kranken und Behinderten befangen sind.

Das in diesem Buch vorgelegte Arbeitsergebnis möchte ein Anfang sein, Hilfestellungen geben und allen Versuchen wehren, menschliches Leben verfügbar zu machen. Ich wünsche dem Buch, daß es aufmerksam macht auf Kranke und Behinderte und größere Bereitschaft und Phantasie für das Zusammenleben mit ihnen bewirkt.

Präses D. Dr. Gerhard Brandt

Januar 1989

Peter Bichsel

Warum mir die Geschichte mißlungen ist

Ich wollte eine Geschichte schreiben über einen geistig Behinderten, und es ist immer wieder eine zu schöne Geschichte geworden, und eine schöne Geschichte tröstet, entlastet das Gewissen und täuscht über vieles weg. Was die Leute von der Literatur wollen, ist Schönheit als Trost. Die Schönheit soll sie dann über die Häßlichkeit des Alltags hinwegtrösten. Deshalb ist meine Geschichte über den geistig Behinderten nicht gelungen.

Denn es wäre eine Lüge zu schreiben, daß er schön und nett und unkompliziert ist. Im Gegenteil, sein Gesicht ist schräg und er geifert, und die Sätze, die er spricht sind immer dieselben. Aber ich mag seine Sätze, weil irgend etwas hinter ihnen steht, etwas, das nur er weiß und das er nicht formulieren kann; und etwas, das ich – wenn ich mich bemühe – erahne.

Seine Sätze sind unbedeutend, vielleicht irgendwo angelernt, irgendwo gehört, und sie haben sich ihm eingeprägt, sie sind eingebrannt in sein Gehirn.

Einer seiner Sätze heißt:»Auch – der – E – sel – hat – ei – ne – See – le.«

Und wenn ich den Satz höre, dann weiß ich, daß er etwas anderes hätte sagen wollen, etwas sehr viel Komplizierteres, für das es keine Wörter gibt. Und ich ahne, daß nicht er der einfachere ist, sondern ich: daß er vielleicht in einer viel komplizierteren Welt lebt als ich; daß er – im Unterschied zu mir – Dinge weiß, für die es keine Wörter gibt.

Dieses etwa hätte ich schreiben wollen, und es hätte sehr schön getönt und ihm nichts genützt. Denn so schön wie das in Wörtern klingt, ist das ganze nicht. Vielleicht hat er selbst keine Wörter, weil ihm alle zu schön sind für die Darstellung seines Elends.

In zwei Wirtschaften wird er noch bedient und auch dort schiebt man ihn in die Ecke, um die Ruhe der Gäste zu garantieren, die abends nichts Häßliches sehen wollen. Das Geifern könnte ihnen den Appetit verderben.

Er – ich kenne seinen Namen nicht, er hat keinen Namen – er ist unappetitlich. Das macht man ihm zum Vorwurf. Er gleicht den Männern nicht, deren Bild auf den Illustrierten ist, und er wird es im Leben zu nichts bringen: zu keiner Reederei, zu keinem Gemüseladen, nicht einmal zu einer Frau. Er lächelt den Frauen zu und ist sehr höflich. Deshalb hält man ihn für gefährlich.

Er ist ganz einfach mißlungen; eine Beleidigung für die Schönheit der Natur, eine Beleidigung für die Schönheit der Menschen, für die Schönheit des Lebens. Er ist für die andern ein ebenso großes Ärgernis, wie für einen Handwerker eine mißlungene Arbeit. So urteilen die Leute, wenn sie auch wissen, daß sie das nicht sagen dürfen.

Denn sie haben – so behaupten sie – nichts gegen ihn. Sie lassen ihn leben, und sie sind auch oft, aber ganz nebenbei, freundlich zu ihm.

Wenn er sagt: »Auch – der – E – sel – hat – ei – ne – See – le«, dann widerspricht ihm niemand. Es gibt sogar besonders freundliche, die wiederholen seinen Satz, und dann schaut er sie entgeistert an, weil er sieht, daß die Leute nicht begriffen haben, daß er etwas anderes sagen wollte.

Denn eigentlich spricht mit ihm niemand, und die wenigen, die etwas zu ihm sagen, tun nur so als ob sie sprechen würden. Eine Antwort erwartet niemand. Und er sitzt am Rande und wartet darauf, aufgenommen zu werden.

Er möchte Mitglied sein, Mitglied von irgend etwas.

Ich kenne einen anderen, der jahrelang am Rande saß, schwer krank, schwerhörig, sehbehindert. Der hatte in seiner Tasche einen alten vergilbten Mitgliederausweis für das Jahr 1921 eines Radfahrervereins. Und dieser Mitgliederausweis war sein letzter und wichtigster Besitz.

Er zeigte ihn den Leuten und sagte: »Ich bin Mitglied.« Und als ihm einmal jemand sagte: »Der ist nicht mehr gültig, den kannst Du wegwerfen«. Da gab er zur Antwort: »Das darf man doch nicht, es ist nämlich ein Dokument.«

Aber auch diese Geschichte ist zu schön, weil sie lustig ist und ein bißchen traurig, und weil sie vortäuscht, dieser Mann habe eine Geschichte, habe ein Schicksal.

Aber das ist nicht wahr. Er hatte nur noch täglich eine Flasche Bier, seine Augentropfen und sich selbst.

Und wiederum tönt das wunderschön: ein Bier, seine Augentropfen und sich selbst. Das ist ein großer Satz, ein schöner Satz – wenn man das so schön sagen kann – dann stimmt die Welt, dann ist alles in Ordnung, schöne Sätze über häßliche Dinge: Wörter machen Unappetitliches salonfähig.

In einer Geschichte bekommt der Außenseiter, der Weggeschobene, Größe. Wenn er da sitzt, ist er nichts als ein Ärgernis – wenn ich ihn beschreibe, blüht er auf, wird er etwas – und alle, die etwas tun sollten für ihn, sind getröstet und tun nichts. Mit meiner Beschreibung schade ich ihm, weil ich damit das Gewissen derjenigen beruhige, die ihm helfen sollten.

Sollte es mir aber gelingen, sein Elend zu schildern; dann weinen vielleicht meine Leser, und dann geben sie vielleicht etwas Geld – aber nicht für ihn, sondern nur um die eigenen Tränen zu stillen. Aus Rührung und aus Erbarmen vielleicht – weil er ein Armer ist.

Doch ihm gefällt die Rolle des Armen gar nicht. Er möchte nicht bemitleidet werden, er möchte nichts anderes als dazugehören: Mitglied sein. Er hat einen Anspruch auf unsere Hilfe, weil er zu uns gehört – aus keinem andern Grund. Er hat einen Anspruch auf unsere Hilfe, weil er Mitglied der menschlichen Gesellschaft ist. Aber eben: er hat nur noch einen Mitgliederausweis eines Radfahrervereins von 1921 – und der gilt nichts mehr.

»Ich kannte einen Mann, der wußte den ganzen Fahrplan auswendig«, so beginnt eine meiner Kindergeschichten. Und eben auch diese Kindergeschichte ist nichts anderes geworden als eine Geschichte, etwas lustig, etwas traurig und sehr tröstlich.

Aber ich habe diesen Mann, Emil hieß er, wirklich gekannt, und ich habe ihn gern gehabt und habe ihn damals – ich war ein kleines Kind – sehr verehrt, weil er den ganzen Fahrplan, das ganze Kursbuch auswendig konnte. Ich habe mit ihm Spaziergänge gemacht durch den ganzen Bahnhof, und er schickte mich in die Reisebüros um Prospekte über Eisenbahnen zu betteln. Ich tat das zwar sehr ungern und mit Hemmungen, aber jemand mußte es tun, weil Emil keine Prospekte bekommen hätte mit seinem Gesicht und seiner Aussprache.

Der Mann im Reisebüro hat mir die Prospekte gegeben, weil ich vielleicht ein zukünftiger Kunde werden könnte und weil man die Jugend heranziehen muß. Denn Emil, das sah man ihm an, war kein Kunde. Ihm fehlte das Geld und der Mut zum Eisenbahnfahren. Aus mir konnte noch ein Konsument werden – aus ihm nicht.

Ich wußte das damals nicht – heute weiß ich es. Denn ich wußte damals nicht, daß Emil nicht normal ist. Ich habe ihn ganz einfach gern gehabt, viel lieber als seine normalen Brüder, und ich habe ihn verehrt, denn er hat mir viele Sachen erzählt und die Eisenbahn erklärt. Und für mich war es gut, daß er undeutlich sprach – ich mußte ihm umsobesser zuhören.

Nur eine Sache an ihm war mir unangenehm. Er trug in seinem Hosensack immer gedörrtes Obst mit, und er bot allen Leuten davon an. Die Apfelschnitze waren aber schmutzig und er trug sie oft auch unter dem Taschentuch, und die Leute lehnten die Schnitze dankend ab.

Ich bemerkte, daß ihn das traurig machte. Und jemand mußte eben die Schnitze essen, und ich schloß meine Augen und würgte sie hinunter, und er hatte immer noch welche im Sack, und ich würgte bis sie weg waren.

Ich habe nie bemerkt, daß etwas nicht stimmte mit ihm. Aber heute, nachträglich, erinnere ich mich daran, daß es die Erwachsenen, meine Verwandten, nicht gern sahen, wenn ich zuviel mit ihm zusammen war. Vielleicht hatten sie Angst vor einer geheimen Ansteckung. Vielleicht hatten sie Angst, daß er auch meinen Geist verwirren könnte. Und vielleicht hat er es auch getan – ich schreibe heute Geschichten, und ganz so normal ist das auch nicht.

Ich habe nie bemerekt, daß er nicht zu uns, nicht ganz zu den Menschen gehört. Ich fand ihn wie all die andern und unter all den andern einer der besten.

Ich glaube auch, daß ich bemerkte, daß er sich von andern unterschied, so wie eben der eine blonde und der andere schwarze Haare hat, der eine Kinder nicht mag und der andere nett ist, der eine ein Schreiner ist und der andere ein Lokomotivführer – aber ich hatte nie den Verdacht, daß er ganz außerhalb von dem allen steht.

Sie alle, die ich gekannt habe, wurden in Heime gesteckt. Nicht etwa weil sie der Gesellschaft gefährlich geworden wären, nicht etwa weil sie eine besondere Pflege benötigt hätten – sondern ganz einfach, weil sie zu unappetitlich waren für die feine Stube der verlogenen Gesellschaft.

Nun hat die Gesellschaft vor ihnen Ruhe, und es gibt die drei, die vom Rande her zuschauen nicht mehr, und die Gesellschaft hat kein schlechtes Gewissen, die Natur ist wieder schön und der Mensch etwas Ästhetisches.

Und die Gesellschaft hat mit dem Ausschluß der drei wieder einmal mehr eine Chance verpaßt; die Chance nämlich, an ihnen zu wachsen, an ihnen zu lernen und sich im Umgang mit ihnen – die kompliziert und nicht ästhetisch leben – Gedanken über das Menschliche zu machen. In einem Fall allerdings war es so, daß die Familie des Kranken feststellte, daß er im Spital billiger kommt, weil dort der Staat, die Armenpflege, alles bezahlt und weil die Rente zu klein war für all die Umstände, die er machte.

Vielleicht ist deshalb der finanzielle Einsatz der Gesellschaft, des Staates, immer noch so klein, weil die Gesellschaft, der Staat daran interessiert ist, daß man die drei wegbringt in ein Heim, in eine Anstalt.

Vielleicht ist diese Gesellschaft an nichts anderem interessiert als an Appetitlichkeit, an einer schönen, ästhetischen Fassade.

Und wenn es so ist, wird die Fassade einmal einstürzen, und die Gesellschaft unter sich begraben.

In diesem Sinne wäre es politisch wichtig und staatserhaltend, wenn wir die drei bei uns behielten, zu uns zählen würden. Die drei könnten uns zwingen, vom Leben mehr zu erwarten als Appetitlichkeit.

Und darüber gibt es keine Geschichte zu schreiben, und deshalb ist mir diese Geschichte mißlungen.

Mit freundlicher Genehmigung des Autors abgedruckt aus:
Erfahrungen · Témoignage · Testimonianze, herausgegeben von der Pro Infirmis zum 50jährigen Jubiläum
Bern 1970

Jürgen Seim

Einleitung

»Die tun, was sie können; mehr ist eben nicht«, sagte eine Frau, die als geistig Behinderte seit Jahrzehnten in einem Heim lebt, über die Bemühungen der Mitarbeiterinnen und Mitarbeiter. Der Satz verrät Humor, spricht für Einsicht in die Hilflosigkeit der Helfer und drückt Verständnis dafür aus. Aber er ist auch eine leise Klage und leitet zum Nachdenken an, ob die Grenzen dieser besonderen Hilflosigkeit vielleicht verschoben werden können. Nicht Leiden im allgemeinen kann abgeschafft werden. Aber die Einsichts-, Verständnis- und Phantasielosigkeit gegenüber leidenden Menschen kann vermindert werden. Die Beiträge dieses Buches wollen dazu Anregungen geben.

Die meisten der Autorinnen und Autoren (von den anderen ist nachher noch etwas zu sagen) gehörten zu einem Arbeitskreis der Evangelischen Kirche im Rheinland, der mit der »Weiterarbeit« zur Synodalerklärung von 1985 (»Erklärung zu Zwangssterilisierung, Vernichtung sogenannten lebensunwerten Lebens und medizinischen Versuchen an Menschen unter dem Nationalsozialismus«) beauftragt war. Diese Synodalerklärung hatte vierzig Jahre nach dem Ende der nationalsozialistischen Diktatur erstmals die kirchliche Schuld im Zusammenhang der verbrecherischen Krankenpolitik ausgesprochen und biblische Perspektiven für ein anderes Verhalten gegenüber kranken und behinderten Menschen angedeutet. Einen entscheidenden Anstoß für diese kirchliche Äußerung gab die Deutsche Gesellschaft für soziale Psychiatrie mit ihrer Denkschrift »Holocaust und die Psychiatrie – oder der Versuch, das Schweigen in der Bundesrepublik zu brechen« im Jahr 1979. Die Landessynode der Evangelischen Kirche von Westfalen hat sich die rheinische Erklärung noch im selben Jahr 1985 zu eigen gemacht.

Es war bei der Beschlußfassung über die Synodalerklärung klar, daß damit kein abschließendes, sondern ein erstes Wort gesagt wurde, dem andre Worte und Taten folgen mußten. In der Erklärung wurden die Ursachen für die staatlichen Verbrechen an kranken und behinderten Menschen genannt, und es ist deutlich, daß diese Ursachen nicht mit dem Ende der nationalsozialistischen Diktatur behoben waren. So gewiß die Synodalerklärung und die DGSP-Denkschrift in die Geschichte zurückblicken, so sehr ist dabei ein aktuelles Interesse im Spiel. Die geschichtliche Schuld muß um der Opfer willen, die nach einem Wort Alexander Mitscherlichs nicht mitleidlos vergessen werden dürfen, in unserem Gedächtnis bleiben. Aber wichtig ist ebenso, für heute und morgen Einsicht in die Grenzen unserer Hilfsmöglichkeiten für Hilfsbedürftige zu gewinnen und dann diese Grenzen nach vorn zu verlegen, damit wir alle mehr Spielraum für ein freies Miteinanderleben bekommen.

Was wir in diesem Buch vorlegen, ist ein sehr bescheidener Einblick in die verzweiflungsvoll vielfältigen Probleme, die sich vor uns auftaten. Wir sind uns bewußt, daß viele für die Kirche und ihre Diakonie drängende Aufgaben in unseren Beiträgen nicht vorkommen. Ich nenne hier einige besonders empfindliche Lücken:

Wir haben es nicht geschafft, den *historischen Aspekt* unseres Themas aufzuzeigen. Hilfsweise veröffentlichen wir den Vortrag, mit dem Caspar Kulenkampff 1985 die Vorlage für die genannte Erklärung in die Synode einbrachte. Nun gibt es inzwischen eine Reihe von Arbeiten, die diese schreckliche Geschichte zum Thema haben. Uns mußte aber daran gelegen sein, speziell für die rheinischen diakonischen Einrichtungen deren Beanspruchung durch die nationalsozialistische Gesundheits- und Sozialpolitik zu untersuchen. Das ist jedoch bisher aus den verschiedensten, im einzelnen halbwegs plausiblen Gründen nicht gelungen. Es ist offenbar auch in der Kirche, die doch das Vergebungswort kennt, leichter, die Ruhmesgeschichte zu erzählen, als die Schuldgeschichte, mit aller gebührenden Scham, wenigstens anzudeuten. Man möchte dazu einen Essay über den Unterschied von Vergeben und Vertuschen schreiben. Inzwischen zeichnet sich, aufgrund des Drängens des Arbeitskreises, die Möglichkeit einer sachgerechten historischen Arbeit in unserem Bereich ab. Es wird auch hohe Zeit, daß die Achtung für die damals Geopferten nicht zurücksteht hinter der Rücksicht auf die damals Verantwortlichen. Wenn wir den Versuch machen, diese Geschichte zu schreiben, geht es ja nicht darum, Jüngstes Gericht zu spielen. Vielmehr soll die redlich erforschte Geschichte dem Andenken derer dienen, die gelitten haben, und die folgenden Generationen lernen lassen, Leiden nicht gedankenlos weiterzuführen.

Der *Wert des Lebens* stand damals akut in Frage, er wurde bestritten und verneint, und die Verneinung wurde mörderisch exekutiert. Wir haben in unseren Beiträgen nicht erörtert, wo überall der Wert des Lebens heute in Frage steht. Auch im Krieg wird Leben fraglos zur Disposition gestellt, ebenso in der Preisgabe halber Kontinente an den Hunger und in den Lebensbedingungen, die wir stillschweigend sogenannten Randgruppen zumuten. Die Asylanten zeigen die Verbindung von Leiden unter Krieg, Hunger und Randgruppen-Dasein auf besonders sinnfällige Weise. Daß es lebensunwertes Leben geben soll, wird bei alledem wirkungsvoll behauptet.

Leben steht aber auch anders zur Disposition: durch eine Vereinigung neuer biologischer und medizinischer Möglichkeiten mit ethischen Begründungen. Es ging über die Kraft unseres Arbeitskreises, das im einzelnen darzustellen. Die sog. Fortpflanzungsmedizin, die genetische Forschung und ihre Anwendung, die Gentechnik, veranlassen täglich neue Entscheidungen über den Wert von Leben, das geboren werden soll oder besser nicht; das verbesserungsbedürftig und -fähig ist; die also dem wissenschaftlichen Grundsatz »etsi deus non daretur« entsprechend über Menschen verfügen, »als gäbe es

Gott nicht«. Daß es Gesetzesentwürfe oder Anregungen dafür gibt, die Sterilisierung und aktive Sterbehilfe regeln wollen, notfalls ohne Einwilligung der Betroffenen, haben wir leider nicht mit der gebührenden Ausführlichkeit aufgezeigt. Wir hoffen aber, daß deutlich wird, in welche Richtung eine entschiedene Stellungnahme weisen müßte.

Unser Thema ist das Leben von, und noch mehr, wenn es ginge, das Leben mit Kranken und Behinderten. Dabei ist uns der *Begriff: Behindert* noch einmal problematisch geworden, ohne daß wir das Problem angemessen hätten beschreiben oder gar lösen können. Es ist ja nicht dasselbe, ob jemand mit einer Behinderung geboren wird oder ob die anderen ihn hindern, am gemeinschaftlichen Leben teilzunehmen. Auch formalisiert der Begriff die konkrete Existenz eines blinden oder gelähmten Menschen in unangemessener Weise. Die Kennzeichnung »behindert«, die für viele Menschen schon in der Schule anfängt, hat leicht den Charakter der Stigmatisierung. Berufliche Möglichkeiten verschließen sich beinahe automatisch, und die eigentlich begrüßenswerte Einrichtung von Werkstätten für Behinderte hat viele Probleme zur Folge: die Verfestigung der Ausgliederung; die oft genug nicht einmal der Leistung, jedenfalls aber nicht den Lebensbedürfnissen entsprechende Entlohnung. Das Verhältnis von krank- und behindertsein zu arbeitsfähigsein bedarf dringend weiterführender Untersuchungen, Überlegungen und Bemühungen.

Es gibt viele, zum Teil traditionsreiche Einrichtungen für kranke und behinderte Menschen. In unseren Beiträgen ist von Schulen, Heimen und Kliniken die Rede. Nicht erörtert sind die *ambulanten Dienste* und die *Selbsthilfegruppen*, die es glücklicherweise inzwischen gibt. Auf sie aufmerksam zu machen, ist uns gleichwohl wichtig.

In die Zeit unserer Arbeit fiel die öffentliche Auseinandersetzung um die *Anerkennung der vergessenen NS-Opfer*. Ausgehend von der Synodalerklärung 1985 hatten die Synode der Evangelischen Kirche in Deutschland 1986, die rheinische Synode 1987 und noch einmal 1988 die verantwortlichen Politiker aufgefordert, die Rehabilitierung und Entschädigung dieser Menschen endlich zu beschließen und in die Wege zu leiten. Was der Deutsche Bundestag in dieser Hinsicht durch die Jahrzehnte versäumt und auch mit den jüngsten Beschlüssen nicht geleistet hat, ist unsäglich. Aber die Frage geht auch selbstkritisch an die Kirche, was wir denn in den vielen Jahren seit der systematischen Verfolgung Kranker und Behinderter und anderer mißliebiger Gruppen für diese Menschen getan, wie wir sie in unseren Gemeinden aufgenommen und beachtet haben. Ralph Giordano hat das bedrückende, weil zutreffende Wort von der *Zweiten Schuld* geprägt, die darin besteht, daß wir die erste verdrängt und infolgedessen keinen wirklichen Neuanfang nach Krankenmord und Holocaust, Rechtsbruch und Krieg gemacht haben. Die völlige Anerkennung der inzwischen nicht mehr vergessenen, sondern bewußt übergangenen NS-Opfer einzufordern, bleibt eine kirchliche Aufgabe.

Die Liste der *Mitglieder unseres Arbeitskreises* kann einige Auskunft darüber geben, welche Kompetenz im einzelnen zur Verfügung stand, um die »Weiterarbeit« infolge der Synodalerklärung zu leisten. Nicht ersichtlich ist das persönliche Engagement, das die Mitglieder nicht allein im Arbeitskreis entwickelten, sondern an ihrem jeweiligen Ort praktizieren. Die Beiträge müssen für sich selbst sprechen. Daß sie als Auslegung und Fortführung der rheinischen Synodalerklärung entstanden, erklärt den Standort unseres Buches in der evangelischen Konfession. Wir möchten jedoch für uns in Anspruch nehmen, in ökumenischem Geist gedacht, diskutiert und geschrieben zu haben. Dankbar sind wir für die Beiträge einiger *Gast-Autoren*, die uns den Wiederabdruck früherer Arbeiten erlaubten. Wir sind der Meinung, daß sie über unsere eigenen Bemühungen hinaus in besonders authentischer Weise das Menschsein kranker und behinderter Menschen zeigen – also unsere ursprüngliche Absicht verdeutlichen.

Als *Leserinnen und Leser* wünschen wir uns Menschen, die aus der eigenen Hilflosigkeit gegenüber hilfsbedürftigen Mitmenschen hinausstreben; die mit dem abgrundigen Humor des Satzes »*die tun, was sie können; mehr ist eben nicht*« sich abzufinden verweigern. Das kann jede und jeder sein; das könnten besonders Angehörige Kranker und Behinderter sein; das sollten engagierte Gemeindeglieder in den christlichen Gemeinden sein. Immer haben wir, wenn wir unsere Entwürfe besprachen und neu schrieben, an die Mitarbeiterinnen und Mitarbeiter in den kirchlichen Einrichtungen gedacht. Ihnen allen möchten wir bei der schönen und schweren Aufgabe zur Hand gehen, das Zusammenleben der verschiedenen Menschen mitzugestalten.

Zuletzt geht mein *Dank*
– an die Mitglieder des Arbeitskreises, die in drei Jahren intensiver Gespräche und Initiativen zu einer tief- und weitreichenden Gemeinsamkeit gefunden haben, wie die Beiträge dieses Buches bezeugen;
– und an die Leitung der Evangelischen Kirche im Rheinland, die mit ihren finanziellen Mitteln unsere Arbeit und zu einem Teil auch deren Veröffentlichung ermöglicht hat.

Synodalerklärung von 1985

Erklärung zur Zwangssterilisierung, Vernichtung sogenannten lebensunwerten Lebens und medizinischen Versuchen an Menschen unter dem Nationalsozialismus

Die Erinnerung an die Anfänge der Bekennenden Kirche und an das Ende des Zweiten Weltkrieges gibt Anlaß, den versäumten und geleisteten Widerstand der evangelischen Kirche gegen die Verbrechen der Zwangssterilisierung, der Vernichtung sogenannten lebensunwerten Lebens und medizinischer Experimente an Menschen in Konzentrationslagern und Anstalten in das Bewußtsein unserer Gemeinden und der Öffentlichkeit zu heben. Die Barmer Synode 1934 hatte diese Fragen noch nicht im Blick. In der Stuttgarter Schulderklärung hätte 1945 die Erfahrung des kirchlichen Versagens an diesem Punkt mitsprechen sollen. Heute ist es unabweisbar, daß wir als Christen zu diesen Verbrechen und ihren Ursachen Stellung nehmen und eine Antwort der Kirche auf die Frage nach Krankheit, Behinderung und Leiden geben, insbesondere im Blick auf die überlebenden Opfer, die überlebenden Angehörigen und auf die noch unter uns lebenden Täter. Der geistige Hintergrund, aus dem jene Aktionen erwachsen sind, muß deutlicher werden, damit erneute Gefährdungen wehrloser Menschen verhindert werden können.

1. Tatbestände

Am 14. Juli 1933 wurde in Deutschland das »Gesetz zur Verhütung erbkranken Nachwuchses« verabschiedet, infolgedessen Menschen in unbekanner Zahl, bei denen nach damaligen Vorstellungen eine Erbkrankheit festgestellt, vermutet oder unterstellt wurde, zwangsweise sterilisiert wurden.

Auf den 1. September 1939, den Tag des Kriegsausbruchs, wurde der jeder Rechtsgrundlage entbehrende geheime »Führererlaß« rückdatiert, der die »Aktion Gnadentod« (sogenannte Euthanasie) auslöste. Ihr fielen über hunderttausend Behinderte und psychisch Kranke zum Opfer, die für »lebensunwert« erklärt wurden; diesem Personenkreis wurden gelegentlich auch andere mißliebige Personen wie Kommunisten und Homosexuelle zugerechnet. Auch nach dem offiziellen Ende der planmäßigen Aktion im August 1941 wurde das Morden fortgesetzt. In manchen Konzentrationslagern und Anstalten wurden unmenschliche Versuche an Inhaftierten und Pfleglingen vorgenommen.

2. Ursachen

Diese Verbrechen der Lebensvernichtung waren keineswegs nur die Folge besonderer Unmenschlichkeit des nationalsozialistischen Regimes. Sie geschahen nach einer langen geistigen Vorbereitung:

– Die Übertragung biologischer Vorstellungen von Vererbung, Rasse und Auslese auf den ethischen und gesellschaftlichen Bereich (sog. positive Eugenik, Rassenhygiene, Sozialdarwinismus) bestimmte das Urteil über den Wert des Menschenlebens; man befürchtete die Degeneration des Erbguts und die Ausbreitung minderwertiger »Rassen« und sprach den »Lebensuntüchtigen« zunächst das Recht auf Fortpflanzung, später das Recht auf Leben ab.

– Aufgrund der Ideen von Nation und Volksgemeinschaft in Verbindung mit den genannten biologischen Vorstellungen wurde der Mensch nur an seinem ökonomischen Nutzwert für die Gemeinschaft gemessen und ein Recht des Stärkeren und Gesunden über den Schwachen und Kranken behauptet.

Sind diese Vorstellungen immer noch, wenn auch selten ausdrücklich, aktuell, so gilt das erst recht von den folgenden, die damals die Verbrechen ermöglichten und heute als Einstellungen weiter wirksam sind.

– Kranke und Behinderte erscheinen häufig nicht als menschliche Partner, sondern als Objekte für Forschung, Heilbehandlung, Pflege und Betreuung. Sie werden einseitig von ihrer Hilfsbedürftigkeit her verstanden und in ihrem vollen Menschsein verkannt. Sehr leicht wird ihre Einweisung in Anstalten, Sonderschulen usw. als Ausgliederung aus Gemeinde und Gesellschaft aufgefaßt und führt dann zu ihrer Isolation.

- Der Mensch wird als unabhängig, vernünftig und zur Selbstverwirklichung fähig verstanden; tatsächliche Abhängigkeit, Einschränkung geistiger Fähigkeiten und Hilfsbedürftigkeit sollen nicht zum Menschen gehören.
- Der Sinn des Lebens wird in Glück, Gesundheit, Leistung und Konsum gesehen, darum werden Krankheit, Schmerz, Leid und die Behinderung bei Leistung und Konsum verdrängt. Falsch verstandenes Mitleid führt dazu, die Tötung leidender Menschen als Erlösung zu rechtfertigen.

3. Zur Haltung von Kirche und Theologie

Theologische Aussagen über den Menschen haben sich bisher einseitig an seinen geistigen Fähigkeiten ausgerichtet. Infolgedessen hat auch die Kirche in ihrem praktischen Handeln kranke und behinderte Menschen oft nur von ihrer Hilfsbedürftigkeit her verstanden; sie konnte sie dann nur noch als Objekt ihrer Nächstenliebe sehen. Die Einrichtung großer Anstalten leistete entgegen der guten Absicht, Schutzräume für sie zu schaffen, häufig der Meinung Vorschub, Kranke und Behinderte gehörten nicht zur Gesellschaft und Gemeinde.

Unter dem Nationalsozialismus waren die Gemeinden und kirchlichen Einrichtungen, wenn es um Widerstand gegen das staatliche Verbrechen ging, fast ausnahmslos wie gelähmt, weil sie sich der langen geistigen Vorgeschichte nicht entziehen konnten und meinten, dem Staat auch in dieser Frage Gehorsam zu schulden.

- Kirchliche Einrichtungen wirkten bei der Zwangssterilisierung mit und waren meistens hilflos gegenüber dem staatlich verordneten Mord an ihren Bewohnern, als diese, wie es hieß, »verlegt« wurden.
- Wesentlichen Widerstand Einzelner gab es erst beim Übergreifen der sogenannten Euthanasie-Aktion auf die eigenen Einrichtungen.

4. Bekenntnis

Im Blick auf diese Vergangenheit und im Hören auf das Zeugnis der Heiligen Schrift bekennen wir:
Wir glauben, daß Gott uns im leidenden Gottesknecht begegnet, »ohne Gestalt und Hoheit«, »voller Schmerzen und Krankheit« (Jes 53).

Wir glauben, daß Gott den Menschen als sein Ebenbild geschaffen hat (Gen 1,26; 9,6). Diese biblische Grundaussage ist durch Jesus Christus bekräftigt: Er, der Erstgeborene der ganzen Schöpfung und von den Toten, ist Gottes Ebenbild allen Menschen zugute (Kol 1,15–20). Dieser Zuspruch schließt jeden Menschen ein (Röm 15,7). Der unsere Krankheit trug und unsere Schmerzen auf sich lud (Jes 53,4; Mt 8,17), hat auch bei schwachen, kranken und behinderten Menschen wahres Menschsein erkennen lassen, denn für alle Menschen gilt: »Meine Kraft ist in den Schwachen mächtig« (2. Kor 12,9). Der gekreuzigte Jesus Christus ist also der kritische Maßstab, an dem wir alle Menschenbilder zu messen haben. Als der Weltenrichter ist er eins mit den Hilfsbedürftigen (Mt 25).

Wir erkennen, daß dem Menschen seine Würde von Gott beigelegt und darum unantastbar ist, daß sie also nicht in seinen Fähigkeiten und Leistungen begründet ist. Wer von Menschen geboren ist, ist Mensch, mögen seine Fähigkeiten und Möglichkeiten noch so eingeschränkt sein.

Wir erkennen, daß Leiden den Menschen nicht erniedrigt und Leistung den Menschen nicht erhöht, daß zu unserem Menschsein gehört, wie von Gott so auch von Mitmenschen angenommen zu werden; daß also brüderliche und schwesterliche Zusammengehörigkeit alle Menschen verbindet, gesunde und kranke, starke und schwache, nicht behinderte und behinderte, hilfsbereite und hilfsbedürftige.

Wir bekennen, daß wir wie vorangehende Generationen in unserer Kirche diesen Zuspruch des Evangeliums nur unzulänglich bedenken und ernstnehmen. So konnte es geschehen, daß den menschenverachtenden Ideologien, die die Vernichtung behinderter und kranker Menschen geistig vorbereiteten, nicht deutlich genug entgegengetreten worden ist.

Wir bekennen, daß wir in unserer Kirche zu wenig Widerstand gegen die Zwangssterilisierung, die Ermordung kranker und behinderter Menschen und gegen unmenschliche Menschenversuche geleistet haben. Wir bitten die überlebenden Opfer und die hinterbliebenen Angehörigen der Ermordeten um Vergebung.

5. Aufgabe der Kirche

Wir bitten die Gemeinden, die diakonischen und sonderpädagogischen Einrichtungen sowie alle, die in pädagogischen, medizinischen, juristischen und Verwaltungsinstitutionen tätig sind, an der

Aufklärung der Vergangenheit mitzuwirken und unsere Tradition kritisch zu sichten, um die auch heute noch bestehenden Voraussetzungen jener Verbrechen und die entsprechenden Benachteiligungen zu erkennen und aufzuheben.

Wir hoffen, daß die neu entstandenen Probleme in Medizin (z.B. im Zusammenhang mit Geriatrie, Intensivmedizin, vorgeburtlicher Diagnostik, Gentechnologie), Behindertenpädagogik und Sozialarbeit in gemeinsamer Bemühung aller Partner zu einer ethischen Klärung kommen. Diese sollte nicht vorschnell mit dem Hinweis auf die nationalsozialistischen Verbrechen belastet werden. Eine scheinbar wertneutrale wissenschaftliche Auseinandersetzung schützt die betroffenen Menschen nicht davor, bloße Objekte forschenden, therapeutischen, erzieherischen oder betreuenden Handelns zu werden.

Wir bitten Gott, daß er uns in Wort und Sakrament durch den Heiligen Geist zu einer Gemeinde aus behinderten und nichtbehinderten Schwestern und Brüdern auferbaue.

Wir streben darum an:

- partnerschaftliches Verständnis für kranke und behinderte, altersschwache, pflegebedürftige und benachteiligte Menschen zu wecken;
- die Menschen in unseren Gemeinden dafür empfindlich zu machen, daß Nächstenliebe im Geben und Nehmen, nicht im Geben von oben nach unten besteht;
- die Öffentlichkeit für diese Zielsetzung zu gewinnen.

6. Weiterarbeit

Die Landessynode beauftragt die Kirchenleitung, einen Arbeitskreis/Ausschuß zu berufen, der die begonnene Arbeit an dieser Fragestellung fortführt und Folgerungen für die Erwachsenenbildung, die Aus- und Fortbildung kirchlicher Mitarbeiter und Religionslehrer sowie für sozialethische Grenzen medizinischer Forschung und Praxis daraus erarbeitet. Die Landessynode verweist dankbar auf die Erklärung zu den Geschehnissen in den Diakonie-Anstalten Bad Kreuznach, die im Zusammenhang mit dem nationalsozialistischen Programm der Vernichtung lebensunwerten Lebens stehen, vom 25. September 1984.

Beschluß der Landessynode der Evangelischen Kirche im Rheinland vom 12. Januar 1985.

Jürgen Seim

Kranksein – Behindertsein – Menschsein

Der Mensch als Gottes Ebenbild

»Was ist der Mensch, daß du seiner gedenkst?« Die Frage nach dem Menschsein des Menschen wird immer und überall gestellt, sie kommt in Dichtung und Philosophie vor, in Biologie und Medizin, in Soziologie und Psychoanalyse. Die Antwort ergibt sich dann aus Erfahrung und Forschung und lautet anders je nach dem Standort dessen, der Erfahrungen macht oder Forschung betreibt. Im Gebet (Ps 8,5) ist es eine Frage, die die Antwort jenseits von Erfahrung und Forschung in der Offenbarung erhofft, die Gott über sich selbst und sein Geschöpf eröffnet: » ... daß du seiner gedenkst. ... Du hast ihn wenig niedriger gemacht als Gott« (Ps 8,6).

Wer seine Frage nach dem Menschen an Gott richtet wie dieser Beter, braucht darum die Kompetenz der Dichter und Philosophen, der Biologen und Mediziner, der Soziologen und Psychoanalytiker nicht gering zu achten. Aber eher als diesen ist ihm wesentlich, daß Gott unser gedenkt, und daß er der Schöpfer ist, und daß er als der Schöpfer dem Menschen eine besondere Stellung in der Schöpfung, eine besondere Stellung ihm – Gott – gegenüber eingeräumt hat.

Diese Konstellation von Schöpfer-Gott und Mensch-Geschöpf wird in der biblischen Überlieferung mit dem Namen *»Ebenbild«* ausgedrückt. So heißt der Mensch in der Schöpfungsgeschichte (Gen 1,26 f.) und noch einmal in der Noah-Geschichte (Gen 9,6). So wird es im Neuen Testament aufgenommen, wenn von den Menschen die Rede ist, die nach dem Bild Gottes gemacht sind (Jak 3,9; homoiosis); oder wenn Jesus Christus, der Sohn Gottes, als Ebenbild des Vaters bezeichnet wird (2. Kor 4,4; Kol 1,15; eikon), dem die Seinen ebenbildlich gleich werden (Röm 8,29; Kol 3,9f.).

Über den Inhalt dessen, was in den biblischen Texten als Ebenbildlichkeit gekennzeichnet wird, ist im Laufe der Auslegungs- und Theologiegeschichte viel gerätselt und behauptet worden. Ich verzichte darauf, im einzelnen nachzuzeichnen, wie das Ebenbild im Innern oder im Äußern des Menschen, in seiner Seele oder in seiner leiblichen Erscheinung, gefunden wurde.

Man wird als Ergebnis sowohl einer respektablen Auslegungtradition als auch neuerer Forschungen an den Texten zusammenfassen dürfen, daß die Ebenbildlichkeit des Menschen seine herausgehobene *Gegenüber-Stellung zu Gott* ist, deren Kehrseite seine *Gegenüber-Stellung zu den anderen Geschöpfen* ist. So ist die Schöpfungsgeschichte zu verstehen, wenn der zum Ebenbild Gottes geschaffene Mensch den Herrschaftsauftrag bekommt, ihm also die anderen Geschöpfe als einem Hüter anvertraut werden (Gen 1,26).

Umgekehrt wird der Mensch, dessen Schuld die Sintflut herbeigeführt hat, danach als Ebenbild Gottes unter Gottes Obhut gestellt (Gen 9,6). Nach der Schöpfungsgeschichte gehört er in die Reihe der Geschöpfe mit ihrer Begrenztheit, Verletzlichkeit und Sterblichkeit; und doch ist er durch Gottes Auftrag auch herausgehoben aus dieser Reihe zum Herrscher, der ein Hüter ist, also zum Bewahrer und Pfleger der übrigen Schöpfung. Nach der Sintflutgeschichte ist er zuhöchst gefährdet durch die Folgen der eigenen Schuld; gleichwohl genießt er den besonderen Schutz des Schöpfers. Ebenbild ist er nach diesem biblischen Zusammenhang vor und nach dem Sündenfall.

Das festzuhalten ist wichtig, weil es eine große theologische Tradition gibt, die an dieser Stelle ein Problem sieht: »Das Hauptproblem der theologischen Anthropologie ist die Spannung zwischen dem Glauben an die gute Schöpfung Gottes und der Erkenntnis der Wirklichkeit der Sünde. Als Gottes Geschöpf kann der Mensch seine Gottebenbildlichkeit nicht verlieren. Andererseits zerstört der Sünder diese unverlierbare Gottebenbildlichkeit, die seine Humanität konstituiert.«[1] Die theologische Vermutung, der Mensch könne durch seine Sünde die eigene Gottesebenbildlichkeit zerstören, wirkt sich dann fatal aus, wenn sie die Geschöpflichkeit des Menschen in die Überlegung einbezieht und dabei die *Frage nach dem ursächlichen Zusammenhang von Sünde und Krankheit, Sünde und Behinderung* nicht nur stellt, sondern auch gleich beantwortet.

Wirklich gibt es von der Bibel her durch die Theologiegeschichte eine breite Überlieferung, wonach »Behinderung und Krankheit als Folge von Sünde«[2] gelten. Die Rettung aus dieser ursächlichen Verkettung wird dann auf eine überraschende Weise gefunden: »Die Lehre von der Erbsünde ... ist für unsere Frage hilfreich. Unter ihr rücken Behinderte und Nichtbehinderte zusammen. Beide sind in gleicher Weise erlösungsbedürftig.«[3] Dann haben, wie eine Überlegung in der Erzählung von Jesus und dem Blindgeborenen lautet, »dieser und seine Eltern« gesündigt (Joh 9,2) und alle anderen auch. Aber der Blinde (Joh 9,1) sieht trotzdem nicht, und die anderen sind trotzdem nicht blind. Wenn wir uns erst einmal in den Zwang der Frage begeben, ob Sünde die Ebenbildlichkeit zerstören kann, können in dieser Nacht nur noch alle Katzen grau sein. Unter der Negativ-Bestimmung der Sünde »rücken Behinderte und Nichtbehinderte zusammen«. Ich zweifle, ob damit das Menschsein kranker und behinderter Menschen zutreffend beschrieben ist.

Denn genau das ist die Frage, nicht erst seit 1920, als der Jurist Karl Binding und der Psychiater Alfred Hoche für »Die Freigabe der Vernichtung lebensunwerten Lebens« eintraten, weil »die zufolge Krankheit oder Verwundung unrettbar Verlorenen« doch nur »leere Menschenhülsen« und also »geistig völlig Tote«[4] seien, also jedenfalls solche, deren Leben unwert sei, von Gottes Ebenbild nicht zu sprechen. Schon Luther folgte vermutlich einer alten Tradition, wenn er Behinderte beiläufig im Gespräch mit seinen Tischgästen für Wechselbälge erklärte, für vom Teufel gezeugt, und also todeswürdig: er empfahl, das behinderte Kind sterben zu lassen.[5] In dieser Denk-Tradition wird schwerkranken und behinderten Menschen das Menschsein abgesprochen, und damit werden sie, wie die hochangesehenen Gelehrten Binding und Hoche in aller wünschenswerten Deutlichkeit sagten, zur Vernichtung freigegeben. Gewiß ist es erhellend, ja einfach wahr, wenn denen, die so zu denken gelernt haben und die andere so zu denken lehren, gesagt wird, daß auch und gerade dieses Denken Sünde ist. Aber für die Beschreibung des Menschseins kranker und behinderter wie gesunder und nichtbehinderter Menschen ist damit noch nicht viel gewonnen. Für die Bibel ist, anders als für die christliche Überlieferung, die Sünde ohnehin kein eigenes Thema; Thema ist sie nur als verbotene oder vergebene Schuld.

Nun läßt sich nicht leugnen, daß die Bibel oft genug von einem ursächlichen Zusammenhang zwischen Sünde und Krankheit spricht. Abgesehen davon, daß auch in der Bibel Menschen zu Wort kommen, die in dieser wie in anderen Fragen teilhaben an den Vorstellungen ihrer Zeit und Umgebung, ist dabei festzuhalten, daß ein solcher Zusammenhang hier nicht im Sinne der Strafmaßnahme eines zensierenden oder richtenden Gottes verstanden wird. Vielmehr ist hier die Rede vom Zusammenhang zwischen Tun und Ergehen, weil wirklich alles Tun Folgen hat, auch und gerade für den Täter. Das ist eine tiefe Einsicht in das Menschsein, aber keine, die das Menschsein kranker und behinderter Menschen besonders beträfe.

Ich werde nachher noch einmal auf den möglichen Zusammenhang von Schuld und Krankheit zurückkommen. Vorerst aber ist es sinnvoll, an die Frage nach der Geschöpflichkeit des Menschen, der Gottes Ebenbild ist, von einer anderen Seite heranzugehen. Paulus hat im Römerbrief die »Leiden dieser Zeit« erörtert – nicht als eigenes Thema, sondern im Horizont der Hoffnung auf die Erlösung (Röm 8,18ff.). Er spricht davon, daß die Schöpfung sehnsüchtig darauf wartet, daß die Kinder Gottes als solche, eben in ihrer besonderen Gegenüber-Stellung zu Gott, offenbar werden. Er sagt, daß ein Seufzen durch die Welt geht: die übrige Schöpfung seufzt; wir, die wir bereits Anteil am heiligen Geist haben, seufzen ebenso in Erwartung der vollen Kindschaft gegenüber dem Vatergott, also in Erwartung der Erlösung des Leibes; und der heilige Geist, der bei uns ist, seufzt auch, er bringt unsere unaussprechlichen Seufzer vor Gott. Paulus kennt also die herausgehobene Stellung des Menschen in der Welt, zumal des Menschen, dem in der Begegnung mit Jesus schon Anteil an Gottes Geist gegeben ist; und zugleich spricht er von der bedrückenden Wirklichkeit, die in der Zeit vor der Erlösung die Schöpfung einschließlich des Geschöpfs Mensch bestimmt. Zum Menschsein gehört gleichzeitig mit dem Kindsein vor Gott und der Bestimmung zum Ebenbild (Röm 8,29) die Einbindung in die Begrenztheit der Geschöpfe und darum der Anteil am Seufzen der unerlösten Schöpfung.

Noch einmal von einer anderen Seite gewinnt Paulus einen Zugang zur Frage des Menschseins, wo er von der Auferweckung Jesu spricht (1. Kor 15). Es handelt sich dabei nicht um etwas, was Jesus allein betrifft. Vielmehr bedeutet die Überwindung des Todes in seiner Auferweckung, daß es für alle Menschen zur Auferstehung kommt. Im Gespräch mit der Gemeinde in Korinth bemüht sich Paulus, die Zweifel und Einwände gegen diese Auferstehungs-Hoffnung auszuräumen. Er sieht Leben, Sterben und Auferstehen in einem Horizont, der die ganze Schöpfung umspannt. Er spricht von der schöpfungsgemäßen Leibhaftigkeit alles dessen, was ist, sei es das Weizenkorn oder das Fleisch des Menschen, der Tiere, der Vögel und Fische, oder die Stofflichkeit der Himmelskörper. Der Mensch ist eingebunden in diese Leibhaftigkeit, und das heißt, er ist als Teil der Schöpfung mit Vergänglichkeit und Schwäche behaftet. Aber bestimmt ist er zu Unvergänglichkeit und Kraft, und daß es so ist, wird in der Auferweckung Jesu für alle Menschen unübersehbar deutlich. Unter einer veränderten Perspektive erscheint hier also noch einmal, was die Bibel über den Menschen sagt: Gott gedenkt seiner (Ps 8,5) und hebt ihn damit aus der Reihe der Geschöpfe heraus, denen er gleichwohl zugehört. Ps 8 nimmt ausdrücklich auf die Schöpfungsgeschichte Bezug, wenn er davon spricht, daß der Mensch in den Horizont der Schöpfung – Himmel, Mond und Sterne – hineingehört und zugleich zum Herrn über einen Teil der Schöpfung bestellt ist.

Überblicken wir die alt- und neutestamentlichen Zeugnisse vom *Ebenbild Gottes* oder allgemeiner: von der Stellung des Menschen im Kosmos, so nehmen wir den Menschen in seiner *Gegenüber-Stellung zu Gott* wahr und *zugleich* in seiner *Geschöpflichkeit*, die wir auch als Begrenztheit und Verletzlichkeit, als Vergänglichkeit und Sterblichkeit zu verstehen haben. Der als Gottes Ebenbild geschaffene Mensch ist nicht unverletzlich und unsterblich, er ist aber für die Neuschöpfung bestimmt. Die Ebenbildlichkeit gehört ihm nicht als einem sündlosen und erst recht nicht als einem gesunden unbehinderten Menschen zu, sondern als dem frei erwählten und aus Liebe geschaffenen Gegenüber Gottes. Sie gehört ihm auch nicht als dem Einzelnen zu, der dann dieser Zugehörigkeit mehr oder weniger gerecht würde; sondern sie gehört ihm zu als dem Menschen, der als dieser Einzelne vor Gott zugleich die Darstellung und Verkörperung der Menschheit im ganzen ist – wie ja Adam in der biblischen Schöpfungsgeschichte auch nicht ein Individuum mit diesem Namen ist, sondern der Mensch schlechthin, der Mensch als Mann und Frau, die Menschheit. *Dieser* Mensch ist Gottes Ebenbild, und an seine Stelle tritt der leidende Gottesknecht. Und »wie in dem Adam alle sterben, so werden auch in dem Christus alle lebendig gemacht werden« (1. Kor 15,22).

Gewiß sind Kranke und Gesunde, Behinderte und Nichtbehinderte gleich in ihrem Sündersein. Aber das mindert nicht ihre Unterschiedenheit in bezug auf Krankheit und Behinderung. Von Gleichheit im Grunde könnte nur die Rede sein, wenn Menschsein als Sündersein beschrieben werden müßte. Das kann aber vom Alten und Neuen Testament her nicht geschehen. Die Bestimmung des Menschen für die Tora ist im Alten Testament stärker als seine Verstrickung in die Sünde; und die Vergebung Gottes ist im Neuen Testament stärker als die Verfallenheit des Menschen an die Sünde. *Die Gemeinsamkeit von Kranken und Gesunden, Behinderten und Nichtbehinderten, die allerdings biblisch fundamental ist, ist von der Ebenbildlichkeit her zu begründen;* also nicht auf demn negativen Weg durch die Festlegung des Menschen auf die Sünde; sondern positiv durch seine Bestimmung zum Ebenbild des Schöpfers. Krankheit und Behinderung *entspricht* der Begrenztheit und Verletzlichkeit jedes Geschöpfs, ohne daß der kranke und behinderte Mensch aufhörte, Ebenbild Gottes zu sein; die Sünde des Menschen aber *widerspricht* Gott und seinem Gebot, ja seiner Vergebung.

Die Gleichheit aller Menschen als Gottes Ebenbild begründet die Menschenwürde, die allen Menschen unumstößlich von Gott, nicht durch eine zwischenmenschliche kündbare Übereinkunft zuerkannt ist. Daraus folgen praktische Konsequenzen. Die Gleichheit als Gottes Ebenbild bedeutet in ethischer Übersetzung Solidarität zwischen Kranken und Gesunden, Behinderten und Nichtbehinderten. Solidarität hat Integration zur Folge, und zwar keine einseitige Integration der andern in die Welt der Gesunden und Leistungsfähigen, sondern wechselseitige Integration, teilnehmen und teilgeben am gemeinsamen Leben. Darum ist die Objektivierung kranker und behinderter Menschen in Forschung, Heilbehandlung, Pflege, Pädagogik und Fürsorge, anthropologisch gesehen, ein Ding der Unmöglichkeit. Nächstenliebe, die den anderen nur von seiner Hilfsbedürftigkeit her versteht, ist ein Selbstwiderspruch. Auch der Hilfsbedürftige hat Gaben für andere, und auch der Hilfsbereite ist angewiesen auf andere. Die Gaben, Angebote und Bedürfnisse aller sind zu verstehen von der Geschöpflichkeit und der Ebenbildlichkeit aller Menschen her.

»Wir erkennen, daß Leiden den Menschen nicht erniedrigt und Leistung den Menschen nicht erhöht.« Der Satz aus der rheinischen Synodalerklärung von 1985 (Ziff. 4) sagt, empirisch gesehen, eine Ungeheuerlichkeit aus. Wir erleben die Erniedrigung von Menschen im Leiden und sehen, in welche Höhen sie sich durch Leistung bringen können. Die Frage aber, »was ist der Mensch, daß du seiner gedenkst« (Ps 8,5), und die Antwort, »Gott hat den Menschen zu seinem Bild gemacht« (Gen 9,6), überführt die Ungeheuerlichkeit in eine von Gott her gültige Selbstverständlichkeit. Aus ihr folgt, wieder mit der rheinischen Synodalerklärung gesprochen, »daß zu unserem Menschsein gehört, wie von Gott so auch von Mitmenschen angenommen zu werden; daß also brüderliche und schwesterliche Zusammengehörigkeit alle Menschen verbindet, gesunde und kranke, starke und schwache, nicht behinderte und behinderte, hilfsbereite und hilfsbedürftige«.

Ich unterstreiche, daß die Rede von der Solidarität oder der brüderlichen und schwesterlichen Zusammengehörigkeit keine beliebige moralische Forderung ist. Sie ergibt sich vielmehr aus dem Glauben an den Schöpfer, der sein Ebenbild geschaffen hat. Sie ergibt sich auch aus der profetischen Botschaft vom leidenden Gottesknecht: »Fürwahr, er trug unsere Krankheit und lud auf sich unsere Schmerzen. Wir aber hielten ihn für den, der von Gott geschlagen und gemartert wäre. Aber er ist um unserer Missetat willen verwundet und um unserer Sünde willen zerschlagen. Die Strafe liegt auf ihm, auf daß wir Frieden hätten, und durch seine Wunden sind wir geheilt« (Jes 53,4f.). Paulus bezieht sich auf den um unserer Sünden willen geschlagenen Gottesknecht, wo er vom Tod Jesu für uns und also von der Rechtfertigung der Sünder spricht (Röm 4,25). Matthäus erinnert an den leidenden Gottesknecht, wo er die heilende Kraft Jesu gegenüber Kranken und Behinderten zur Sprache bringt (8,17). Die Botschaft vom leidenden Gottesknecht rührt an das Menschsein der Menschen, weil er eben in Gottes Auftrag das Leiden der Menschen teilte; mit den Worten der rheinischen Synodalerklärung (Ziff. 4): »Der unsere Krankheit trug und unsere Schmerzen auf sich lud (Jes 53,4; Mt 8,17), hat auch bei schwachen, kranken und behinderten Menschen wahres Menschsein erkennen lassen, denn für alle Menschen gilt: ›Meine Kraft ist in den Schwachen mächtig‹ (2. Kor. 12,9).«

Wo Gott selbst durch seinen Beauftragten geschwisterliche Zusammengehörigkeit mit den Menschen sucht, ist der Verdacht eines bloßen moralischen Anspruchs aufgehoben. Von Gott her gilt eine Beschreibung der Ebenbildlichkeit, die dann auch zwischen uns Menschen Gültigkeit hat, und die J. Bobrowski in Verse faßt, die »Das Wort Mensch« umschreiben:

»Wo Liebe nicht ist,
sprich das Wort nicht aus.« (GW 1,217)

Theodizee

Die Theodizee-Frage ist die Frage, ob es möglich ist, zugleich an die Gerechtigkeit und die Güte Gottes zu glauben, wo doch Menschen soviel Unrecht leiden; wo Leiden ohne einen gerecht erscheinenden Grund über Menschen kommt. Es ist *die Warum-Frage:* Warum muß gerade ich leiden? wofür werde ich bestraft, wo ich mir doch keiner Schuld bewußt bin?

Da kommt aus der unauslotbaren Tiefe eines abgründig schlechten Gewissens die Schuldfrage herauf, die an den gerechten Gott weitergereicht wird. Nicht Gott macht den Einschüchterungs-Versuch mit dem schlechten Gewissen; sondern ein von anderen eingeschüchterter Mensch wehrt sich und fragt dann bei Gott an: Wie kannst du zulassen, daß ich so leide?

Die Frage ist elementar, ich kann sie nicht in der ganzen Breite aufnehmen. Aber sie konkretisiert sich in der Frage eines Kranken, warum er so leiden muß; und in der Frage von Eltern eines behinderten Kindes, warum ihnen das Leiden des Kindes, das Leiden mit dem Kind und an dem Kind auferlegt ist. Diese Fragen zu beantworten möchte ich versuchen, im Bewußtsein, daß ich keine schlüssige und abschließende Antwort geben kann.

Die Warum-Frage ist die bewegende Frage im *Hiob-Buch*. Dabei ist sie durch die Rahmen-Erzählung scheinbar im Vorhinein beantwortet: Hiobs Leiden ist das Ergebnis einer himmlischen Wette. Aber davon wissen naturgemäß weder Hiob noch seine Frau noch seine Freunde etwas. Die Freunde vermuten im Deutungsmuster des Tun-Ergehen-Zusammenhangs als Grund für das Leiden eine, sei es unbewußte, Schuld Hiobs, während dieser mit den Freunden, sehr bald aber mit Gott selbst für seine Unschuld streitet. Bemerkenswert am Hiob-Buch ist der Verzicht auf eine Erklärung des Leidens. Die Voraussetzung bleibt unbestritten, daß Hiob keine Schuld zur Last gelegt werden kann. Aber auch jeder andere Deutungs-Zusammenhang wird vermieden. »Das Hiobbuch erzählt zuletzt nicht vom *Sinn* oder *Zweck* des Leidens, sondern von seinem *Ende*. Es erzählt vom Ende *dieses einen* Leidens und bezeichnet damit partiell, konkret utopisch, die Utopie, daß *jedes* Leiden ein Ende haben könne ... *Das Hiobbuch verweigert falsche Versöhnung* (nämlich Legitimation des Leidens, Grund, Notwendigkeit, Sinn), *und es erzählt doch vom Ende des Leidens, ohne in Kausalität, Finalität, Sinn zu zwingen, was sich nur um den Preis des Trugs und des Betrugs in Kausalität, Finalität, Sinn zwingen läßt.«*[6]

Wir bemerken hier also eine große Nüchternheit in der Auseinandersetzung mit der Krankheit und dem Leiden überhaupt. Für diese Auseinandersetzung bietet das Hiob-Buch zwei Möglichkeiten an, abgekürzt gesagt: die des Widerstands und der Ergebung. »Darum will ich auch meinem Munde nicht mehr wehren. Ich will reden in der Angst meines Herzens und will klagen in der Betrübnis meiner Seele. Bin ich denn das Meer oder der Drache, daß du eine Wache gegen mich aufstellst?« (7,11f.) »Hab ich gesündigt, was tue ich dir damit an, du Menschenhüter? Warum machst du mich zum Ziel deiner Anläufe, daß ich mir selbst eine Last bin?« (7,20) – »Der Herr hats gegeben, der Herr hats genommen; der Name des Herrn sei gelobt.« (1,21) »Haben wir Gutes empfangen von Gott und sollten das Böse nicht auch annehmen?« (2,10) Diese *Auseinandersetzung in Widerstand und Ergebung* ist etwas anderes als eine Erklärung und Sinngebung. Wir begegnen dieser Praxis, die sich als Theorie-Verzicht herausstellt, auch in manchen Klagepsalmen: »Mein Gott, mein Gott, warum hast du mich verlassen?« (Ps 22,2) »Wache auf, Herr! Warum schläfst du?« (Ps 44,24) »Mein Herz ist geschlagen und verdorrt wie Gras, daß ich sogar vergesse, mein Brot zu essen ... Ich wache und klage wie ein einsamer Vogel auf dem Dache.« (Ps 102,5.8) *Der in seiner Krankheit oder sonstigen Not angefochtene Mensch sucht hier keine Erklärung seines Leidens, sondern er sucht Gott als Gesprächspartner,* der ihn wohl versteht, wenn sonst keiner ihn versteht und überhaupt niemand das Leiden verstehen kann.

Ähnlich ist es in der johanneischen Erzählung von der Heilung des Blindgeborenen. Bemerkenswert ist darin nicht eine neue Theorie, die einen Zusammenhang von Sünde und Krankheit bestritte; sondern der Umstand, daß Jesus diese konkrete Behinderung ohne weitere Deutung zuerst in ihrer Gegebenheit wahrnimmt und dann daraus aufhebt. Er zeigt, daß sich das Handeln Gottes gerade an dem behinderten Menschen bewährt (Joh 9,3). Dieser wiederum macht auch keine Theorie über seinen Helfer: »Eins weiß ich, daß ich blind war und sehe jetzt« (9,25). Die Behinderung des blinden Mannes wird nicht gedeutet, sondern beendet. Die Warum-Frage bekommt keine Antwort, weder mit dem Hinweis auf eine voraufgehende Schuld noch durch deren Bestreitung. Aber Jesus praktiziert Widerstand gegen die Behinderung.

Ergebung in die unabänderliche Krankheit ist, was Paulus von sich selbst berichtet (2. Kor 12,7ff.). Er hat einen »Pfahl im Fleisch«, ein quälendes Leiden, und hat um Befreiung davon, um Heilung gebetet. Aber der Christus, von dem die Evangelien Widerstand gegen Krankheit und Behinderung berichten, hat ihn anders beschieden: »Laß dir an meiner Gnade genügen; denn meine Kraft vollendet sich in Schwäche« (Vers 9). Mit keinem Wort ist hier eine Erklärung der Krankheit angedeutet. Paulus führt sein Leiden weder auf eine spezielle Schuld noch auf die Erbsünde zurück. Er trägt die ungedeutete Krankheit und lebt mit ihr weiter.

Wir haben uns durch eine falsche Predigt selbst unter den Zwang gesetzt, die Warum-Frage zu beantworten. Wenn wir von Gott faktisch als einem Pädagogen oder Polizisten sprechen, der uns erzieht und überwacht; wenn wir ihn in Kausalitäten einspannen, wo er (wie im kosmologischen oder teleologischen Gottesbeweis) die Ursache oder das Ziel unserer Gegebenheiten zu sein hat; wenn wir ihn eigenmächtig so nah an uns heranziehen, daß er für alles in unserem Leben gutzustehen hat – dann müssen wir schließlich verzweifeln; dann ist die praktische Antwort auf die Warum-Frage der Unglaube; und die theoretische Antwort ist der Atheismus. Dabei ist die Warum-Frage unausweichlich. Der kranke Mensch und die Eltern des behinderten Kindes werden kaum anders können, als sie zu stellen. Aber dann *kommt es nicht auf die Antwort an, sondern auf die Auseinandersetzung mit der Krankheit und Behinderung in Widerstand und Ergebung. Während wir alles tun, um gegen die Krankheit und Behinderung anzukämpfen und zugleich mit ihr zu leben, können wir* in Frage und Klage, in Bitte und womöglich auch im Dank *mit Gott darüber sprechen.* Daß wir es wirklich können, müßten wir neu lernen und in Predigt, Seelsorge und diakonischem Handeln deutlich machen. Dabei ist es nützlich, den geschichtlichen Ort und den sachlichen Stellenwert der Theodizee-Frage zu kennen:

»Es ist typisch und eröffnet das moderne bürgerliche Zeitalter, daß erst mit dem Optimismus der Aufklärung, mit der These von der ›besten aller Welten‹ bei Leibniz die Theodizeefrage, das heißt die Frage nach der Gerechtigkeit und Güte Gottes angesichts der Übel der Welt, aufbricht. Sie kann sich erst da einstellen, wo die Warum-Frage Gott gegenüber als legitim angesehen wird. Sie ist natürlich auch vorher da, auch bei Luther, aber sie bestimmt nicht das Denken in der Theologie. Sie bekommt – keine Antwort. Wie sie ja auch bei

Hiob keine Antwort bekommt. Wie sie bei Jesus am Kreuz keine Antwort bekommt.«[7]

Es kann sich nicht darum handeln, daß wir Gott für jeden Stein verantwortlich machen, der uns im Weg liegt; aber wir dürfen glauben, daß Gott uns auch auf unseren beschwerlichen Wegen begleitet und auf diesen Wegen mit sich reden läßt, daß er uns sogar vielleicht einen lebensgeschichtlichen Sinn des konkreten Leidens erkennen läßt. »Wir wissen aber, daß denen, die Gott lieben, alle Dinge zum Besten dienen« (Röm 8,28), genau übersetzt zum Guten. Dabei gilt dann: »Nicht das Geschehen ist gut; nicht sein ›Sinn‹, sondern *Gott ist gut.*«[8]

Die heilende Kraft des Mitleidens

Mit der Frage, wie die *Beziehung zu kranken und behinderten Menschen* gestaltet werden könnte und sollte, wende ich mich jetzt an die Jesus-Überlieferung. Ich treffe eine Auswahl und beziehe mich auf das Matthäus-Evangelium. Ein erster Blick läßt Jesus gewissermaßen umdrängt erscheinen von Kranken und Behinderten.[9] Es sind der für seinen Burschen bittende Offizier in Kafarnaum, die Schwiegermutter des Petrus und zwei Besessene (Kap. 8), ein Gelähmter, die todkranke Jairus-Tochter, die blutflüssige Frau, zwei Blinde und ein Stummer (Kap. 9), ein Mehrfach-Behinderter – besessen, blind, stumm – (Kap. 12), die Tochter der kanaanäischen Frau (Kap. 15), der epileptische Knabe (Kap. 17), zwei Blinde vor Jericho (Kap. 20). Zusammengefaßt sind es *alle* Kranken: Jesus ging umher, lehrte, predigte das Evangelium vom Reich und heilte *alle* Krankheit und *alle* Gebrechen ... Sie brachten zu ihm *alle* Kranken (4,23f.). Diese Zusammenfassung wird nahezu wörtlich wiederholt, für Jesus (9,35) und für seine Jünger (10,1). *Alle* Kranken sind es auch sonst (8,16; 12,15), die zu ihm gebracht werden und denen er hilft. Er sagt auch: Kommt her zu mir *alle*, die ihr mühselig und beladen seid, ich will euch erquicken (11,28). Eine Ausnahme von dieser umfassenden Hilfe für alle wird einmal notiert, weil der Prophet im Vaterland nichts gilt (13,58f.); davon ist später noch zu sprechen. Es ist aber deutlich, daß von Jesus ein starker Impuls ausgeht, den Kranken und Behinderten, den Mühseligen und Beladenen, den Armen und Schwachen hilfsbereit zur Seite zu stehen und ihnen dann auch wirksam zu helfen. Das ist außergewöhnlich, weil die Kraft der Krankheit und Behinderung so groß und so tödlich ist, daß die Menschen davor resignieren. Aber nun ist einer da, der dieser lebensbedrohenden Macht widersteht. Das löst Verwunderung aus und führt zum Lobpreis für den Gott Israels (15,31). Jedenfalls bringt es den Autor dieser Sammlung von Jesus-Stoffen dazu zu glauben, Jesu Heilungsabsicht und -Kraft gelte wirklich allen Kranken und Behinderten; zumal der Autor gewiß ist, daß Jesus der Messias ist (1,1), dem Gott alle Vollmacht über Himmel und Erde übertragen hat (28,19). Mit anderen Worten: *Jesus bedeutet von Gott her einen Impuls, vor der tödlichen Über-*

macht von Krankheit und Behinderung nicht zu resignieren, sondern umgekehrt Kranken und Behinderten mit der Aussicht auf Erfolg hilfsbereit zur Seite zu stehen.

Allerdings ist der Erfolg, wenn er eintritt, zweideutig. Wer oder was macht sich in der Hilfe und Heilung geltend? Ist die Hilfe wirklich von Gott? Ist sie Beleg für selbstlose Liebe? Ist sie Entsprechung zu Gottes Willen oder Widerspruch dagegen? Im Matthäus-Evangelium wird zweimal gegen Jesus eingewendet, wenn er Kranke aus ihrem Leiden befreit: Er treibt die bösen Geister aus durch ihren Obersten (9,34; 12,24). Sein Impuls zur Hilfe in der Krankheit und Behinderung und gegen sie wird verdächtigt, teuflisch zu sein. Der Verdacht wirkt in zwei Richtungen: Er bezweifelt die göttliche Legitimation Jesu, und er stellt im Grunde die durchgreifende Wirkungskraft seiner Heilung in Frage.

Diese Zweideutigkeit veranlaßt Matthäus, die Identität Jesu sicherzustellen, so gut das gehen kann, wenn die Erzählung seines Tuns durchsetzt wird mit seiner Legitimation aus der Hebräischen Bibel. Er schließt an die Notiz über die Heilung aller Kranken in Kafarnaum die Überlegung an, daß damit erfüllt wurde, was vom Gottesknecht geschrieben steht (Jes 53): Er hat unsere Schwachheit auf sich genommen, und unsere Krankheit hat er getragen (8,17). Denselben Gedankenschritt tut er noch einmal (12,15–21), wenn er wieder, anschließend an die Heilung aller Kranken, auf das prophetische Zeugnis vom Gottesknecht (Jes 42) verweist; diesmal mit der Betonung darauf, daß die Hilfe keine Öffentlichkeit verträgt, die doch nur Zweideutigkeit zur Folge hat; sondern eher in der Verschwiegenheit zwischen denen geschieht, die Hilfe geben und empfangen. Dazwischen erzählt Matthäus von Johannes dem Täufer, der sich der Zweideutigkeit um Jesus ausgeliefert fühlt und darum bei ihm anfragen läßt: Bist du, der da kommen soll? Jesus läßt ihm mit Anspielungen auf das Prophetenbuch Jesaja antworten, daß Kranke und Behinderte in seiner Nähe Hilfe erfahren, ja der Todesmacht Einhalt geboten wird und die Armen das Evangelium, die Nähe des Reiches Gottes, erfahren (11,1–6).

Was Matthäus sagen will, ist ein Zeugnis für die Legitimation Jesu von Gott her. Was Jesus tut, ist demnach der Zweideutigkeit zwischen Gott und Teufel entnommen. Die biblische Legitimation erweist ihn als den Messias und Gottesknecht, der Heilung in die Welt bringt. Was er tut, ist gewissermaßen ihm eigentümlich, auch wenn es anderen zugute kommt. Wer ihn in der Begegnung mit kranken und Behinderten erlebt, soll sich überzeugen lassen, daß er Gottes Vollmacht in der Welt verkörpert. Ist damit so etwas wie göttliche Allmacht in der Welt wirksam? Matthäus antwortet: Im Blick auf die Menge mit ihren Krankheiten (9,36; 14,14; 15,32) und im Blick auf die zwei Blinden (20,34) hat Jesus *Erbarmen*. Das heißt, er öffnet sich den anderen, er läßt ihr Leiden in sein Inneres herein, wie das griechische Wort für Erbarmen sagt. Nicht Allmacht setzt er dem Leiden der anderen entgegen, um es aufzuheben; vielmehr setzt er sich selbst deren Ohnmacht mit aus. Insofern ist also das Zitat vom leidenden Gottesknecht aus Jes 53, der unsere Schwachheit auf sich genommen und unsere Krankheit getragen hat (8,17), nicht allein der Hinweis auf die göttliche Legitimation Jesu, sondern auch eine inhaltliche Aussage darüber, *wie* Jesus wirkt, wenn er Kranke heilt. Er setzt die heilende Kraft des Mitleidens ein. Sein Mitleid kommt nicht von oben herab, sondern geschieht in vorbehaltoser Öffnung für den leidenden Menschen. Seine Heilung ist kein Zauber, der das Leiden abtut, sondern ein Geschehen, in dem er das fremde Leiden an sich heranläßt und es auf diese Weise allererst zuläßt. Heilung ist also nicht Überwindung des Leidens auf dem Wege des Leugnens, sondern auf dem Weg der Annahme und Übernahme. Darum sagt er auch: Kommt her zu mir alle, die ihr mühselig und beladen seid; ich will euch erquicken (11,28). Er kann die Mühsal der anderen nicht mit ansehen. Wenn wir Leiden nicht mit ansehen können, sehen wir weg. Er sieht genau hin und läßt es an sich heran und läßt sich darauf ein. Das hilft den anderen, es bewirkt Heilung.

Gewiß sind diese Geschichten erzählt, um seine Messianität zu bezeugen und den Anbruch des Gottesreiches anzukündigen. Aber die Geschichten erzählen ja gerade nicht, daß er Steine in Brot verwandelt oder von der Zinne des Tempels springt (Kap. 4), sondern daß er eben Kranken und Behinderten nahe ist und ihnen Heilung bringt. Die Geschichten werden um seinetwillen erzählt, weil sie bezeugen wollen, wer er ist. Aber er ist nun in diesen Geschichten umgeben, ja umdrängt von kranken und behinderten Menschen, und er ist ganz und gar für sie da. Die heilende Kraft des Mitleidens hilft ihnen zu erneuertem Leben. Es ist, wie wenn er das Leiden von ihnen abzöge, indem er sich dafür öffnet. Die Geschichten erzählen ja auch, daß die Heilung nicht handstreichartig geschieht, sondern im Gespräch, wenn Jesus fragt und der andere antwortet; wenn der andere sein Leiden aussprechen darf und Jesus auch die körperliche Berührung nicht scheut. Wir müssen dann immer noch als Leser und Ausleger der Geschichten sagen, *daß sie von Jesus erzählen; aber sie erzählen von einem diesen kranken und behinderten, schwachen und hilflosen Menschen zugewandten Jesus.*[10]

Die Frage nach unserer Beziehung zu kranken und behinderten Menschen ist im Matthäus-Evangelium für Jesus beantwortet mit dem Hinweis auf die heilende Kraft des Mitleidens. Hat das nun eine Bedeutung für unsere eigene Beziehung zu Kranken und Behinderten? Auch dafür gibt es im Matthäus-Evangelium eine Antwort. Es heißt in einem Zusammenhang, wie er enger nicht gedacht werden kann, daß Jesus lehrte und das Evangelium vom Reich predigte und alle Krankheit und Gebrechen heilte (9,35), und daß er dann die zwölf Jünger berief, die alle Krankheit und Gebrechen heilen sollten (10,1) und vom Himmelreich predigen und dabei Kranke gesund machen, Tote aufwecken, Aussätzige reinigen und böse Geister austreiben sollten (10,7). Zu beachten ist in diesem Zusammenhang die wörtliche Gleichheit in dem, was von Jesus gesagt und was den Jüngern aufgetragen wird. *Die heilende Kraft des Mitleidens ist offenbar nicht für Jesus reserviert,* als sei sie doch ein geheimer Zauber; sondern *sie ist, mindestens von ihm her gesehen, eine menschliche Möglichkeit* – wie anders sollten die Jünger dem Auftrag nachkommen, als auf seinem Weg, in der heilenden Kraft des Mitleidens? Sie sind ja auch berufen, wie er die Nähe des Himmelreichs anzukündigen.

Wenn ich das, was die heilende Kraft des Mitleidens für die Jünger, also für uns heute, im einzelnen bedeutet, übersetzen soll, kann ich nur in der Beschreibung des Tuns und des Mitleidens Jesu noch einmal nach rückwärts gehen. Es bedeutet, daß wir fremdes Leiden an uns heranlassen; daß wir uns öffnen für Menschen, deren Leiden wir eigentlich nicht mit ansehen können; aber dann ist es eine Möglichkeit, daß wir statt wegzusehen hinsehen und die Unansehnlichkeit schwachen hinfälligen Menschseins für uns selbst zulassen. Die heilende Kraft des Mitleidens bedeutet weiter, daß wir für uns und für die hilfsbedürftigen Nächsten mit der Nähe des Himmelreichs rechnen; daß wir uns ihnen öffnen und Hilfe für sie erwarten vom nahen Gott, der ja uns alle, Gesunde und Nichtbehinderte, Kranke und Behinderte, Hilfsbereite und Hilfsbedürftige, zu seinem Ebenbild geschaffen und berufen hat; daß wir also im Glauben handeln, das heißt im Bewußtsein, nicht eigenmächtig, sondern als Zeugen für den nahen Gott die Begegnung mit denen zu suchen, die uns brauchen. Die heilende Kraft des Mitleidens bedeutet darum noch einmal weiter, daß wir uns der Zweideutigkeit unseres Tuns aussetzen. Andere können den Zeugnischarakter unserer Bemühung verkennen; sie können denken, daß wir aus selbstzerstörerischem Ehrgeiz oder um einer problematischen Ehre willen handeln; und auch für uns selbst kann sich die Grenze verwischen zwischen dem, was wir für den anderen oder für uns selbst tun; was gut oder böse ist an unserem Tun. Dieser Zweideutigkeit war auch Jesus unterworfen.

Die heilende Kraft des Mitleidens bedeutet schließlich, daß eigentlich alle hilfebedürftigen Menschen Anspruch auf unsere Hilfe haben. Gewiß geht es über unsere Kraft, allen gerecht zu werden, und das erwartet niemand, Gott zuletzt. Aber wenn wir diejenigen, denen wir uns vorbehaltlos öffnen, auch auswählen, so sind wir in der Nachfolge Jesu doch herausgefordert, den nichtgewählten Hilfsbedürftigen offen statt ablehnend zu begegnen. Jesus faßt das Zeugnis von Gottes Gebot, »Tora und Propheten«, dahin zusammen: Alles, was ihr wollt, daß euch die Leute tun sollen, das tut ihnen auch (7,12). Wenn ich Hilfe brauche, möchte ich sie bekommen, ohne daß der Helfer lange überlegt, ob er mich auswählt als den, dem er helfen möchte. Der Impuls Jesu, allen Hilfe zu geben, die Hilfe brauchen, bleibt für uns. Jesus heilte alle Krankheit und alle Gebrechen (9,35). Er rief seine zwölf Jünger und gab ihnen Vollmacht, daß sie heilten alle Krankheit und alle Gebrechen (10,1).

Es bleibt *der unheilbare Rest*, und es wird so sein, daß der Rest größer ist als die Zahl derer, denen die heilende Kraft des Mitleidens zugute kommt. Es wird auch so sein, daß die heilende Kraft des Mitleidens einem Kranken oder Behinderten seine Situation erleichtert, ihm aber dennoch nicht seine Krankheit oder Behinderung nimmt. Jesus selbst hat diese Erfahrung gemacht. In Nazareth tat er nicht viele Zeichen, um ihres Unglaubens willen (13,58). Auch er ist an die Grenze der Unheilbarkeit gestoßen.

Es mag verwundern oder ärgerlich sein, wenn ich die größere Zahl derer, die keine Heilung erfahren, als Rest bezeichne. Ich möchte damit andeuten, daß die Balance in der Auseinandersetzung mit Krankheit und Behinderung, die ich mit den Stichworten Widerstand und Ergebung gekennzeichnet habe, in der Hoffnungs-Perspektive auf die Überwindung des Leidens tendiert: »Siehe da, die Hütte Gottes bei den Menschen, und er wird bei ihnen wohnen ... und der Tod wird nicht mehr sein, noch Leid noch Geschrei noch Schmerz wird mehr sein« (Offbg 21,3f.). Diese Hoffnung, die mit dem Auftrag Jesu an seine Jünger eins ist, erlaubt meines Erachtens die Rede vom unheilbaren Rest.

Nicht zu übersehen ist dabei der Umstand, *daß die Welt sich nicht einteilt in hilfsbedürftige Kranke oder Behinderte und hilfsbereite Jünger Jesu.* Es gibt keinen Jünger Jesu, der gegen Krankheit oder Behinderung gefeit wäre; und es gibt andere, die ohne Beanspruchung des Namens Jesu, vielleicht ohne ihn überhaupt zu kennen, mit der heilenden Kraft des Mitleidens begabt sind. Der Schmerz an der ungeheilten Krankheit und der unaufhebbaren Behinderung bleibt für die Betroffenen und für uns alle. Jesus teilt ihn.

Ebenso hat Paulus als Betroffener den Schmerz dieser Erfahrung aushalten müssen. Er hat um die eigene Heilung gebetet und zur Antwort bekommen: Es genügt dir meine Gnade, denn die Kraft vollendet sich in Schwäche (2. Kor 12,7–9). Schwäche, Krankheit, Behinderung ist von unserem Menschsein nicht auszuschließen und jedenfalls kein Argument gegen die Zugewandtheit des Schöpfers zu seinem schwachen Geschöpf; also kein Argument gegen die Gnade. Unter den Bedingungen der Schöpfung ist Unheilbarkeit etwas Gegebenes, und wir müssen darauf achten, dem »Mythos der Heilbarkeit« (Klaus Dörner) nicht zu erliegen. Auch als unheilbar Kranke oder bleibend Behinderte sind wir Ebenbild Gottes und dürfen der Zuwendung des Schöpfers gewiß sein. Wir werden dann auch *gegen Allmachtsphantasien geschützt* sein, als könnten oder müßten wir das Leiden austilgen.

Herausforderung und Überforderung

Krankheit und Behinderung sind eine Herausforderung für uns alle. Die Betroffenen müssen sich damit auseinandersetzen, müssen dagegen kämpfen und damit leben. Die anderen sind, soweit Kranke und Behinderte Hilfe benötigen, zur Hilfeleistung herausgefordert. Dieser Herausforderung zu folgen ist umso leichter, je besser wir verstehen, daß alle Menschen als Gottes Ebenbild in Solidarität miteinander leben, wobei auch der Hilfsbedürftige Gaben für andere hat und auch der Hilfsbereite auf andere angewiesen ist. Oft genug wird es als Aufopferung verstanden, wenn jemand einem Hilfsbedürftigen das gibt, was er braucht. Dabei wird leicht übersehen, wie sehr der Hilfsbereite im

Hilfegeben beschenkt wird. Der regelmäßige Besuch bei einem Kranken, die wiederholte Hilfe für einen Blinden oder einen Rollstuhlfahrer, die Betreuung eines geistig behinderten Kindes kann den, der sich dafür Zeit nimmt, reich machen. Die Vorstellung, daß Hilfe von oben nach unten gewährt wird; daß einer gibt und der andere empfängt; daß einer sich verausgabt und der andere, wie man dann sagt, es nicht wiedergutmachen kann – diese Vorstellung ist abwegig; sie ist eine Zwangsvorstellung, an der manche sich aufrechthalten, um dann daran zu scheitern. *Beim Geben und Nehmen von Hilfe begegnen sich Menschen, und die Begegnung kann,* wenn wir ihr keine Zwangsvorstellung vorschalten, *eine Erweiterung der eigenen Existenz sein.* Nicht nur der Empfangende wird reicher in seinem Lebenskreis, sondern auch der Gebende. Die Hingabe eines Menschen, der einen – vielleicht geliebten – anderen Menschen in schwerer Krankheit pflegt; die Zuwendung der Mutter eines geistig behinderten Kindes zu ihrem Kind; die Aufmerksamkeit eines Sohnes oder einer Tochter für die Schwächen der alten Eltern – mag anderen als Aufopferung erscheinen; für die sich so hingebenden, zuwendenden oder aufmerksamen Menschen kann es aber eine Selbstverständlichkeit sein, ja etwas Schönes, weil sie teilhaben dürfen am Leben und damit auch am Leiden des nahen Menschen.

Die Herausforderung durch Krankheit und Behinderung betrifft uns alle, aber gewiß besonders die Angehörigen und sonstwie Nächsten der Betroffenen, und die professionell Beanspruchten: Pflegekräfte, Ärzte, Therapeuten, Erzieher, Pfarrer, in Kliniken, Heimen und ambulanten Diensten Beschäftigte. Wir können die Herausforderung annehmen, wenn wir verstehen, daß Helfen, Einander-Beistehen und Zueinander-Halten nie von oben nach unten geschieht, sondern immer auf derselben Ebene von Menschen, die zueinander gehören. Insofern bringt die Herausforderung, wenn wir sie sachgerecht annehmen, eine *Veränderung unserer Einstellung zum Krank- und Behindertsein und also zu kranken und behinderten Menschen* mit sich. Was ich als Erfahrung des Helfens, Einander-Beistehens und Zueinander-Haltens auf derselben menschlichen Begegnungsebene beschrieben habe, wird ja nicht von allen so gesehen. Für viele bedeutet die Herausfdorderung durch Krankheit und Behinderung nichts als eine hohe moralische oder berufliche Anforderung, der sie angestrengt nachzukommen suchen. Es kommt also darauf an, möglichst genau hinzusehen, was der andere von mir erwartet und was er zu Recht erwarten kann; und was ich selbst empfange, indem ich mich auf die helfende Beziehung einlasse. Ich kann dabei die Erfahrung der Horizont-Erweiterung machen, ich kann ein Beispiel von Leidensbewältigung erleben, ich kann Dank entgegennehmen, ich kann neue Möglichkeiten des Lebens und Handelns an mir selbst entdecken. Dann kann die Pflege eines schwer kranken oder behinderten oder altersverwirrten Menschen immer noch mühevoll sein, aber vielleicht geschieht sie unverkrampft und offen für den hilfsbedürftigen Menschen.

Allerdings ergibt sich oft genug eine wirkliche *Überforderung der Hilfe-geben-den Menschen.* Die Schwester auf einer Intensivstation, die Mutter einer schwerbehinderten Kindes, die Tochter oder Schwiegertochter eines alten Menschen, der Ehepartner eines Krebspatienten – sie können physisch und psychisch überfordert sein, wenn die Beanspruchung sich lang hinzieht, wenn sie mit ihrer Aufgabe alleingelassen werden, wenn sie erleben, daß andere urteilen, sie täten bloß ihre Pflicht. Die Überforderung stellt sich *in den pflegenden Berufen* insbesondere dann ein, wenn die darin Tätigen keine Möglichkeit bekommen, die beruflichen Probleme auszusprechen und auf diese Weise zu lösen; daß solche Problemlösung oft nicht vorgesehen ist, liegt nicht zuletzt an fehlenden Geldmitteln, weil ja Zeit und Berater gebraucht würden. Die Überforderung *im familiären Bereich* ergibt sich insbesondere aus hochgesteckten moralischen Ansprüchen, deren Berechtigung im einzelnen zu prüfen ist.

Man kann sagen, das Gebot der Nächstenliebe gelte unbedingt. Man kann weiter sagen, es gelte noch einmal besonders zwingend für den familiären Bereich: als Pflicht der Eltern gegenüber ihren kleinen Kindern und als Pflicht erwachsener Kinder gegenüber ihren alten Eltern. Unter der Hand werden daraus einklagbare Ansprüche, die gern von Eltern und noch leichter von der zuschauenden verwandtschaftlichen und nachbarschaftlichen Umgebung geltend gemacht werden. Es geht dann letzten Endes nicht mehr um *(Nächsten)Liebe in der Gestalt von Hilfe-geben und -empfangen,* sondern um *Herrschaft,* die Eltern gegenüber ihren kleinen Kindern ausüben und auch gegenüber den erwachsenen Söhnen und Töchtern nicht aufgeben wollen; oder die erwachsene Söhne und Töchter gegenüber Eltern beanspruchen, die sie wie unmündige Kinder meinen behandeln zu dürfen oder zu müssen. Je größer die familiäre Nähe, desto wahrscheinlicher ist auch die Möglichkeit, sich gegenseitig in solcher Nähe zu verletzen. Wenn dann eine Familien-Entlastung durch Beteiligung sozialer Einrichtungen versucht wird, seien es ambulante Dienste oder auch stationäre Einrichtungen, ist schnell von außerhalb die pädagogische Anrede oder die moralische Aburteilung zur Hand, weil eine gute Mutter oder ein guter Sohn sich anders verhalten müßte, notfalls aufopfernd.

So nötig eine Einstellungsänderung im Blick auf Krankheit und Behinderung ist, so dringlich ist auch ein *Umdenken in Bezug auf familiäre Verpflichtungen.* Erst wenn die Beziehungen zwischen Eltern und Kindern, Ehepartnern und Geschwistern von den belastenden Ansprüchen befreit sind; erst wenn Freiheit statt wechselseitiger Abhängigkeit das familiäre Klima bestimmt – wird die freie und liebevolle Zuwendung zu den hilfsbedürftigen Angehörigen ohne den moralischen Druck geschehen können.

Prinzipiell gelten die Herausforderung und die Überforderung durch Krankheit und Behinderung gleich für alle. Aber die Überforderung ist anders geartet, wenn jemand in einer beruflichen oder in einer familiären Beziehung zum kranken und behinderten Menschen steht. Beide sollen sich für die Erfahrung öffnen, daß Hilfe ein wechselseitiger, kein einseitiger Vorgang ist. Familienangehörige sollten darüber hinaus von der moralisierenden Geltendmachung des Gebots der Nächstenliebe befreit werden. Menschen in den helfenden Berufen sollten die Möglichkeit des berufsbezogenen Gesprächs bis hin zur Fortbildung bekommen; auch in solchen Gesprächen und Fortbildungen wird auf die moralisierende Verfälschung der Nächstenliebe zu achten sein. Wird die gebotene Nächstenliebe moralisiert, so wirkt sie zwanghaft auf die Menschen; wird sie vom Gebot Gottes her verstanden, ist sie der Raum der offenen Begegnung freier Menschen. Das zu lernen ist eine Aufgabe für Gesunde wie Kranke, Behinderte und Nichtbehinderte.

Das Problem der Überforderung durch Leiden und Schwäche, seien sie körperlich oder seelisch verursacht, hat noch einen anderen Aspekt. Bis jetzt habe ich fast nur davon gesprochen, wie die zur Hilfe und Begleitung Kranker und Behinderter Herausgeforderten das Problem erleben. Dabei werde ich unter diesem anderen Aspekt auch bleiben, aber es ist immerhin wichtig zu sehen, daß *die zuerst Betroffenen und also Herausgeforderten und vielleicht Überforderten die Kranken und Behinderten selbst* sind. Sie müssen ihre Schmerzen und Beeinträchtigungen, ihre Einschränkung und Angewiesenheit, ihre Einsamkeit und Angst jedenfalls tragen. Es mag einem Menschen mit der heilenden Kraft des Mitleidens hier und da gelingen, das alles zu lindern oder sogar aufzuheben. Es wird aber oft genug geschehen, daß das alles sich eher auf die anderen überträgt, die eigentlich helfen sollten.

An dieser Stelle entsteht der Wunsch nach einer Problemlösung, und je intensiver das menschliche Leiden ist, desto dringlicher wird der Wunsch nach einer Lösung, die notfalls – und es ist ja eine Notsituation – radikal sein soll. Das Argument lautet dann etwa so: dem kranken oder behinderten Menschen wird die *Erlösung aus* seinem *Leiden* gewünscht. In einem schrecklichen Augenblick der deutschen Geschichte wurde dafür das Wort *Gnadentod* gewählt, und dieser Gnadentod wurde in einer beispiellosen Mordaktion über mehr als hunderttausend Menschen gebracht. Das abstoßende Beispiel vermag zu zeigen, wohin solche Wünsche zuletzt führen können. Die Wünsche sind damit noch nicht gebannt, wie sich zeigt, wenn bis heute unbefangen davon gesprochen wird, daß der Tod einen Menschen erlöst hat; oder daß es gut wäre, wenn der Tod einen Menschen erlösen würde. Die Wünsche lassen sich nicht auf das verbrecherische Naziregime abschieben, weil sie in den meisten von uns stecken. Insofern ist es auch nicht verwunderlich, daß heute, nicht nur in Deutschland, wieder in aller Offenheit über aktive Sterbehilfe oder sogenannte Euthanasie gesprochen wird. Wer einmal in die Nähe eines schwer Kranken oder schwer Behinderten gekommen ist, kann diesen Erlösungswunsch verstehen.

Die Frage ist, warum wir so rasch an die Radikallösung denken, die Tod heißt. Menschliche Zuwendung kann einem schwer leidenden, vielleicht sterbenden Menschen das Leben trotz des Leidens erträglich machen; das weiß jeder, der einmal am Bett eines solchen Menschen gesessen und seine Hand gehalten hat. Unerträgliche Schmerzen können inzwischen meistens durch kalkulierte Gaben von Schmerzmitteln gelindert werden. Die Unerträglichkeit des Leidens entsteht auf der einen Seite durch den Entzug von Zuwendung und nötiger, aber auch möglicher Pflege und Behandlung; auf der anderen Seite durch den Mangel an Phantasie. Sich *Zeit* nehmen *für den Kranken* wäre näher an der Lösung, als ihm die tödliche Dosis des Schmerzmittels zu geben. *Therapeutische und pflegerische Phantasie* zu entwickeln wäre menschlicher, als im Namen der Menschlichkeit aktive Sterbehilfe ins Auge zu fassen. Die Probleme am Ende des Lebens stellen sich auch am Anfang. Wo behinderte junge Menschen vielleicht ein Kind bekommen könnten, das wiederum behindert wäre oder das wegen der Behinderung der jungen Mutter oder der jungen Eltern von anderen aufgezogen werden müßte, wird bis heute die *Sterilisierung* der behinderten jungen Leute erwogen (und praktiziert). Wieder scheint mir die Radikallösung aus einem Mangel an Phantasie zu entstehen. Denn es gibt andere Möglichkeiten der Empfängnisverhütung, die nicht so radikal und also unumkehrbar sind; und es wäre immerhin vorstellbar, daß es *beschützte Familien* gäbe wie beschützende Werkstätten, also Hilfen für behinderte Menschen, Kinder zu haben und auch großzuziehen.

Es gibt ein schönes Beispiel für liebevolle Phantasie, die wir füreinander einsetzen können. Im Ersten Weltkrieg wurde dem begabten Wiener Pianisten Wittgenstein der rechte Arm abgeschossen. Die Radikallöser hätten ihm vielleicht gesagt, er solle sich einen Strick kaufen, weil er nie mehr Klavier spielen könne; oder er solle sich zum Buchhalter umschulen lassen. Aber Maurice Ravel komponierte für Wittgenstein das Klavierkonzert für die linke Hand.

Der Mensch als Objekt

Wir können uns vermutlich rasch darauf einigen, daß es unwürdig und unrecht ist, den Menschen, der ein Subjekt seines Lebensvollzugs ist, zum Objekt zu machen. Was bedeutet die Objektivierung des Menschen? Ist sie so negativ zu verstehen, wie wir das gemeinhin denken? Ist sie überhaupt vermeidbar? *Objektivierung bedeutet, daß es nicht zur Begegnung zwischen zwei Menschen kommt, daß vielmehr eine Versachlichung eintritt,* bei der einer für den anderen nahezu zur Sache wird, eben zum Objekt.

Unvermeidbar wird dieser Vorgang, wenn die Krankheit eines Menschen Gegenstand wissenschaftlicher Bemühung wird. Die Erforschung und Behandlung einer Krankheit ist ein solcher wissenschaftlicher Prozeß, in dem der Mensch notgedrungen zum Objekt wird. Das war nicht immer so und ist nicht überall so, aber in der neuzeitlichen europäischen Medizin, die sich in der Hauptsache naturwissenschaftlich orientiert hat, ist diese Entwicklung eingetreten und hat bekanntlich zu erstaunlichen Erfolgen geführt. Immer mehr Krankheiten konnten ausgeschaltet, andere aus der Unheilbarkeit herausgenommen werden; die Lebenserwartung der Menschen in den Industrieländern ist in den letzten Jahrzehnten erheblich gestiegen. Es hat sich scheinbar gelohnt, den Menschen zum wissenschaftlichen Objekt zu machen. Als Datum für den Beginn dieser Entwicklung wird traditionell das 17. Jahrhundert genannt. Der Erfinder der Subjekt-Objekt-Spaltung, wie es mit kritischem Unterton heißt, soll *René Descartes* (1596–1650) sein. Seit er, der die menschliche Subjektivität mittels der kritischen Kraft des Zweifels definierte, die Philosophie mathematisierte und also wissenschaftliche Thesen überprüfbar machte oder ihre Überprüfbarkeit einklagte, soll die Begegnung mit der Schöpfung sich in deren Versachlichung verwandelt haben.

Der klassische Fall des Streites in dieser Angelegenheit ist *Goethes* eminent kritische Auseinandersetzung mit *Isaac Newton*, die unter dem Titel »Farbenlehre« berühmt wurde.[11] Daß das Licht durch physikalische Apparate in Farben zerlegt werden sollte, war Goethe ein unerträglicher Gedanke. So schrieb er: »Der Mensch an sich selbst, insofern er sich seiner gesunden Sinne bedient, ist der größte und genaueste physikalische Apparat, den es geben kann, und das ist eben das größte Unheil der neuern Physik, daß man die Experimente gleichsam vom Menschen abgesondert hat und bloß in dem, was künstliche Instrumente zeigen, die Natur erkennen, ja, was sie leisten kann, dadurch beschränken und beweisen will.«[12] Er konnte über diese Experimentalphysik auch spotten, so mit dem Distichon:

»Was ist das Schwerste von allem? Was dir das Leichteste dünket,
Mit den Augen zu sehn, was vor den Augen dir liegt.«[13]

Ihn regte es auf, daß die Struktur der neuzeitlichen Naturwissenschaft die unvermittelte und also unverfremdete Begegnung mit dem, was er Natur nannte, verhindert.

Der Erfolg ist der Wissenschaft, auch ihrer medizinischen Abteilung, treu geblieben, und ebenso die Kritik. Die Forschungsziele schienen für manche Mediziner auch Menschenversuche zu rechtfertigen, die beispielsweise in Mengeles Zwillings-Forschung in Auschwitz die grausigsten Formen annahmen, oder in der Auswertung von Gehirnen in der sogenannten Euthanasie-Aktion ermordeter Patienten. A. Mitscherlich hat diese Experimente in einen größeren Zusammenhang gestellt: »Viele Forscherärzte begegnen ... kaum noch Patienten. Sie haben nur noch Forschungsziele.«[14] In der Erinnerung an seine Beobachtertätigkeit beim Nürnberger Ärzteprozeß 1947 schrieb er, wiederum zur Einordnung des ärztlichen Verbrechens in die Medizin-Geschichte: »Die Reduktion des Menschen auf ein reines Forschungsobjekt beherrschte ... mehr und mehr das Heilungsstreben der Medizin – bis zum heutigen Tag. Hier«, in den Taten jener Angeklagten, »wurde nun eine schreckliche Konsequenz dieses objektivierenden Denkens sichtbar.«[15] *Die Kehrseite der wissenschaftlichen Effizienz bei der Objektivierung des Men-*

schen ist die Verfügung über ihn bis dahin, daß sein Leben zur Disposition gestellt wird. Mag man auch sagen, es handle sich dabei um Auswüchse, so ergeben sie sich doch aus dem wissenschaftlichen Wachstum. Allerdings scheint mir die geistesgeschichtliche Herleitung dieser Tendenz aus der Philosophie Descartes' zu kurz zu greifen. Was infolge dieses philosophischen Neuansatzes eine methodologische Zuspitzung erfahren hat, ist doch viel eher und viel tiefer angelegt. Wenn ich einmal im Bereich der Medizin bleibe: Eine Versachlichung des Menschen in bestimmter Hinsicht ist die Erforschung seiner Anatomie. Es bedurfte aber nicht erst des Objektivierungs-Schubs durch die neuzeitliche Physik, um das Tabu zu brechen, das die Sezierung von Leichen jahrtausendelang verhinderte; das geschah vielmehr schon im 13. Jahrhundert. Auch der Wunsch, über das Leben, das eigene und fremdes, verfügen zu können, ist nicht erst durch die weitreichenden Möglichkeiten der neueren Medizin geweckt, das Leben zu verlängern und gegebenenfalls auch abzukürzen. Es ist ein ganz elementarer Wunsch, den vermutlich jeder kennt, der einmal Anteil hatte an der extremen Leidens-Situation eines schwer kranken Menschen, ohne daß er hätte helfen können – der Wunsch, dieses Leben möchte wegen des extremen Leidens wenigstens zuende gehen. Die Befürworter einer sogenannten Euthanasie oder aktiven Sterbehilfe ebenso wie die Befürworter eines Schwangerschafts-Abbruchs aus eugenischer Indikation können auf viel Einverständnis rechnen.

Es hilft nicht, sich deswegen moralisch zu entrüsten oder auch nur, moralisch dagegen zu argumentieren. *Die Objektivierung des Menschen ist nicht auf Forschung und Heilbehandlung beschränkt. Sie geschieht auch in dem, was gemeinhin Betreuung heißt,* also in Pflege, Fürsorge, Erziehung, Verwahrung von Menschen. Es ist kaum ein Zufall, daß das Wort Anstalt im vorigen Jahrhundert gleichmäßig für ganz unterschiedliche Einrichtungen gewählt wurde, die offenbar darin ähnlich waren, daß Menschen in ihnen zum Objekt des Handelns anderer Menschen gemacht wurden – Heil- und Pflegeanstalten, Kranken- und Irrenanstalten, Kadettenanstalten, Erziehungs-, Besserungs- und Strafanstalten. Es ist unübersehbar, daß Menschen in einer Lage sein können, wo ihnen Selbstbestimmung, Verfügungsgewalt über die eigenen Entscheidungen, kurz: Subjektsein entzogen ist; wo sie, wenn es schlecht geht, zum Objekt des helfenden Handelns anderer werden.

Es könnte aber auch gut gehen, und dann wären sie Subjekt in einer Begegnung, wo zwar der andere Hilfe gibt, aber im Bewußtsein, auch von dem etwas zurückzubekommen, der die Hilfe empfängt; also im Bewußtsein der beiderseitigen Freiheit. Die Bibel hat als Beschreibung dafür und Einladung dazu das *Liebesgebot:* Liebe deinen Nächsten wie dich selbst (Lev 19,18; Mt 22,39), was sich auch so umschreiben läßt: Liebe deinen Nächsten – er ist wie du.[16] Die sogenannte *Goldene Regel* (»Was du nicht willst, daß man dir tu, das füg auch keinem andern zu«), die von den Beinahe-Zeitgenossen Jesus und Hillel formuliert wurde (Mt 7,12; Schab 31a), ist ein anderer Ausdruck dafür. Sie besagt wie das Liebesgebot, daß alle Menschen gleichermaßen Gottes Ebenbild sind: von ihm angeredet und angenommen. Rabbi Akiba, der große jüdische Schriftgelehrte, der hundert Jahre nach Jesus den Märtyrertod starb, sagte: »Geliebt ist der Mensch, daß er geschaffen ist nach Seinem Bild. Aber von einer ganz besondern Liebe zeugt, daß es ihm bekannt gemacht ist, daß er nach Seinem Bild geschaffen ist.« (Sprüche der Väter III,14) Es ist der Grund-Satz »einer göttlichen Anthropologie«.[17]

Immer wieder wird vermutlich geschehen, daß Menschen Objekt des Handelns anderer Menschen werden – nicht allein, weil es aus Mutwillen geschieht, sondern auch, weil es notwendig geschieht. Moralische Entrüstung und Belehrung hilft dagegen wenig. Was helfen kann, ist der Respekt vor dem anderen: Er ist wie ich. Der Respekt ist bald gelernt, wenn ein Mensch beten lernt: »Was ist der Mensch, daß du seiner gedenkst?« (Ps 8,5) Da wird einer mit Du angeredet, der kompetente Antwort gibt, nämlich, daß der Mensch geliebt ist. Aber schon vor der Antwort ist wichtig, daß es eine *Instanz* gibt, dieses Du, *der wir alle verantwortlich sind für das Leben und Handeln miteinander. Die Objektivierung des Menschen in Forschung und Heilbehandlung, in Erziehung und Pflege, in Fürsorge und Bestrafung wird relativiert, ja aufgehoben, wo der Mensch jenem Du gegenübersteht:* »HERR, du erforschest mich und kennest mich ... Von allen Seiten umgibst du mich und hältst deine Hand über mir ... Deine Augen sahen mich, als ich noch nicht bereitet war ... Erforsche mich Gott, und erkenne mein Herz; prüfe mich und erkenne, wie ichs meine. Und sieh, ob ich auf bösem Wege bin, und leite mich auf ewigem Wege.« (Ps 139,1.5.16.23f.)

Das Verhältnis von Glauben und Wissenschaft

Menschen werden für andere Menschen zum Objekt, wenn die Begegnung verfehlt oder vermieden wird. Ist es auch kurzschlüssig, wenn für diesen Sachverhalt ein einzelner Denker der Neuzeit verantwortlich gemacht wird, so müssen wir andererseits sehen, daß die neuzeitliche Entwicklung der Wissenschaft, die dann in der Hauptsache Naturwissenschaft war, das Problem verschärft hat. Die Erfolge der Wissenschaft, die sie infolge der zunehmenden Spezialisierung gemacht hat, sind unübersehbar; von ihnen leitet sich dann ein *Anspruch* ab, *wonach die Wissenschaft richtungweisende Entscheidungen für das Leben der Menschen treffen darf* und sich wegen der unwiderleglichen Wissenschaftlichkeit ihres Tuns auch kaum eine Einrede gefallen zu lassen braucht. Daß die zunehmende Scharfsichtigkeit für das Detail, wodurch die spezialisierte Wissenschaft sich auszeichnet, eine Blindheit hinsichtlich des Ganzen mit sich bringt, wird nicht leicht erkannt. Aber je älter die Neuzeit wird, desto fühlbarer werden die katastrophalen Folgen der wissenschaftlichen Expansion. Die Umweltzerstörung, die sozialen und psychischen

Schädigungen, mit denen wir heute zu tun haben, sind eine unmittelbare Folge dessen, was die Wissenschaft an Erkenntnis und die Technik an Verwirklichung der Erkenntnis gebracht haben. Der Zusammenhang von chemischer Aufbereitung des Ackerlandes und absterbendem Leben in den Gewässern; von Atomstrahlung und Leukämie; von Contergan und Körperbehinderung; von Streß und Krankheit in vielfältigen Gestalten ist nicht zu leugnen und wird doch ständig verleugnet.

Was geschieht da? Wenn die Wissenschaft experimentell gesicherte Forschungsergebnisse vorlegt, ist ein Argument ohne diese Absicherung schwach. Der Glaube an Gott und sein Schöpfer-Wirken wird gegenüber der aggressiven wissenschaftlichen Welterklärung in die Defensive gedrängt. Es kommt dann zum Rettungsversuch, indem eine *doppelte Wahrheit* etabliert wird: eine Glaubenswahrheit und eine wissenschaftliche Wahrheit. Die Glaubenswahrheit soll dann die Innerlichkeit des Menschen, sein Gefühl und sein Gewissen vor Gott, ausdrücken; die wissenschaftliche demgegenüber die Umwelt des Menschen, die Natur, in Formeln fassen. Gab es am Beginn der Neuzeit im Fall Galilei noch einen Streit zwischen Wissenschaft und Kirche über die Frage, ob die Bibel oder das Experiment über das Verhältnis zwischen Erde und Sonne entscheidet, so ist inzwischen längst eine konfliktfreie Zone entstanden, die nicht nur diese Entscheidung, sondern alle ähnlichen überflüssig macht. »Heute besteht das Dilemma zwischen Theologie und Naturwissenschaft nicht mehr im Konflikt widersprüchlicher Aussagen, sondern vielmehr in der Konfliktlosigkeit von Aussagen, die zusammenhanglos nebeneinanderstehen und sich überhaupt nichts mehr zu sagen haben.«[18] Das klingt kritisch, und diese Kritik kommt nicht nur von der theologischen, sondern auch von der naturwissenschaftlichen Seite. C.F.v. Weizsäcker sagte: »Eine Spaltung von Existenz und Natur, so etwa, daß die Existenz das Feld des christlichen Glaubens, die Natur das Feld der exakten Wissenschaft wäre, (weist) sowohl dem Glauben wie der Wissenschaft ein zu enges, ein eigentlich so gar nicht vorhandenes Feld zu.«[19]

Diese Kritik äußert sich bei H.J. Iwand als theologische Selbstkritik. Er sah das Rückzugsgefecht der Theologie auf die Behauptung der doppelten Wahrheit, die der Grenzstein zwischen glaubender und wissenschaftlicher Begegnung mit der Wirklichkeit sein sollte. Er sah zugleich, daß diese Behauptung es unmöglich macht, von Gott als dem Schöpfer zu sprechen, der in der Auferweckung Jesu auch den Tod besiegt. Die doppelte Wahrheit läuft hinaus auf die Unwahrheit, mindestens die Beliebigkeit dessen, was der Glaube sagt: »Der von *Kant* behauptete Gegensatz von Glauben und Wissen ist jedenfalls in der *Schrift* nicht haltbar, und wenn die Theologie von heute ihn in die Schrift hineinnimmt, wenn sie aus dieser Grenze der Philosophie eine solche der *Theologie* macht, ... dann heißt das den Stein wieder aufs Grab legen, der mit der Auferstehung Jesu Christi von den Toten ... ein für allemal dort weggenommen worden ist.«[20]

Die hier kritisierte Geschäftsverteilung lautet etwa so: Die Natur, ihre Erforschung, Verwertung und Veränderung ist der Wissenschaft übergeben; der Mensch, sein Tun und Lassen und die Fürsorge für ihn wird der Ethik zugewiesen, in der die Theologen ruhig federführend bleiben dürfen. Dazu noch einmal Iwand: Was man »so emphatisch feierte, daß nun die *Ethik* die Grundwissenschaft der Theologie geworden sei, das war der Irrtum eines Blinden, der den Spatenklang der Lemuren für den Auftakt einer neuen Zeit hielt.«[21] Tatsächlich diktierte in den dreißiger Jahren die wissenschaftlich auftretende Medizin unter den verschleiernden Namen von Eugenik und Euthanasie den kirchlichen Einrichtungen ohne nennenswerten theologischen Einspruch die Auslieferung der ihnen anvertrauten Menschen und schaufelte diesen im Namen einer neuen Zeit das Grab. Gegen das wissenschaftliche Argument kam kein ethisches oder einfach menschliches auf.

Ich versuche, für diesen Zusammenhang die Doppelfrage zu beantworten: Wie das möglich war; und wie es vielleicht in Zukunft zu verhindern ist.

Die Wissenschaft hat bestimmte, kaum diskutierte Ziele. Das sind zunächst die Erkenntnis vorgegebener Zusammenhänge, und dann, hergeleitet aus den Erkenntnissen, die immer weitergehende Verbesserung der menschlichen Lebensbedingungen. Die Technik soll die Arbeit und das Leben erleichtern. Die Medizin soll Gesundheit herstellen, Krankheiten heilen, Behinderungen ausschalten, die Lebenserwartung steigern. Je erfolgreicher die Wissenschaften auf ihren jeweiligen Arbeitsfeldern sind, desto höher werden die Anforderungen an ihre Hilfestellungen, und desto einleuchtender wird der Anspruch, daß wir nur auf sie hören müßten, um für uns selbst etwas Gutes zu empfangen. Der wissenschaftliche Anspruch wird ein moralischer, das heißt der Anspruch auf Erkenntnis setzt sich fort im Anspruch auf Gestaltung und Bestimmung der Lebensbedingungen.

Es sieht dann so aus, *als löse die Wissenschaft ein, was die Ethik fordert:* der Hilfsbedürftigkeit von uns Menschen gerecht zu werden. Die Ziele, die der Glaube aus dem Gebot Gottes kennt, meint er in den Wissenschaften ebenfalls anzutreffen. Die Übereinstimmung in den Zielen ist so überzeugend, daß der Glaube oft genug auf die Prüfung der wissenschaftlichen Methoden verzichtet. Er hat ja, so wird ihm bedeutet, dazu auch keine Kompetenz; umgekehrt sind im Namen des Glaubens auffällige Fehlurteile hinsichtlich der wissenschaftlichen Methoden unterlaufen – der Galilei-Komplex. Also halten sich die Theologen in geziemender Bescheidenheit aus dem wissenschaftlichen Methodenstreit heraus und halten sich an die ethisch überzeugenden Ziele der Wissenschaft.

Dabei kam in den dreißiger Jahren die Zustimmung der diakonischen Einrichtungen zur Sterilisierung ihrer kranken und behinderten Bewohner heraus. Das Ziel der Volksgesundheit schien den schmerzhaften und folgenschweren Eingriff in das Leben Einzelner zu rechtfertigen. Es ergab sich eine dreifache Fatalität: daß die wissenschaftliche Behauptung von der Erblichkeit der indizierten Krankheiten zum großen Teil auf einem Irrtum beruhte; daß die Menschenwürde der Betroffenen gering geachtet wurde; und daß Willkür in der Praxis der Gesetzes-Auslegung und -Handhabung einriß. Das historische Beispiel ist leider nicht erledigt, weil die damals leitenden Überlegungen auch heute nicht allgemein als widerlegt gelten; nach wie vor wird die Sterilisierung nicht zustimmungsfähiger Behinderter diskutiert und sogar praktiziert.

Die Wissenschaft konnte in den dreißiger Jahren nicht träumen, welche Möglichkeiten sich ihr in der Enkelgeneration auftäten. Inzwischen kann die pränatale Diagnostik Behinderungen erkennen und also das Geborenwerden behinderter Menschen verhindern helfen. Zeugung außerhalb des Mutterleibs erlaubt zugleich, den Kinderwunsch kinderloser Eltern zu erfüllen und mit überzähligen Embryonen wissenschaftlich weiterführende Experimente zu machen. Gen-Forschung und Gen-Technik lassen die Möglichkeit aufscheinen, heilend sowohl für den Einzelnen als auch für seine Nachkommen Krankheiten und Behinderungen zu beeinflussen oder auszuschließen. Die kirchliche Antwort auf diese ethisch hochgreifenden Ankündigungen lautet: es seien Ethikkommissionen zu empfehlen; man müsse abraten oder nachdrücklich ablehnen; man halte es aus ethischen Gründen für nicht vertretbar; man könne nur dringend warnen.[22] Die theologische Bescheidenheit vor dem wissenschaftlichen Anspruch ist beeindruckend.

Unverkennbar entspricht diese Bescheidenheit einem irritierenden *Umbruch in der Wissenschaft* selbst, wie er sich ähnlich zuletzt vor 3–400 Jahren ereignet hat. Was bisher wissenschaftliche Gültigkeit beanspruchen konnte, gilt nicht mehr oder muß neu begründet werden. Wie in der Physik, so erschließen sich auch in der Biologie neue Bereiche, die vorläufig ganz und gar dem Erfahrungshorizont des allgemein gebildeten Zeitgenossen entzogen sind. Im Bereich der Wissenschaften selbst stehen neben der stolzen Selbstgewißheit zaghafte Unsicherheit und selbstkritischer Zweifel. Die Ziele werden fraglich und die Methoden erst recht. Der Selbstgewißheit dort brauchen die Theologen hier nicht rechthaberisch zu begegnen; an Unsicherheit und Zweifel dort werden sie hier Anteil nehmen. Hans Iwand sagte schon 1935 zur »Krisis des Wissenschaftsbegriffs«, daß »das Eis zu treiben beginnt und ... daß jeder gar bald auf seiner eigenen Scholle ins Treiben gerät. Jeder, auch und gerade der Theologe. Wenn er etwa der Meinung ist, daß er aus seiner theologischen Erkenntnis heraus dieser Krisis mit irgendeiner unumstößlichen Wahrheit ... begegnen könnte, ... wenn der Theologe also der Meinung sein sollte, sein wissenschaftlicher Bezirk sei gegen diese Krisis so gesichert, daß er vielleicht von da aus Rettungsaktionen vornehmen könne, dann sollte er über seine eigene Einfalt erschrecken. Denn in Wahrheit zeigt das Zimmer, das er – als Theologe – in dem Haus der Wissenschaft bewohnt, dieselben Risse und Sprünge, die alle anderen Gehäuse aufweisen ... Denn hier ist der Mensch ebensowenig sicher wie anderswo, ja im Gegenteil, wenn irgendwo, dann gilt hier das Prophetenwort: ›Gleich, als wenn jemand vor dem Löwen flöhe und ein Bär begegnete ihm, und er käme in ein Haus und lehnte sich mit der Hand an die Wand, und die Schlange stäche ihn. Denn des Herren Tag wird finster und nicht licht sein‹ (Amos 5,19f.).«[23] Das heißt, die Überlegungen, die zum Verhältnis von Glauben und Wissenschaft nötig sind, können nicht von außerhalb kommen, weil wir alle vor denselben Fragen, in derselben Ratlosigkeit, unter denselben Zwängen sind. Weil die Ziele annähernd gleich scheinen, setzt aber die Wissenschaft den Glauben matt, und gegen unseren Willen verselbständigen sich die Methoden und triumphieren über uns. Die Überzeugungskraft der wissenschaftlichen Erfolge führt immer noch zur Ausblendung der Folgen, die dann verharmlosend Nebenwirkungen oder Restrisiko genannt werden. Die Aufgabe ist, Nebenwirkungen und Restrisiko als tödliche Verletzung von Gottes Schöpfung (menschlicher und außermenschlicher Schöpfung) zu verstehen und dann zu vermeiden.

Zum Menschsein, das als Ebenbild-Sein gegenüber Gott ausgezeichnet ist, gehört mit der Geschöpflichkeit auch die Möglichkeit des Krank- und Behindertseins. Dem Helfen-wollen und Hilfe-leisten für Kranke und Behinderte entspricht darum auch das Achten auf das, was von Gott her für die Hilfsbereiten und die Hilfsbedürftigen gut ist. Zu sein wie Gott, ist beiden gleichermaßen entzogen. Diese Einsicht (in den »Gotteskomplex«) ist den Helfern schwerer zugänglich als den anderen. *Wenn es also einen argumentativen Standort des Glaubens gegenüber der Wissenschaft gibt, dann ist er in der Nähe der Kranken und Behinderten. Eine wissenschaftliche Bemühung, die die Menschenwürde oder das Lebensrecht kranker und behinderter Menschen antastet, ist darum asozial.* Allerdings, auch solche allgemeinen Sätze sind wohlfeil, denn niemand, der sich wissenschaftlich, ärztlich oder pflegerisch um Kranke und Behinderte bemüht, wird zugeben, daß seine Bemühungen deren Menschenwürde oder Lebensrecht antasten. Ich muß also versuchen, konkreter zu reden.

Wenn es wahr ist, daß zur Ebenbildlichkeit des Menschen die Geschöpflichkeit und also Begrenztheit und Hinfälligkeit gehört, dann bedeutet das umgekehrt: *Die Utopie einer leidfreien Welt und eines leidfreien Lebens ist durch nichts zu begründen.* Der Traum vom gesunden Volkskörper, der die nationalsozialistische Gesundheitspolitik bestimmte, ist auch nach den Schrecken der sog. Euthanasie-Aktion noch nicht ausgeträumt, und die Radikallösung der aktiven Sterbehilfe ist nur der eine Weg neben dem andern, mit äußerstem Einsatz und höchster Anspannung alles für die Gesundheit zu tun.

Dabei gibt es dann die Leitbilder von einer annähernd vollständigen Gesundheit, die beispielsweise als Arbeits- und Genußfähigkeit definiert wird, oder als Zustand vollkommenen körperlichen, psychischen und sozialen Wohlbefindens. Klaus Dörner und Jürgen Moltmann haben demgegenüber unabhängig voneinander darauf hingewiesen, daß *zur Gesundheit auch Leidensfähigkeit gehört.* Überspitzt gesagt: wer arbeits- und genußfähig sein muß, ohne leidensfähig zu sein, der muß krank werden. Wer in Wahrheit gesund ist, der darf und kann auch krank werden.

Die Gesundheitsutopie und der Heilbarkeitswahn sind wissenschaftlich äußerst produktiv. Kurzatmige Handlungslust von Wissenschaftlern, die ja auch sonst das Geschehen beherrscht, wird in der Medizin und den ihr zuarbeitenden Wissenschaften mit dem akuten Leiden von Menschen begründet. Das klingt vorerst plausibel, und ich sage es noch einmal: die Erfolge scheinen dafür zu sprechen. Aber schon in der *konventionellen Medizin* führt das zu teilweise hochproblematischen Methoden, etwa in der Krebsbehandlung. Wegen der Modernität mancher Vorschläge zur Strahlen- oder chemischen Therapie und des Leidensdrucks der Betroffenen gingen viele Ärzte und Patienten darauf ein, ohne das zusätzliche Leiden richtig einzuschätzen, das sich unausweichlich einstellte. Menschenwürde und Lebensrecht der Kranken zu beachten, hätte vielleicht bedeutet, behutsamer vorzugehen, sanfte Methoden statt der harten zu suchen.

Das ist auf die neuerdings sich abzeichnenden Möglichkeiten der *genetischen Manipulation* zu übertragen. Ich greife nur ein Beispiel heraus: die Hoffnung auf Heilung des Diabetes (Zuckerkrankheit). Über dieser begreiflichen Hoffnung wird der Umstand verkannt, daß die Ziele in der genetischen Forschung und der Gen-Technik zu kurz gesteckt sind, weil das ganze System der genetischen Informationen noch längst nicht erforscht ist und Eingriffe in das System ganz und gar unkalkulierbar sind; und also wird die Zwangsläufigkeit von falschen Entscheidungen verkannt, die am lebenden Menschen (ich müßte sagen: am lebenden Objekt) getroffen werden und in ihren Folgen und sog. Nebenwirkungen für die folgenden Generationen weder abschätzbar noch korrigierbar sind.

Die Entscheidung für die technische Nutzung der Kernspaltung ist noch nicht verarbeitet – noch ist keine Endlagerung des Atommülls gesichert und die nächsten zigtausend Jahre Weltgeschichte sind mit diesem Problem beladen –, und schon treffen wir die nächste unabsehbare Entscheidung.

Für die *pränatale Diagnostik* ist zu sagen, daß ihre Ergebnisse, die manchen Eltern wünschenswert erscheinen, die sich vor der Geburt eines behinderten Kindes fürchten , den lebenden Behinderten jedenfalls wie Todesurteile vorkommen müssen. Werden die ungeborenen Behinderten beim Schwangerschaftsabbruch getötet, so müssen die geborenen Behinderten mit einer anderen Form der Tötung rechnen.

Ich schalte hier ein: Die ängstlichen werdenden Eltern verdienen keine moralische Verurteilung, und insofern ist die Diskussion um § 218 StGB zu unterscheiden von diesem Diskussionspunkt. Die Zahl der Schwangerschaftsabbrüche entspricht der psychischen Belastbarkeit der Menschen; daran ändert das Strafgesetz vermutlich nichts. Die genannte Ängstlichkeit ergibt sich aus einer Haltung der Gesellschaft und der Gemeinde gegenüber Kranken und Behinderten, die ihrerseits ängstlich, ja ablehnend und insofern tödlich ist. An der Stabilisierung dieser Haltung hat die Wissenschaft, die sich anheischig

467

macht, leidfreies Leben zu produzieren und zu garantieren, einen erheblichen Anteil.

Also ist es nötig, das Verhältnis von Glauben und Wissenschaft neu zu bestimmen. Es geht nicht darum, daß die Wissenschaft den Auftrag hätte, dem Glauben wie vorzeiten die Schleppe nachzutragen. Aber die Hoffnung, daß die Wissenschaft dem Glauben aufklärend die Fackel vorantrüge, hat auch getrogen. Vielleicht braucht keiner mehr eine königliche Schleppe; vielleicht können beide Lichter aufstecken, um das Dunkel der menschlichen Lebensumstände zu erhellen; und vielleicht können beide sich kollegial oder geschwisterlich auf das aufmerksam machen, was sie dann sehen. Der Glaube sieht jedenfalls einen leidensfähigen Gott, der mit seinen Geschöpfen leidet; statt eines leidensunfähigen Gottes, der seine Geschöpfe anfeuerte, ihrerseits leidfrei zu werden, um dann über sie zu triumphieren, wenn sie sein Ideal und ihre Illusion verfehlen.

Das Verhältnis von Kirche und Staat

Ich komme ein letztes Mal auf das Beispiel der nationalsozialistischen Gesundheitspolitik zurück. Der sog. Euthanasie-Aktion wurde ein begrenzter Widerstand entgegengesetzt, vor allem von seiten der kirchlichen Behinderten-Einrichtungen. Aber auch in deren Bereich spielte das Argument eine Rolle, daß man der Obrigkeit untertan sein und also staatliche Anordnungen befolgen müsse, sei es denn entgegen der eigenen Gewissens-Einsicht. Das Beispiel zeigt, wie weitreichend *der staatliche Einfluß auf kirchliche Entscheidungen* sein kann. Das hängt damit zusammen, daß die Kirchen als Träger caritativer oder diakonischer Einrichtungen sich auf dem Feld der Sozialpolitik bewegen, das von der staatlichen Gesetzgebung reglementiert wird. Ich verzichte bei den folgenden Überlegungen auf die Berücksichtigung der Besonderheit, daß die Kirchen selbst nur indirekt in die Sozialpolitik verwickelt sind, weil sie auf diesem Handlungsfeld gleichsam Agenten haben: die Verbände. Sowohl für die staatlichen oder kommunalen Partner als auch für die Gemeindeglieder und die Klientel der Einrichtungen sind die Verbände so nah bei der Kirche, daß die institutionelle Differenz kaum wahrgenommen wird; und nach dem kirchlichen Selbstverständnis darf es auch nicht anders sein: Diakonie ist eine Wesensäußerung der Kirche.

Es wäre nicht sinnvoll, dem Staat die Aufgabe zu bestreiten oder abzunehmen, eine *verantwortliche Sozialpolitik* zu machen. Die Frage ist, wieweit der staatliche Einfluß gehen soll oder darf; wieweit Gesetze und finanzielle Zuweisungen die diakonische Arbeit inhaltlich beeinflussen können. Das Subsidiaritäts-Prinzip der katholischen Soziallehre ist für die Praxis der Sozialpolitik in der BRD bestimmend geworden. Das heißt, daß der Staat freien Trägern innerhalb eines von ihm gesetzten Handlungsrahmens freie Hand für soziale

Aktivitäten läßt und diese teilweise finanziert. Weil der Handlungsrahmen in der Hauptsache vom finanziellen Spielraum abhängt, ist der staatliche Einfluß auf das diakonische Tun wirkungsvoll. Umgekehrt führen staatliche finanzielle Anreize die freien Träger und also auch die Kirchen immer wieder zur Übernahme neuer sozialer Aufgaben. Problematisch daran ist vor allem, daß oft weniger die Dringlichkeit der Aufgabe als der finanzielle Anreiz dieses Eingehen auf neue Pflichten bestimmt. *Die Abhängigkeit der Kirche und ihrer Einrichtungen von staatlichen Zwängen ist demnach erheblich.* Pflegesätze und andere Kostenregelungen bestimmen die Möglichkeiten konfessioneller Krankenhäuser und Heime, ambulanter Dienste und sonstiger Hilfen. Wenn wegen des Pflegesatzes der Personalschlüssel knapp berechnet wird, ist eine sinnvolle Arbeit mit Kranken oder Heimbewohnern schon im Vorhinein zum Scheitern verurteilt. Wenn eine berufsbegleitende Beratung und Fortbildung von Pflegekräften am fehlenden Geld scheitert, ist die Substanz des diakonischen Handelns und damit einer sinnvollen Sozialpolitik berührt. Wenn Freizeit-Angebote in Heimen erst gar nicht gemacht werden können, weil kein Geld da ist, entfällt die Ersatzfunktion für das eigene Zuhause, von der das Heim seinen Namen hat. Wenn Politiker bei vorhandenen Geldmitteln soziale Ansprüche fördern und diese bei schwindenden Mitteln mit moralischen Begründungen diffamieren, widerlegt sich die staatliche Sozialpolitik selbst.

Wie kann die Kirche sich von staatlichen Zwängen unabhängig machen oder halten? Ich sehe dafür eine dreifache Antwort.

1. Statt wie alle vom sozialen Auftrag, könnte die Kirche neu von der *Nächstenliebe* sprechen. Sie müßte dann allerdings dem Wort, um es aus der moralischen Phrasenhaftigkeit zu befreien, einen Inhalt geben, wie er sich aus dem Verständnis des Menschen als Gottes Ebenbild und aus einer Praxis ergibt, die auf die heilende Kraft des Mitleidens vertraut; die also bewußt darauf verzichtet, den Menschen zum Objekt helfenden Handelns zu machen.

2. Statt der Delegation der Aufgaben an die sozialen, medizinischen und beratenden Fachleute und der Angleichung an die staatlichen Institutionen könnte die Kirche ihre Unabhängigkeit vom Staat praktizieren, indem sie sich auf ihre eigene Existenzform besinnt: *die Gemeinde.* Das sollte die *Ortsgemeinde* sein, in der nachbarschaftliche Anteilnahme am Leben und auch am Leiden möglich ist.[24] Das müßte auch die »*Anstalts-Gemeinde*« sein, die sich eben nicht als Anstalt begreift, sondern die sich als Gemeinde, also in der Gemeinschaftlichkeit des Miteinander-Lebens, nicht des Für- und dann also Voneinander-Lebens begreift.

Ein solches gemeindliches Selbstverständnis würde für das diakonische Handeln Konzepte veranlassen, die auch gegenüber den Kostenträgern vertretbar wären. Vor allem aber würde es eine finanzielle Unabhängigkeit gegenüber dem Staat bewirken, weil im diakonischen Handeln dann nicht nur das getan würde, was der Staat zu finanzieren bereit oder in der Lage ist; sondern was die Gemeinde, weil für notwendig, darum auch, sei es denn aus eigener Kraft, für finanzierbar hält.

3. Das theologische Modell, das hinter diesen Gesichtspunkten von Nächstenliebe und Gemeinde-Verständnis steht, ist das vom *Leib Christi*. Paulus hat es in 1. Kor 12 entfaltet. Das Bild, das er zeichnet, und die Fabel, die er damit erzählt, ist in sich ganz klar. Klar ist auch, was das Bild zeigen und die Fabel bedeuten soll; es ist seit dem lateinischen Geschichtsschreiber Livius klar, der das Bild für das Verhältnis der verfeindeten Plebejer und Patrizier in Rom gebrauchte. Von einer menschlichen Gemeinschaft ist die Rede. Eine Familie, eine Gruppe, eine Gemeinde, ein Staat, ja eigentlich die ganze eine Menschheit kann es sich nicht leisten, daß in ihrem Organismus einer resigniert und sagt: Ich bin nicht wie der andere, ich gehöre nicht richtig dazu; und kann sich auch nicht leisten, daß einer überheblich sagt: Ich brauche die anderen nicht. Jeder weiß, das geschieht dauernd. Daran leiden viele Menschen, daß die Gemeinschaft, zu der sie gehören, genau den Riß hat, von dem Paulus sagt, Gott will ihn nicht. Aber weil das so ist, erzählt Paulus seine Fabel und zeichnet das Bild vom Leib. Er möchte deutlich machen, welchen Unsinn es bedeutet, wenn eine Gemeinschaft die Karikatur mit Leben füllt, die er da vorgeführt hat. Er setzt dagegen:»Wie der Leib einer ist und viele Glieder hat – so (ist) auch der Messias (der Christus)« (Vers 12). Die vielen verschiedenen Menschen in der Gemeinde heißen Leib Christi (wörtlich: Leib des Messias), weil der Messias für sie und zu ihnen gekommen ist. Ja, er hat sich mit ihnen identifiziert, darum heißen sie sein Leib. In der *Wirklichkeit* sehen wir Behinderte und Nichtbehinderte, Kranke und Gesunde, Schwache und Starke. Die *Wahrheit* über ihnen allen ist, sie gehören zum Messias, zu dem von Gott ihnen allen als Helfer gesandten Jesus – sie sind der Leib Christi.

Ist das Gemeinde-Verständnis von diesem Modell geprägt und geschieht die Nächstenliebe in diesem Bewußtsein gegenseitiger Zugehörigkeit und wechselseitiger Abhängigkeit, so ist die Kirche relativ unabhängig von den staatlichen Zwängen. Es kann sich bei dieser Freiheit nicht um Überheblichkeit handeln. Daß wir über die kirchliche Freiheit von Zwängen sprechen, liegt ja daran, daß die Kirche von sich aus ebenso wie andere Gruppen und Institutionen hinter falschen Idealen herläuft und von ihnen eingefangen wird. Es kommt darauf an, daß sie in der Nachfolge Jesu dem Gott Israels auf die Spur kommt, der sein Ebenbild auch und gerade in den Leidenden sucht und seine Freiheit mit ihnen teilt. Wer in der Kirche diesen Weg geht, muß damit rechnen, Konflikte sowohl mit der Kirche wie mit dem Staat herbeizuführen. Sie auszuhalten hilft die geduldige Praxis der Nächstenliebe, das Zutrauen zur Gemeinde und der Glaube an die Wahrheit des Modells vom Leib Christi.

Anmerkungen

1 R. Prenter, Artikel Anthropologie, IV. Dogmatisch, in: Die Religion in Geschichte und Gegenwart [3] I, 423
2 D. Gewalt, in: Pastoraltheologie 1986, 96–110
3 D. Gewalt, a.a.O., 109
4 Binding-Hoche, 29; 55; 57
5 Luthers Werke, Weimarer Ausg. Tischreden, Nr. 5207
6 J. Ebach, Ursprung und Ziel, 1986, 70
7 H.J. Iwand, Luthers Theologie, Nachgelassene Werke 5, [2]1983, 96
8 O. Weber, Grundlagen der Dogmatik I, [3]1964, 564
9 »Sobald es um die Frage geht, wer denn nun die Seinen sind, da werden uns auch die Figuren sichtbar, die uns in der Geschichte Jesu begegnen: die Armen, die Lahmen, die Kranken, die Sünder. Das sind die Seinen. Die Seinen wüßten gar nicht, daß sie die Seinen sind, wenn nicht das Evangelium Nein! sagen würde zu all unserer eigenen Gerechtigkeit, Würde, Hoheit und Weisheit.« H.J. Iwand, Luthers Theologie, NW 5, [2]1983, 109
10 J. Moltmann, Diakonie im Horizont des Reiches Gottes, 1984: »Wodurch heilt Jesus diese Kranken? Worin besteht die Heilungskraft seines Lebens? Die Antwort ist ganz unerwartet. Wir finden sie im Matthäus-Evangelium, Kapitel 8, Vers 17: ›Am Abend brachten sie viele Besessene zu ihm, und er trieb die Geister aus mit Worten und machte viele Kranke gesund, auf daß erfüllt würde, was gesagt ist durch den Propheten Jesaja, der da spricht: »Er hat unsere Schwachheiten auf sich genommen, und unsere Seuchen hat er getragen.«‹ Die Heilungskraft Jesu liegt also in seiner Leidenskraft. Er heilt nicht dadurch, daß er sie auf sich nimmt. Menschen werden nicht durch die übernatürlichen Kräfte Jesu geheilt, sondern – durch seine Wunden.« (64)
»›Was nicht angenommen wird, wird auch nicht geheilt‹, heißt ein Grundsatz der Theologie der Alten Kirche. Es war ein Grundsatz für die Erkenntnis des wirklichen Menschseins des Sohnes Gottes: In Jesus Christus ist Gott selbst Mensch geworden. Er hat das ganze und wirkliche Menschsein angenommen und es zum Teil seines eigenen göttlichen Lebens gemacht. Nicht nur das begrenzte und sterbliche Menschsein hat der ewige Gott angenommen und zum Teil seines Lebens gemacht, sondern auch das behinderte, kranke, schwache, hilflose und lebensunfähige Menschsein: Unsere Behinderungen nimmt er auf sich und macht sie zu einem Teil seines ewigen Lebens. Unsere Tränen nimmt er an und macht sie zum Ausdruck seines eigenen Schmerzes. So heilt Gott alle Krankheiten und allen Kummer, indem er jede Krankheit und jeden Kummer zu seinem eigenen Leiden und seinem eigenen Kummer macht.« (65)
11 Vgl. dazu A. Schöne, Goethes Farbentheologie, 1987
12 Maximen und Reflexionen, Nr. 664, Hamburger Ausgabe 12, 458
13 Aus den Xenien, Hambg. Ausg. 1, 230
14 A. Mitscherlich, Medizin ohne Menschlichkeit, (1948/1960), Vorwort 1977
15 A. Mitscherlich, Ein Leben für die Psychoanalyse, 1980, 149 f.
16 L. Baeck, Dieses Volk. Jüdische Existenz, 1955, Bd. I, 54
17 Y. Aschkenasy, Geliebt ist der Mensch. Über einen Spruch von Rabbi Akiba (Avot III,14), in: B. Klappert/H. Starck (Hg.), Umkehr und Erneuerung, 1980, 194
18 J. Moltmann, Theologie in der Welt der modernen Wissenschaften, in: Evangelische Theologie 1966, 622
19 Zum Weltbild der Physik, zit. nach Moltmann, 625
20 H.J. Iwand, Glauben und Wissen, NW 1, 1962, 20
21 a.a.O. 23
22 Kundgebung der 7. Synode der EKD »zur Achtung vor dem Leben« vom 6.11.1987
23 Gesammelte Aufsätze I, 1959, 67
24 »Eine Kirche, die die diakonische Dimension christlicher Existenz für unaufgebbar hält, die hier ein praktisches Bewährungsfeld für das ›Priestertum aller Gläubigen‹ erkennt, eine solche Kirche muß sich mit der Tatsache auseinandersetzen, daß die Notwendigkeit für diakonische Arbeit sich zuerst im ortsgemeindlichen Rahmen zeigt.« J. Degen, Diakonie im Widerspruch. Zur Politik der Barmherzigkeit im Sozialstaat, 1985, 21

Lorenz Grimoni

Zur Frage der Belastbarkeit bei der Betreuung und Pflege behinderter Familienangehöriger

Vorbemerkung

Der berechtigten Forderung, Kranke und Behinderte nicht in Heime »abzuschieben«, sondern zu versuchen, sie in der Familie zu pflegen und zu betreuen, muß auch gegenübergestellt werden, daß die Familienmitglieder dabei oft derart überfordert sind, daß ein Eigenleben kaum noch möglich ist und daß eine derartige Belastbarkeit auch eine Grenze haben kann.

1.

Frau Z., fünfundfünfzig Jahre alt, seit 1985 verwitwet, hat fünf Kinder; drei Kinder leben noch im Haushalt. Zwei der Kinder – Sohn N., geboren 1955, und Tochter O., geboren 1967, leiden an einer progressiven Muskeldystrophie.

Als der Sohn 12 Jahre alt war, kam seine schwere Krankheit mehr und mehr zum Ausbruch. Er beendete unter immer größer werdenden Mühen die Hauptschule, besuchte die Handelsschule und absolvierte erfolgreich die Lehre als Bürokaufmann. In all diesen Jahren mußte die Mutter ihren Sohn auf seinen Wegen begleiten, da er vor dem Hinfallen geschützt werden mußte. Sie half ihm beim Aus- und Anziehen, war ihm beim Baden zur Seite usw., da seine Kräfte zunehmend nachließen. Seit Beendigung der Lehre ist N. zu Hause und inzwischen gänzlich auf die Hilfe der Mutter angewiesen. Nach einem genauen Zeitplan, denn die Mutter hat sich auch um die kranke Tochter O. zu kümmern, um den Haushalt und den gesunden Sohn B., wird N. versorgt. Dazu gehört auch der Gang zur Toilette und in der Nacht die Hilfe beim Umdrehen im Bett. Aus diesem Grunde schläft die Mutter mit dem Sohn in einem Raum, obwohl ein eigener Schlafraum für sie in der Wohnung vorhanden ist. Die Pflege ist nicht nur körperlich sehr anstrengend, sondern beansprucht auch viel Zeit, da der behinderte Sohn (der zusätzlich unter Kreislaufproblemen leidet und ständig Rücken- und Kopfschmerzen hat) kaum mithelfen kann. Erfreulich ist lediglich die Tatsache, daß N. seine Behinderung annimmt und meist fröhlich ist. Er kann sich auch gut alleine beschäftigen (Lesen, Musik hören, Fernsehen, Briefmarken), wenn keine Freunde kommen. Als die Krankheit bei N. ausbrach, wurde die Tochter O. geboren. Seit etwa zehn Jahren ist auch sie ständig mehr und mehr auf die Hilfe der Mutter angewiesen (Baden, An- und Ausziehen, Begleitung beim Laufen). Später, 1972, wurde der Sohn B. geboren, der zumindest in den ersten Jahren auch die Mutter sehr beanspruchte. Tochter O., zusätzlich noch Epileptikerin, schaffte

51

dank der Unterstützung der Mutter die Realschule, das Gymnasium (Abitur) und die Ausbildung als Fremdsprachenkorrespondentin. Sie kann nur noch in Räumen (mit Begleitung) laufen, ist bei den kürzesten Strecken auf ein Taxi angewiesen. Es ist absehbar, daß sie ihren Beruf wohl niemals ausüben wird, da der Krankheitsverlauf bei ihr noch beschleunigter verläuft als beim Bruder. Aus allem wird deutlich, daß Frau Z. zwanzig Jahre, abgesehen davon, daß sie sich schon vorher um zwei weitere Kinder gekümmert hatte, permanent an mehreren »Fronten« kämpfen muß und für die Zukunft ihres Lebens auch weiterhin auf das äußerste belastet sein wird. Das Abstimmen der Zeiten, die Begleitung und Pflege der Tochter, die Pflege des Sohnes sind Ursache für einen Dauer-Streß. Dazu kommt das Nachlassen der eigenen Kräfte und erste Probleme mit der eigenen Gesundheit. Da ihr Mann nach langer Krankheit starb, ist sie ganz auf sich gestellt und kann nur auf ihre gesunden Kinder – von denen zwei nicht mehr im Hause leben – als Helfer zurückgreifen. Ein Eigenleben hat sie praktisch nicht. Urlaub kennt sie nicht, zumal ihre beiden behinderten Kinder fremde Helfer (Intimsphäre) kaum akzeptieren. Ein hin und wieder besuchter Frauenabendkreis in der Ev. Gemeinde ist die einzige Abwechslung. Große Not bereitet ihr die nachlassende Kraft der Tocher, die ihre Behinderung nicht annehmen kann und demnächst erleben wird, daß ihr Streben und Mühen in Schule und Ausbildung nicht zu einer Berufstätigkeit führen werden. Große Angst hat Frau Z. vor der Zukunft. Sie leidet ständig unter der Angst, die Betreuung eines Tages nicht mehr bewältigen zu können, so daß ihre Kinder in ein Pflegeheim eingewiesen werden müssen.

2.

T., heute 31 Jahre alt, ist von Geburt an blind. Er hat keine Augen. Seine Eltern, bei seiner Geburt sehr jung, lehnten es ab – zumal es zwischen ihnen Probleme gab –, sich um T. zu sorgen.

In dieser Situation entschloß sich die Großmutter, Frau W., damals 42 Jahre alt, das Kind zu sich zu nehmen. Ihr einige Jahre älterer Mann meinte dazu: »Laß das, das schaffen wir nicht!« Er war gegen die Aufnahme des Kindes in seine Familie, zumal damals noch die Tochter B. bei ihnen lebte. In rührender Weise – »Wir kümmerten uns um T. wie um unsere beiden eigenen Kinder« – sorgten beide Großeltern dann doch für T. Sie ermöglichten dem Kind und später dem Jugendlichen Spielmöglichkeiten und Erlebnisse, soweit es in ihren Kräften stand. Als T. sechs Jahre alt war, kam er nach D. in die Blindenschule. Wegen der Entfernung und auf Grund des Lernprogramms war nur ein Internatsaufenthalt möglich. Vom 6. bis 19. Lebensjahr (Hauptschulabschluß und Lehre als Telefonist) war T. nun nur noch an Wochenenden und in den Ferien bei den Großeltern. Doch auch diese Aufenthalte waren schon Belastung genug, zumal T. sich viele Jahre schwer schickte, in D. zu leben und zu lernen. Ins Unermeßliche steigerte sich dies jedoch, als T. dann wieder ganz bei den Großeltern wohnte, die nun 61 bzw. 65 Jahre alt waren, und er berufstätig wurde. Er mußte früh aufstehen, zur Arbeitsstelle begleitet und auch abgeholt werden. Die Hauptarbeit bei der Begleitung trug der inzwischen pensionierte Großvater. Er führte den Enkel auch ins Schwimmbad, ging mit ihm spazieren, zu Musikveranstaltungen, auch Discos, in denen er zuweilen angepöbelt wurde. Eine Abwechslung für T. selbst war für ca. fünf Jahre eine Gruppe der Ev. Gemeinde, bis diese sich auflöste. Hier erlebte er Kontakte mit anderen Jugendlichen, nahm auch an mancher Fahrt und mancher Freizeit teil. Zivildienstleistende der Gemeinde unterstützten dann den Großvater im Begleitdienst. Doch die Hauptbelastung trugen weiter die Großeltern, zumal T. auch Epileptiker ist. Er ist oft sehr launisch und verläßt auf eigene Faust die Wohnung – eine Gefahr für ihn in einer Großstadt. Ein Blindenhund ist ihm auf Grund seiner Psyche nicht zugestanden worden. Notwendige Prüfungen bestand T. nicht.

Vor zwei Jahren starb der Großvater. Wiewohl er sich sehr um den Enkel gekümmert hat – nach Schichtarbeitszeit bzw. im Alter bei manchen persönlichen Beschwerden –, hat er doch auch gesagt:»Der Junge hat uns 28 Jahre des Lebens gestohlen!« Diese Aussage läßt ahnen, wie stark die Belastung empfunden wurde. Wenn Frau W. im Krankenhaus war – das kam häufiger vor – mußte Herr W. seinen Urlaub nehmen, um sich um T. zu kümmern. Kontakte im Familien- und Freundeskreis konnten nicht gepflegt werden, zumal viele den behinderten Enkel ablehnten. Urlaubsreisen oder auch nur Tagesfahrten konnten die Großeltern so gut wie nicht wahrnehmen, obwohl die jüngste Tochter zeitweise helfend einsprang. Ständig mußten die Großeltern auf Eigenes verzichten, auch Fehler des Enkels ausbügeln, beim Arbeitgeber fürsprechend für T. eintreten, der T. nach neunjähriger Tätigkeit inzwischen entlassen hat. Weitere Belastungen waren falsche Freunde, die an das Geld des Enkels wollten, die ihn zu Käufen und Schulden verleiteten. Auch in Partner- und Alkohol-Probleme des Enkels wurden die alten Leute hereingezogen und in manches aggressive Verhalten des Enkels. In allen diesen Jahren haben die Eltern von T. niemals versucht, sich – wenigstens zeitweise – um ihr eigenes Kind zu kümmern und den Großeltern beizustehen. Nun steht die Großmutter (73 Jahre alt und krank) vor der Aufgabe, für den Enkel allein zu sorgen, seine Arbeitslosigkeit und damit verbundene Sorgen mitzutragen. Sie fühlt mehr und mehr, wie sie dieser Aufgabe nicht mehr gewachsen ist und hat große Angst um die Zukunft des Enkels.

Nachbemerkung:

Beide Berichte lassen für die pflegenden Personen jahrzehntelange physische Belastungen erkennen. Frau Z. mußte ihre Kinder täglich begleiten und heben. Die Großeltern von T. mußten den Enkel auf vielen Wegen begleiten und ihm bei vielen Handreichungen behilflich sein. Eine physische Überforderung ist auch die ständige Anpassung an die zu pflegenden Personen, die durch ihre Bedürfnisse den Tages- (und Nacht-) Rhythmus bestimmen.

Eine zeitweilige Entlastung der Familienangehörigen durch fremde Hilfe scheitert im ersten Fall daran, daß Sohn und Tochter ungern fremde Hilfe akzeptieren. Dazu kommt, daß auch die Mutter nach vielen Jahren intensiver Zuwendung die Pflege nicht aus der Hand geben will (gegenseitige Abhängigkeit). Im zweiten Fall wird fremde Hilfe erschwert durch die Launen (Depressionen) des Blinden, so daß z.B. Jugendliche aus der Gemeinde oder zur Pflege verpflichtete Zivildienstleistende ihn nur ungern besuchen und begleiten wollen.

Noch schwerer wiegen die psychische Belastung, die Ablehnung der Behinderten durch die Umwelt (viele verletzende Worte für Betreuer und Betreute), die ständigen Klagen der Behinderten über Schmerzen bzw. über Verluste an Lebensmöglichkeiten, zumal letzteres oft auch auf die Pflegenden im starken Maße zutrifft.

Die These, daß es im Zusammenleben von Gesunden und Kranken ein gegenseitiges Geben und Nehmen gibt, trifft sicher zu. Wie lange aber ist das möglich, wenn die Belastungen ohne Ende sind und wenn die Sorge wächst, weil die eigene Kraft nicht mehr ausreicht bzw. der Gesundheitszustand der Behinderten sich rapide verschlechtert?

Marianne Wenzel-Olesch
(unter Mitarbeit von Lorenz Grimoni
und Dieter Ney)

Annegret, Karl-Heinz und Thomas – eine Behindertenfamilie

Beschreibung von drei zusammenlaufenden Lebensgeschichten mit Kommentaren

Vorbemerkung

Verschiedene Gespräche mit Annegret und Karl-Heinz, daneben eigene Erfahrungen und Beobachtungen der Verfasserin, die Annegret jetzt seit fünfzehn Jahren kennt, sind die Grundlagen des folgenden Berichts.

1. Herkunft, Familie

Annegret wird im Kriegsjahr 1940 als jüngstes von sieben Kindern geboren.
Sie erlebt als Fünfjährige die Vertreibung der Familie aus Pommern – ihre erste markante Erinnerung an ihre Kindheit. Sie seien sogar zweimal geflohen, die Mutter mit allen Kindern und der Großmutter.
Der Vater war nicht dabei. Als Waldarbeiter wird er bis zuletzt vom Wehrdienst zurückgestellt, kurz vor Kriegsende dann doch noch eingezogen. Er gilt später als vermißt. Sein Foto hängt bei Annegret zu Hause links über dem Sofa. Wenn sie sein Bild betrachte, sagt sie, dann sei ihr so, als würde sie ihn kennen.
Rechts über dem Sofa hängt ein Foto ihrer Mutter aus den letzten Jahren, die, heute 87 Jahre alt, schwer herz- und zuckerkrank, doch ungebeugt, immer noch das Zentrum der Familie darstellt und die sich der Liebe und Verehrung ihrer jüngsten Tochter sicher sein kann. Sie lebt stets in der Familie eines ihrer verheirateten Kinder, die alle nah beieinander wohnen und – bis auf die in großen Familien üblichen Streitereien – enge Kontakte zueinander pflegen.
Annegret ist ihren Geschwistern sehr zugetan und unterhält bis heute gute Beziehungen zu ihnen.

zu (1)

Die Startbedingungen sind nicht gerade günstig, aber das Flüchtlingsschicksal teilt Annegret mit unzähligen Menschen ihres Jahrgangs. Die Familie bleibt zusammen und vermittelt Schutz und zumindest eine gewisse Geborgenheit in diesen unsicheren Zeiten. Bis auf die Großmutter, die auf der Flucht stirbt, kommen alle durch. Erinnerungen an unruhiges Wandern, aber nicht an Schrecknisse – eben Erinnerungen, wenn auch lückenhaft und bruchstückweise.

Annegret gestaltet ihre persönliche Geschichte, indem sie sie mir erzählt. Sie sucht nach Worten, ordnet, setzt Schwerpunkte, bewertet. Sie hat ein Bewußtsein ihrer eigenen, unverwechselbaren Lebensgeschichte. Sie ist ein Individuum im Besitz seiner Biographie.

Ihre Familie besteht überwiegend aus Frauen, Männer sind in der Minderheit (in der Kliniksituation wiederholt sich dies später). Diese Familie ist Annegrets Fluchtpunkt und Hintergrund, auf dem vieles der späteren Entwicklung verstanden werden muß. Sie ist eingebettet in dieses Familiensystem bis zum heutigen Tag. Es stützt sie auch dann, wenn es fast unsichtbar wird wie in den Klinikjahren. Man darf annehmen, daß Annegrets ungebrochenes Selbstwertgefühl aus dieser Quelle gespeist wird.

Annegret liebt ihre Mutter in einer kindlichen Weise, die Distanz und Kritik nicht zuläßt. Unebenheiten im Bild der Mutter werden mit Alter und Krankheit entschuldigt. (Ihrer späteren Stationsschwester gegenüber reagiert sie ähnlich.) Sie wird geprägt von Autoritätspersonen weiblichen Geschlechts.

2. Krankheitsbeginn

Mit zwei Jahren fällt Annegret plötzlich bewußtlos hin, hat schwere Krämpfe und Zuckungen dabei – sie hat ihren ersten hirnorganischen Krampfanfall.

Diese Anfälle wiederholen sich in den nächsten Jahren zunächst in großen Zeitabständen (2. Anfall im 5. Lebensjahr). Nach dem dritten Anfall im 12. Lebensjahr, zum Zeitpunkt der Menarche, kommen sie beinahe regelmäßig alle vier Wochen, immer in zeitlicher Nähe zur Mensis.

In den folgenden zwanzig Jahren auffälliges und überzufällig wirkendes Zusammentreffen von Anfallsleiden und Menstruationszyklus. Annegret ist EPILEPTIKERIN.

zu (2)

Man darf annehmen, daß Annegrets Kindheit relativ unbelastet verläuft, da die Anfälle die Ausnahme sind und verdrängt werden können.

Erst in ihrer Pubertätszeit wird offenbar: sie ist anders als die andern, sie ist *nicht normal.*

Das schreckliche Geschehen, daß sich an ihr und aus ihr ereignet, läßt sie fremd und unverständlich erscheinen. (Selbst alte „Psychiatriehasen" beschleicht immer noch ein mulmiges Gefühl, wenn sie mit einem „Grand-Mal-Anfall" konfrontiert werden.)

Menschen aus allen Zeiten haben dem gegenüber mit Furcht und Befremden reagiert. Im Altertum nannte man diese Krankheit „heilig", weil sie von den Göttern kam. Das blieb bis ins Mittelalter so, nur glaubte man jetzt, der Mensch sei „vom Teufel besessen", der nur mit der reinigenden Flamme oder verwandten Methoden ausgetrieben werden konnte.

In der Neuzeit sprach man dann von „Fallsucht", einem Siechtum, mit dem man geschlagen, einem Makel, mit dem man behaftet war.

Heute sagt man schlicht „Anfallsleiden" und rechnet es den Krankheiten zu. Die Dramatik des Geschehens ist unverändert, aber man bemüht sich um eine Entmythologisierung desselben. Es gibt inzwischen (vor allem medikamentöse) Therapiemethoden, die die Krampfbereitschaft einigermaßen erfolgreich unterdrücken, so daß viele Betroffene damit leben können.

3. Schulalter

Annegret hat als Sechsjährige Typhus, wird daher ein Jahr später eingeschult. Sie geht von 1947 an fünf Jahre zur Schule, bleibt in dieser Zeit ein- oder zweimal sitzen. Ob sie deshalb vorzeitig von der Schule abgegangen ist oder wegen des schwerer werdenden Anfallsleidens, kann sie nicht sagen; sie vermutet es. (Sonst keine Erinnerungen an die Schulzeit.)

Danach erkrankt sie an Tuberkulose, verbringt sechs Monate in einer Heilstätte. Im Anschluß daran arbeitet sie in Kaiserswerth bei den „Nonnen" (wie sie die Diakonissen nennt), wird aber von dort wieder weggenommen, weil sie mit denen nicht gut zurechtkommt. An die nächste Arbeitsstelle erinnert sich Annegret gern zurück. Sie ist als Helferin in einem Kinderheim tätig, hat ein eigenes, schönes Zimmer, die Kindergärtnerinnen sind nett zu ihr, die Arbeit mit den Kindern gefällt ihr sehr und liegt ihr wohl auch.

Sie bedauert sehr, daß sie gerade diese Arbeit wegen der Anfälle aufgeben mußte. Sie erzählt ein Beispiel: sie wird in dem Augenblick von einem Anfall überrascht, als vor ihr auf dem Herd eine größere Menge voller Babymilchflaschen in einem Topf vor Überhitzung „explodieren", weil sie im Vorstadium des Anfalles vergessen hatte, das Wasser einzufüllen.

zu (3)

Krankheitsbedingt bleibt die Schulausbildung lückenhaft. Zu einer Berufsausbildung kommt es erst gar nicht; eine kontinuierlich stattfindende ärztliche
und soziale Betreuung fehlt. Schon in jungen Jahren wird Annegret von Institution zu Institution weitergereicht, ihre Hospitalisierung beginnt früh.
In Kaiserswerth wieder nur Frauen, die das Sagen haben. A. teilt mir nichts
über die Gründe für die Unstimmigkeiten mit; es darf angenommen werden,
daß sie pubertätsgerecht aufbegehrt.
Und wieder spielt ihre „besondere" Krankheit Schicksal im negativen Sinne:
sie verliert die von ihr als positiv erlebte Arbeitsstelle im Kinderheim, bei der
(zumindest im Rückblick) alles stimmte: sie hatte dort einen eigenen Wohn-
raum mit der Möglichkeit, sich zurückzuziehen, hatte menschlichen Kontakt,
Aufmerksamkeit und Zuwendung; daneben eine sinnvolle Arbeit, die ihr
Freude bereitet und auch ihr Wunschberuf ist. Mit ihrem Bedauern über den
Verlust dieser Lebensbedingungen formuliert Annegret zugleich Wünsche
und Bedürfnisse an ihr Leben, die zwei Jahrzehnte nicht erfüllt werden.

4. 1959 –1976, siebzehn Jahre
   Psychiatrie-Patientin

Annegret lebt die meiste Zeit auf geschlossenen Stationen. Sie ist „Arbeits-
patientin", d.h., sie hat auf der jeweiligen Station mitzuhelfen, wobei Inhalt und
Aufgaben der Arbeit von der Stationsschwester bestimmt werden.
Dafür gibt es einen niedrigen Lohn, „Arbeitsgeld" genannt, dem heutigen
Taschengeld ähnlich – damals war es aber wesentlich mehr als Taschengeld.
Annegret führt sowohl Reinigungs- und Küchenarbeiten, als auch grundpfle-
gerische Tätigkeiten aus (Hilfe beim An- und Auskleiden, bei der Körper-
pflege, beim Füttern von Patientinnen usw.).
Im Rückblick bewertet sie heute diese damalige Arbeit positiver als ihre der-
zeitige Tätigkeit, die keine grundpflegerischen Momente mehr enthält. Die frühere Arbeit entsprach ihren Vorstellungen von zufriedener Tätigkeit eher. Als
Wunschberuf gibt sie Kinder- oder Altenpflegerin an. Damals sei sie mehr
Pflegehelferin als Putzfrau gewesen. Die Arbeit war anspruchsvoller, es gab
hin und wieder Bestätigung und Lob. Negativ vermerkt sie, daß sie als Arbeitspatientin sehr spät Feierabend und viel zu wenig Ausgang hatte.
Diese geschlossenen Stationen, in denen A. lebte und arbeitete, sind gerontopsychiatrische Stationen mit vielen alten verwirrten Frauen. Auch das Pflegepersonal besteht in der Regel nur aus Frauen: Oberschwester, Stationsschwester, examinierte Schwester, Lernschwester, Hilfsschwester. Der Sta-

tionsarzt (sofern es nicht auch eine Ärztin ist) ist neben dem nur selten zu den Sterbenden gerufenen Pfarrer der einzige Mann.

Annegret führt unfreiwillig ein nonnenähnliches Leben. Über Jahre hat sie nur stundenweise Ausgang, meistens in Begleitung, nur manchmal allein. Ihre damalige Stationsschwester begründete diese Ausgangsregelung damit, daß A. einerseits als Epileptikerin ständig der Gefahr eines Unfalls ausgesetzt sei, daß ihr andererseits aber nur straffe und strenge Führung helfen würden, weil sie triebhaft und sexuell ausnutzbar sei – wofür sie allerdings nichts könne. In der verbleibenden knappen Zeit schließt Annegret trotzdem heimlich kleine Freundschaften, hat auch hin und wieder flüchtige sexuelle Begegnungen unter erschwerten Bedingungen. Eine davon führt zu einer Schwangerschaft. 1960 bringt A. in der Klinik ihren Sohn Thomas zur Welt, der jedoch gleich nach seiner Geburt zu ihrer Mutter gegeben wird.

Zu Beginn ihres Anstaltsaufenthaltes versucht sie öfters „abzuhauen", meistens in Begleitung eines jungen Patienten – einmal erfolgreich. Sie riskiert Entdeckung und Strafe (Ausgangssperre, Entzug von Zuwendung), um der Abenteuerlust und des Vergnügens am Gefühl der Freiheit willen. Daran erinnert sie sich gern zurück.

Andere, spezielle Erinnerungen an das Leben auf anderen Stationen kann oder will sie nicht wachrufen. Sie erzählt mir jedenfalls nur von der Zeit, an die ich mich aus meiner damaligen Tätigkeit heraus selbst erinnere. Sonst kommt höchstens mal ein Satz wie: „Viel Arbeit und immer dasselbe!"

Es gibt eine umfangreiche Krankengeschichte über diese siebzehn Jahre, in der viele bestürzende Dinge stehen. So sei sie z.B. immer gereizt und aggressiv gewesen und habe oft Mitpatienten geschlagen. Danach befragt, verneint sie mit Nachdruck und meint, sich daran beim besten Willen nicht erinnern zu können.

Ich las diese Krankengeschichte vor vielen Jahren und habe heute nur noch eine blasse Erinnerung daran. Daß die dort beschriebene Frau mit der Annegret, die ich kennenlernte, fast nichts gemeinsam hatte, verwirrte mich. Da die Lektüre der Krankengeschichte nichts dazu beitragen konnte, A. besser zu verstehen, legte ich sie beiseite und beschloß, mich fortan auf meine eigenen Wahrnehmungen und Erfahrungen zu verlassen.

Annegrets Epilepsie wurde medikamentös nach dem jeweils neuesten Stand der medizinischen Forschung behandelt. Seit 1973 ging die Anfallhäufigkeit und -schwere zurück. A. lebt seit etwa 1974 anfallsfrei. Die Krampfpotentiale in den EEG-Befunden signalisieren jedoch bis heute untergründige Anfallsbereitschaft. Nachdem sich die „Anti-Baby-Pille" durchgesetzt hatte, begann man auch in den psychiatrischen Kliniken, die jüngeren Patientinnen vor unerwünschter Schwangerschaft medikamentös zu schützen. Annegret erhielt seit damals ein injizierbares Kontrazeptivum und schreibt seither dieser „Dreimonatsspritze" die alleinige anfallsunterdrückende Wirkung zu. Dennoch nimmt sie zusätzlich und zwar täglich und regelmäßig, wie vom Arzt verordnet, ihre „Anfalltabletten" (orale Antiepileptika) ein.

Nachdem dann endlich ihre Ausgangsregelung gelockert worden war, macht sie von der Möglichkeit des Stadtausgangs keinen Gebrauch. Der Verkehr, die vielen Menschen, das Gedränge in den Kaufhäusern erschrecken sie. Sie geht dafür im Park oder Klinikgelände aus und trifft sich mit Mitpatienten im Klinik-Café. Dort lernt sie auch Karl-Heinz kennen, ihren späteren Ehemann.

zu (4)

Die Epilepsie bestimmt Annegrets weiteren Lebensweg. Als die Krankheit Formen annimmt, die A. einerseits für die Umwelt nicht mehr tragbar machen, andererseits dauernde Aufsicht erfordern, damit ihr nichts Ernsthaftes zustößt und ihre Familie mit dieser Verantwortung überfordert ist, wird A. in eine psychiatrische Klinik eingewiesen. „Anstalt" sagte man damals dazu und meinte damit jene abgeschlossene, eigengesetzliche Welt mit merkwürdiger Atmosphäre, die für ihre Bewohner beschützende Umgebung und Ghetto-Dasein zugleich bedeutete. Der Abgrenzungs- und Aussonderungsprozeß, der mit Annegrets Heim-zu-Heim-Verlegung begann, findet hier seinen Höhepunkt.

Anstaltsleben – das muß A. im Verlauf der nächsten Jahre lernen, ob sie will oder nicht – bedeutet Anpassung und Unterordnung und vor allem die Verwirklichung preußischer Tugenden: Ordnung, Sauberkeit, Pünktlichkeit und Disziplin.

Aber A. erlebt dies nicht in voller Härte, da sie durch ihre Heimvorerfahrungen sozusagen systematisch darauf vorbereitet wurde. Dennoch begehrt sie auf, was sich in ihrer Krankenakte in Notizen über auffälliges und aggressives Verhalten niederschlägt, das allerdings überwiegend ursächlich auf ihre Krankheit zurückgeführt wird, ein klein wenig auch auf ihren „epileptischen Charakter" (was immer ein Negativ-Urteil darstellt: „verlangsamt, unberechenbar, verlogen, klebrig" u.ä.).

Sie lebt ein eingeengtes, eingeschränktes und damit (geistig) beschränkt machendes Leben. Sie steht unter Vormundschaft (ihre Mutter damals, später ihr Ehemann). Ihr weniges Geld wird über die Klinik verwaltet. Sie bewohnt ein Doppelzimmer gemeinsam mit einer Patientin, die unter einem schweren Waschzwang leidet – auch nachts. Einzelzimmer gab es auf dieser Station gar nicht.

Eine strenge Ausgangsregelung beschränkt Annegrets Kontakte auf Menschen, die zur Station gehören. Kontakte zu gleichaltrigen Frauen oder gar zu Männern werden damit zum seltenen Ereignis bzw. weitgehend verhindert. Das ist die damalige Form der Empfängnisverhütung. „Geschlechtliche" Regungen, die ohnehin unter religiös-moralisches Verbot fallen, werden, falls sie nicht unterbunden werden können, stillschweigend-mißbilligend geduldet. Es sieht so aus, als hätte nur der „Gesunde" ein Recht auf Sexualleben, Liebe,

Partnerschaft und Kinder. Was menschlich und sozial nicht bewältigt werden kann, wird einfach verboten.

(Zu meiner Ausbildungszeit werden diese „Dinge" bereits sehr unterschiedlich gehandhabt. Wieviel Freiheit die Patienten erhalten, hängt in dieser Umbruchszeit hauptsächlich von den persönlichen Vorstellungen des Stationsarztes und der Stationsleitung ab. Private Kontakte zwischen Patienten und Pflegepersonal z.B. waren untersagt. Nicht untersagt aber waren sichtlich Arbeitsleistungen von Patienten im Haushalt von Angestellten der Klinik.)

Arbeit ist „sozial wünschenswert"; das Arbeiten ist nicht nur erlaubt, sondern wird in vielen Fällen als Therapie angeordnet. Annegret schätzt ihre Arbeit sehr. Sie zeigt viel Einfühlungsvermögen und Geschicklichkeit im Umgang mit den schwierigen Mitpatientinnen, die sie dafür sehr lieben. Sie hat Erfolgserlebnisse, wird gelobt und bestätigt. Ihre Arbeit muß alles „liefern", was sie anderweitig nicht bekommen kann: schöpferische Impulse, menschliche Zuwendung, Sinnerfahrung, Selbstwertgefühl. Annegret lernt dabei nur, was der Klinik nutzt (Haushaltsführung, Kochen, Einkaufen usw. braucht sie dort nicht). Sie arbeitet immer nur auf Anweisung und nach Plan; eigene Entscheidungen werden von ihr nie verlangt. Sie wird nicht zur Selbständigkeit „erzogen", weil niemand damit rechnet, daß sie jemals entlassen werden und dies alles einmal brauchen könnte.

Selbst die hausfraulichen Anteile ihrer Frauenrolle kann A. nur unzureichend entwickeln, ganz zu schweigen von den weiblichen (siehe oben!), die in den „Untergrund" gehen müssen, um zu ihrem Recht zu kommen.

Ihre „Mutterrolle" kann sie nach Auffassung ihres Stationsarztes auch nicht so recht annehmen; er kritisiert allen Ernstes „fehlende mütterliche Gefühle ihrem Sohn gegenüber", den sie so selten sieht.

Es bleibt ihr die Rolle des Kindes in der Station als Großfamilie, mit dem Stationsarzt als Vater, der Stationsschwester als Mutter und vielen, vielen Großmüttern ... Sie konnte nie richtig erwachsen werden, bis auf den heutigen Tag nicht.

Als ich Annegret kennenlerne, ist sie völlig hospitalisiert, fühlt sich den Anforderungen eines durchschnittlichen städtischen Lebens nicht mehr gewachsen., fürchtet sich vor der Welt außerhalb der Klinik, gibt es aber nicht zu.

Die Besserung von Annegrets Leiden – genaue Gründe oder Ursachen dafür sind wissenschaftlich nicht festzumachen – vergrößert auf jeden Fall ihren Handlungsspielraum und ihre Entfaltungsmöglichkeiten; fast so, als sei „Gesundheit" eine Vorausbedingung für persönliche Freiheit ...

5. Karl-Heinz

Geb. 1942, wird er in der 6. Lebenswoche zur Großmutter gegeben, weil seine Mutter sich neu verheiraten will und das Kind dem zweiten Mann im Wege ist. Sein leiblicher Vater soll bei der Luftwaffe gewesen und 1945 gefallen sein.

Die Krankengeschichte des Karl-Heinz liest sich so: Viermal an offener Tuberkulose erkrankt mit langen anschließenden Heilstättenaufenthalten (die erste
im 4. Lebensjahr, die letzte Ende der 60er Jahre). Über dreißig Lungenentzün-
dungen, die meist in Krankenhäusern behandelt wurden. Viermal nasse Rip-
penfellentzündung und dazwischen immer wieder Asthma-Anfälle. Seit 1963
kommen zerebrale Krampfanfälle hinzu, die von Verkalkungsherden im Gehirn herrühren sollen und durch den verstärkten Genuß von Alkohol zusätzlich
aktiviert werden.

Das Alkoholproblem entwickelt sich erst rapide nach dem Tode der Großmutter im Jahre 1968 (oder auch früher – ? – er kann seine Geschichte zeitlich
nicht mehr richtig ordnen), als er zur ihm fremden leiblichen Mutter ziehen
muß. Er lebt dort mit seinen drei Halbgeschwistern zusammen, die alle
„krank" sind: eine Halbschwester leidet seit Jahren unter einer endogenen
Psychose, die andere ist alkoholabhängig, der Halbbruder ist minderbegabt.
Vom 7.–14. Lebensjahr fünf Jahre Schulbesuch, zwischenzeitlich krank. Nach
der Schulentlassung verschiedene Arbeitsversuche, u.a. als Fabrikarbeiter.
Längste Arbeitsphase beim DRK, zuerst als Bote im Büro, später als Ret-
tungssanitäter (er erinnert sich nicht daran, ob die dazu nötige Ausbildung mit
einer Prüfung abgeschlossen werden konnte).

Im Alter von 23 Jahren stellt er auf Wunsch seines Chefs einen Rentenantrag,
dem nach fünf Jahren stattgegeben wird (offensichtlich Arbeitsunfähigkeits-
rente, die erst 1976 in eine Erwerbsunfähigkeitsrente umgewandelt wird).
Karl-Heinz ist zu 60 v.H. schwerbehindert: neben den schon erwähnten körperlichen Leiden und einer Teilblindheit wird ihm vom Versorgungsamt auch
eine „seelische Behinderung" zuerkannt.

Als sich im Laufe der Jahre sein Gesundheitszustand verschlechtert, läßt er
sich 1970 in die nämliche psychiatrische Klinik einweisen. Er verbleibt dort
freiwillig fünf Jahre auf einer offenen Station, nie entmündigt.

Während dieses Klinikaufenthaltes kommen Depressionen hinzu, die K.-H.
auch nach außen hin dokumentiert: er kleidet sich schwarz, mit schwarzem
Hut, Schirm und Tasche – und schwarz ist die Stimmung.

Ernst und gepflegt macht er Botengänge zwischen den Stationen und der
Verwaltung, ist zuverlässig, verschwiegen und unaufdringlich. Er sieht alles,
merkt sich alles, spricht aber nicht darüber. Damit schützt er die Daten, die er
transportiert, um schließlich einmal davon zu profitieren. Denn nur seiner pro-
funden Kenntnis über das komplizierte Gefüge des Klinik-Systems hat er es
zu verdanken, daß er später die richtigen Personen in der passenden Art und
Weise für seine Sache einzunehmen versteht, um letztendlich zu erreichen,
daß Annegret entlassen wird.

Bevor er Annegret kennenlernte, hatte er keine feste Bindung gehabt, nur
flüchtige sexuelle Erlebnisse mit den verschiedensten Frauen, immer nur von
kurzer Dauer.

Im Grunde genommen habe er sich bei ihr festgebissen, weil sie es ihm schwer gemacht habe. Zuerst habe sie ihn auf Abstand gehalten, und schließlich habe man sich halt schon sehr gut gekannt. Menschlich gut verstanden habe man sich auf Anhieb, und aus der inneren Gewißheit, daß Annegret die Richtige sei, sei schließlich der Verlobungsgedanke entstanden. Er könne nicht sagen, ob er sie jetzt liebe oder so; er könne das nicht so ausdrücken, aber er habe es nie bereut, das damals so gemacht zu haben.

Annegret ihrerseits schildert mit viel Vergnügen, wie sich K.-H. mit zahlreichen Unterhaltungen und durch die Mitarbeit auf ihrer Station mühevoll bis zum Herzen der anspruchsvollen Stationsschwester hindurchgearbeitet habe. Ebenso leistete er Überzeugungsarbeit bei Annegrets Mutter, die als Vormund die Einwilligung zur Eheschließung ihrer Tochter geben mußte. Die Mutter wird ihm später die Vormundschaft über ihre Tochter übertragen. Den Stationsarzt kann er insoweit für die gemeinsame Sache einnehmen, als der sich für Annegrets Behinderten-Arbeitsplatz einsetzt, der heute das Familieneinkommen sichert.

Karl-Heinz, inzwischen hochgestimmt und hell gekleidet (!), vermittelt allen Zweiflern um sich herum seinen Realismus, seinen starken Willen, seinen geschickten Umgang mit Behörden, sein Selbstbewußtsein und seinen festen Glauben an eine gemeinsame Zukunft mit Annegret.

Anfang Dezember 1976 heiraten Karl-Heinz und Annegret standesamtlich. Die Hochzeit wird von Annegrets Familie ausgerichtet. Sie findet im Dorf im Hause einer ihrer Schwestern statt.

Dabei kommt es zu einer denkwürdigen Szene: Annegrets eigener Bruder erklärt leicht angeheitert, daß er gegen diese Eheschließung und gegen Annegrets Entlassung aus der Klinik sei. Er bezweifele, daß das gemeinsame Leben der beiden eine Zukunft habe, er glaube nicht, daß es gut gehen werde. Ginge es nach ihm, wäre alles geblieben, wie es war. Kranke Menschen wie seine Schwester gehörten in die Klinik unter ärztliche Aufsicht.

Diese Ausführungen blieben nicht unwidersprochen, verunsicherten die ganze Hochzeitsgesellschaft jedoch sehr.

zu (5)

Eine stützende Familienbindung wie Annegret hat Karl-Heinz nicht. Als seine einzige feste Bezugsperson, die Großmutter, stirbt, stürzt er zunächst einmal ab in den Alkoholmißbrauch.

Aber ebenso wie Annegret wird er durch Krankheit früh fremdbestimmt, sein inneres Leben allerdings noch mehr als sein äußeres.

„Kranksein", so lernt K.-H., ist etwas verläßlich Wiederkehrendes, Kontinuierliches, Konstantes. „Kranksein" ist eigentlich der Normalzustand. Die Krankheit erweckt Aufmerksamkeit und Anteilnahme, deckt damit das Bedürfnis nach Zuwendung und zwischenmenschlichen Kontakten ab und sichert die materielle Existenz (Krankengeld und Heilstättenaufenthalte). Daneben verleiht die Krankheit dem Schicksal Dramatik und der eigenen Person die nötige Wichtigkeit. Spätestens, als das „Kranksein" durch die EU-Rente und den Schwerbehindertenstatus von offizieller Seite abgesegnet ist, wird es zu einem Teil seiner Identität. „Gesund" ist Karl-Heinz gar nicht mehr denkbar.

Karl-Heinz spricht, damals wie heute, gern und viel über seine Krankheiten, alte wie neue, jedoch in erster Linie über die körperlichen Leiden. Seine psychischen Störungen, die maniformen oder depressiven Symptome, sein Alkohol- und Medikamenten-Problem versteckt er gekonnt hinter der Schilderung z.B. der TBC-Folgekrankheiten und ihrer Spätschäden. An seine „seelische Behinderung" läßt er ungern jemanden dran.

So sehr er die Krankheit als Lebensschicksal auch verinnerlicht hat, so sehr bleibt er äußerlich selbstbestimmt: er läßt es nicht zur Zwangseinweisung kommen, geht freiwillig in die psychiatrische Klinik und verläßt diese auch wieder aus eigenem Entschluß, als er glaubt, ihres Schutzes nicht mehr zu bedürfen.

„Patient"-Sein ist für ihn dementsprechend so eine Art Berufsausübung, für die er sich sachkundig machen muß. Und tatsächlich ist seine Tätigkeit als Klinik-„Postbote" in damaliger Lesart ein Patientenjob mit Sozialprestige. Er hat sich zurechtgefunden und sich eingerichtet in diesem Milieu.

Da aktiviert die Begegnung mit Annegret seine seelischen Reserven. Er sieht die Chancen für ein „bürgerliches Dasein" wieder wachsen – und eine Frau gehört unbedingt dazu!

Ihre Zuneigung und ihre Bewunderung stärken seine Hoffnung und sein Selbstvertrauen, er weiß wieder, was er will und wie das Ziel zu erreichen ist. Er verwirklicht es Schritt für Schritt. Seine seelische Verfassung mit leicht gehobener Stimmungslage, gesteigertem Antrieb und Selbstwertgefühl hilft ihm dabei.

Mit einer ungeheuren Entscheidungs- und Durchsetzungskraft löst er Annegret (und später Thomas) aus ihrem bisherigen Leben in Abhängigkeit – aber auch Geborgenheit! – heraus und entläßt sie und sich in eine schwierige, ungewisse Freiheit, für die es jedoch keine Alternative gibt.

Ein Kranker wird damit zum Motor eines Geschehens, das damals kein Gesunder in Gang gesetzt hätte, aus Furcht vor dem Scheitern dieses „Experiments".

Die Reaktion von Annegrets Bruder auf der Hochzeitsfeier ist symptomatisch für solch eine Haltung und Einstellung. Annegrets Bruder wehrt sich dagegen, daß sein Weltbild von „Gesund" und „Krank" auf den Kopf gestellt wird. Hinter seiner Meinung weiß er eine Mehrheit, die er selbstbewußt vertritt.

6. Thomas

Geb. 1960, wird gleich nach seiner Geburt (wie sein jetziger Stiefvater!) zur Großmutter gegeben. Von dort aus kommt er in verschiedene Heime in der Nähe der psychiatrischen Klinik, in der seine Mutter lebt. In den ersten drei Lebensjahren hat Thomas regelmäßig Kontakt zu seiner Mutter. Sie sagt: „Die ersten drei Jahre haben wir (!) ihn alle vier Wochen nach Hause (!) geholt." Während der Schwangerschaft hatte Annegret Angst, ihr Kind könne auch Anfälle bekommen; sie ist erleichtert, als dies nicht eintritt. Dennoch ist Thomas nicht gesund. Auch bei ihm wird eine „Behinderung" festgestellt. Er kommt in ein spezielles Heim für geistig behinderte Kinder und Jugendliche, das weiter entfernt liegt. Die Kontakte zur Mutter werden seltener.

Er wird in diesem Heim gut gefördert und erhält eine angemessene Schulausbildung. Der Versuch einer Berufsausbildung zum Gärtner, seinem Wunschberuf, schlägt fehl, da er den (schon reduzierten) Anforderungen nicht gerecht werden kann. Danach muß er weiter an metallbearbeitenden Maschinen arbeiten, was ihm weniger gefällt.

Selbständigkeit und soziales Verhalten werden dagegen optimal entwickelt, persönliche Eigenheiten werden bei der Erziehung berücksichtigt.

Ab 1976 baut sein Stiefvater Karl-Heinz langsam und behutsam eine Beziehung zu ihm auf, indem er ihn regelmäßig im Heim besucht, Kontakt zu den Erziehern und dem Heimleiter aufnimmt und ihn so oft wie möglich nach Hause holt. So führt er Mutter und Sohn wieder zusammen, besorgt dem Jungen einen Arbeitsplatz in einer beschützenden Werkstatt an seinem Wohnort und erwirkt schließlich 1981 seine Entlassung aus dem Heim (gegen den Willen des Heimleiters!).

Inzwischen ist der Stiefvater Aufenthalts- und Vermögenspfleger des heute 26jährigen Thomas geworden.

Thomas verbringt den Tag in der Behinderten-Werkstatt, in der er arbeitet und ißt. In seiner Freizeit ist mit großer Begeisterung im Behinderten-Sport aktiv und sammelt Urkunden und Pokale in vielen Disziplinen, vor allem im Fußball und beim Schwimmen. Wenn es regnet, bastelt er zu Hause Schiffs- und Flugzeugmodelle.

Er fühlt sich bereits verlobt mit einem schwer körperbehinderten Mädchen, dessen Gehfähigkeit stark eingeschränkt ist und die, wenn sie nicht mühsam am Stock geht, im Rollstuhl fahren muß. Es heißt, sie habe eine kaufmännische Ausbildung begonnen, aber abgebrochen, weil sie zu anstrengend gewesen sei. Thomas hatte sie an seinem Arbeitsplatz kennengelernt. Er fühlt sich ihr sehr verbunden und besucht sie oft.

zu (6)

Thomas ist ein Heimkind. Im Gegensatz zu seinen Eltern unterliegt er von Geburt an einer Institutionsordnung; er wird ihr nicht mehr „unterworfen", er wird ihr nur noch „angepaßt".

Es ist nicht so, daß Th. im Heim abgestellt und vergessen wird. Da ist im Hintergrund immer noch eine Familie, auf die er sich beziehen kann. Sie nimmt ihn zwar nicht auf, verleugnet ihn aber auch nicht. Er hat „Mama" und „Oma", die er gerade in den ersten wichtigen Lebensjahren häufig sieht.

Sein Heimaufenthalt in der frühen Kindheit ist eher eine Notlösung, weil Mutter und Kind unter damaligen Bedingungen in einer psychiatrischen Klinik nicht zusammenbleiben können (das ist auch heute noch problematisch). Man ist von der Organisation der Anstalt her nicht darauf eingerichtet. Und früher galt es als verpönt, junges Leben den „schädlichen" Einflüssen „nervenkranker" Leute auszusetzen.

Thomas wird in seinem Heim zu Sicherheit in lebenspraktischen Fertigkeiten und zu einer gewissen (äußeren) Selbständigkeit erzogen. Das hat er seiner Mutter voraus. Rechnen und mit Geld umgehen lernt er wie sie nicht, wohl aber eher, weil seine Behinderung ihm hier Grenzen setzt. Auf das Alltagsleben aber ist er gut vorbereitet, weswegen er sich auch nahtlos in den Haushalt einfügt, als sein Stiefvater ihn nach Hause holt.

Thomas ist im Zusammenleben bereitwillig, freundlich und hilfsbereit, aber nicht devot; bei aller Bescheidenheit ist er durchaus selbstbewußt.

Die Beziehung zu Annegret, seiner Mutter, entwickelt sich freundschaftlich-warmherzig auf beiden Seiten. Karl-Heinz übernimmt bei Thomas die Funktion seines bisherigen Betreuers; er wird Erzieher, Autorität und Objekt der Bewunderung zugleich.

Es scheint so, als sei der Mann, der seine Mutter aus der Anstalt und ihn aus dem Heim „befreit" hat, mit übernatürlichen Kräften ausgestattet, als sei er ein perfektes Vorbild. Thomas gehorcht ihm aufs Wort, widerspricht ihm nie.

Seine Beziehung zu Karl-Heinz, der seinen Stiefsohn „fest im Griff" hat, bewegt sich auf dem gefährlichen Grat zwischen hingebungsvoller Liebe und totaler Abhängigkeit.

Über seine Entwicklung als Mann konnte ich nichts in Erfahrung bringen. Ob auch sexuelle oder nur freundschaftlich-zärtliche Kontakte in der Beziehung zu seinem Mädchen eine Rolle spielen, ist mir unbekannt. Klar ist, daß sie ihm sehr viel bedeutet; er besteht darauf, mit ihr verlobt zu sein.

Was aus den beiden werden soll, ob aus ihnen etwas werden kann, bleibt offen.

7. Gemeinsam „draußen" leben

Nach ihrer Entlassung aus der Klinik arbeitet Annegret als Küchen- und Stationshilfe auf einer Station für Geistig-Schwerstbehinderte in derselben psychchiatrischen Klinik, in der sie siebzehn Jahre lang Patientin war.

Sie verrichtet Küchen- und Putzarbeiten und findet ihre Arbeit im großen und ganzen erträglich, nicht zuletzt deshalb, weil sie jetzt berufstätig ist wie viele andere auch und dafür angemessen entlohnt wird. Außerdem ist sie heute beinahe privilegiert: sie ist im Besitz eines Behinderten-Arbeitsplatzes, der ihr in der Regel nicht gekündigt werden kann.

Als recht belastend empfindet sie den Umgang mit den Schwerstbehinderten, die zum Teil nicht sprechen und nicht gehen können. Nicht ausreichend erscheint ihr der Kontakt zu den anderen Mitarbeitern.

Karl-Heinz ist als Rentner „Hausmann", pflegt die Wohnung, führt den Haushalt, korrespondiert mit Ämtern und geht zu Behörden. Wie bereits erwähnt, ist er im Umgang mit Behörden erfahren und gewitzt und kann so für die Familie viel erreichen.

Es ist viel, was er da zu leisten hat: er ist nicht nur Ehemann, sondern auch Vormund seiner Frau, nicht nur Vater, sondern auch ‚Pfleger' seines Stiefsohnes. Jahrelang kann er den Aufgaben gerecht werden und seine Verantwortung als Familienvorstand voll wahrnehmen. So besorgt er z.B. auch die erste ‚richtige' Wohnung, nachdem die Familie einige Jahre ziemlich behelfsmäßig in zwei Zimmern eines abbruchreifen Hauses zugebracht hatte, in denen es zusammen mit Thomas zu eng wurde.

Die neue 3-Zimmerwohnung mit Bad, Küche und Balkon befindet sich in einem Hochhaus am Stadtrand, wo überwiegend Sozialhilfeempfänger, Ausländer und Asylanten leben. Die Wohnung ist ausreichend und preislich erschwinglich, liegt der Familie aber zu weit entfernt von dem Stadtviertel, in dem sie sich heimisch fühlt (in Kliniknähe!). Hinzu kommt, daß das Haus und die Wohngegend zunehmend verwahrlosen und die Nachbarschaftskontakte entweder einschlafen oder zu belastend werden.

Karl-Heinz hat, wie er sagt, sich bereits um eine schöne und preiswerte Wohnung in der Nähe der Klinik bemüht. Man will hier raus.

Zu diesem Zeitpunkt würden sie einen Umzug bereits nicht mehr bezahlen können, denn sie haben inzwischen DM 35.000,– Schulden. Beide Einkommen, seine Rente und ihr Lohn, werden gepfändet, außer der Miete kann keine Rechnung mehr bezahlt werden, der Kühlschrank ist leer. Verschiedene Kreditaufnahmen für Möbelkäufe, Reisen und Kleidung bei obskuren Geldverleihern (Versandhausbanken, Kredithaie) haben zu dieser Verschuldung geführt, sicher auch der Mangel an Übersicht über die eigenen finanziellen Grenzen.

Auch gesundheitlich gibt es Probleme. Annegret leidet unter Kreislaufstörungen, Bluthochdruck und rheumatischen Schmerzen in Hand- und Fußgelenken. Der tägliche Zwang zur Einnahme einer großen Menge von Medikamenten beeinträchtigt sie sehr. Glücklicherweise bleibt sie anfallsfrei, trotz der typischen Krampfpotentiale in ihren EEG's – das Leiden ist nur stillgelegt, nicht ausgeheilt.

Karl-Heinz, dem 1984 ein Lungenflügel entfernt wurde, scheint seit dieser Zeit wieder etwas aus der Bahn geworfen.

„Acht Jahre lang hat er nicht geraucht und nichts getrunken", sagt Annegret wie entschuldigend zu mir. Jetzt trinkt er wieder täglich, wenn auch Bier in kleineren bis mittleren Mengen, er braucht sein Quantum. Ja, er brauche es, sagt er zu ihr, es sei gut gegen seine Depressionen. Das Bier helfe besser als Tabletten. Und dann raucht er dicke Zigarren, weil die angeblich gesünder seien als Zigaretten.

Er klagt über seine Beschäftigungslosigkeit und die leeren, langen Tage, wenn seine Frau zur Arbeit, Thomas in der Werkstatt und er allein sei. Manchmal denkt er an den Tod, und seine Mundwinkel zucken. Manchmal weint er beim geringsten Anlaß oder auch grundlos und versteht dies alles selbst nicht. Niemand weiß dann so recht, ob das seine seelische Krankheit ist oder der Alkohol oder die Ahnungen oder alles in einem?

Annegret, seine Frau, steht hilflos daneben und kann nichts tun. Sie weiß, wie schädlich sein Trinken für sie alle ist – für seine Gesundheit und den gemeinsamen Geldbeutel –; sie bittet inständig, doch er ist nicht mehr erreichbar. Und Thomas geht brav das Bier holen, wenn der Vater ihn schickt, weil er ein gehorsamer Sohn ist.

Die Stimmung ist trübsinnig bis hoffnungslos.

In dieser verzweifelten Situation treffe ich Annegret, Karl-Heinz und Thomas an, als ich sie im Frühjahr 1987 nach langer Zeit wieder besuche, um die ersten Gespräche für den hier vorliegenden Bericht mit ihnen zu führen.

zu (7)

Durch Annegrets Arbeitsplatz bleibt die Anbindung an den alten Lebensbereich erhalten, daher kommt es nicht zum plötzlichen Bruch mit ihrer Vergangenheit. Karl-Heinz und Annegret können und wollen aus dem Dunstkreis der Klinik nicht heraus. Was auf den ersten Blick negativ erscheint, ist möglicherweise am Ende hilfreich, für den Fall, daß ihre Daseinstechniken versagen sollten. Irgendwer/irgendwas müßte sie dann auffangen.

Ausgesprochen ungünstig für den Start ins neue Leben, weil für Annegret atmosphärisch bedrückend, ist ihr Einsatz im Schwerstbehinderten-Bereich. Die täglichen Eindrücke hier wirken eher destruktiv, provozieren sie doch angstvolles Erinnern an eigenes Ausgeliefertsein an schwere Krankheit. Auch anderweitig ist die „Schonzeit" vorbei – als „Arbeitskraft" wie alle andern hat sie keine besondere Rücksichtnahme mehr zu erwarten – Konfrontation mit dem Leistungsprinzip unserer Gesellschaft. Qualität und ideeller Ertrag der neuen Arbeit sind nicht mehr die der alten von einst, dafür ist sie als Normalisierungsfaktor von Bedeutung und garantiert der Familie die wirtschaftliche Unabhängigkeit: sie haben „ihr Auskommen", sind nicht auf Sozialhilfe angewiesen.

Die Veränderung von der ledigen Arbeitspatientin zur verheirateten Arbeitnehmerin vollzieht sich in sehr langsamen Schritten, vielleicht niemals vollständig. Die Aufgabenverteilung in dieser Ehe wirkt auf den ersten Blick sehr modern, erst auf den zweiten Blick fällt Karl-Heinz' ungeheure Machtfülle in die Augen – ohne ihn geht nichts –, das ist juristisch verbrieft. Die Ämter „Vormund" und „Pfleger" entschädigen ihn für ein Leben in Schwäche und beruflicher Bedeutungslosigkeit; hier kann er MANN sein, wie es sich gehört ... Ein Zuviel an Verantwortung und Versuchung – der Zusammenbruch ist vorprogrammiert.

Seine kranke Lunge zeigt ihm die Grenzen des Wachstums und mit seiner körperlichen kippt auch seine seelische Verfassung um: Selbstzweifel und Lebensangst, Krebsfurcht und Krankenhaushaß und das Gefühl grenzenloser Ohnmacht ertränkt er seither wieder im Alkohol. Diese Substanz beseitigt zeitweilig seine äußere und innere Unruhe; er gebraucht sie mehr als Medikament denn als Rauschmittel. Die Psychiater meidet er sorgsam, weil er sich die Illusion von seiner seelisch-geistigen Gesundheit nicht zerstören lassen will. Bei allem Raubbau läßt er es nicht zum Äußersten kommen. Wenn Angst- und Verwirrungszustände überhandnehmen und körperliches Unwohlsein zum Dauerzustand wird, legt er sich für zwei bis drei Wochen ins (Allgemein-!-)Krankenhaus und läßt sich dort auf einer Station der Inneren Abteilung entgiften und wiederaufbauen. Noch hat er ein Gespür für die gesundheitlichen und sozialen Grenzen seines Alkoholmißbrauchs. Wie lange noch?

Für Annegret und Thomas ist Karl-Heinz krank, sozusagen rundherum. Und Krankheit muß, so haben sie gelernt, sofern die Ärzte nicht helfen können, ausgehalten und erduldet werden.

Annegret reagiert mit körperlichen Symptomen auf die Verschlechterung der Lebenssituation. Sie macht eine Kur, die sie für einige Wochen aus dieser Lage herausnimmt.

Währenddessen erhält die Familie von einer Kirchengemeinde Hilfestellung in Sachen Schuldenabtragung, Geldverwaltung und Umzug. Als sie zurückkehrt, ist die Lage schon wieder etwas entspannter – sie auch, ihre Beschwerden verschwinden.

Thomas reagiert mit zeitlicher Verzögerung. Zu einem Zeitpunkt, als die größten Schwierigkeiten bereits überwunden sind, überrascht er die Eltern erstmals mit Verhaltensauffälligkeiten. Er fährt „bargeldlos" Taxi, macht Schulden, übergibt gefälschte Briefe von einem angeblichen Werkstattbetreuer u.ä. Der Psychiater, der auch seine Mutter betreut, führt seither stützende Gespräche mit ihm.

Wie bereits erwähnt, ist die Familie inzwischen in ihre Wunschwohnung in der Nähe der Klinik umgezogen. Ohne Unterstützung von außen hätten sie diese Wohnung wegen der hohen Schuldenbelastung niemals anmieten können. Sie hätten im Milieu der sozial Schwachen bleiben müssen, in dem die Umfeldbelastung ihre Behinderung sozusagen negativ „verstärkt", d.h. eine erneute Ausgrenzung anstatt einer Integration gefördert hätte.

Ein Dauerproblem bleibt der Umgang mit Geld. Beide Ehepartner neigen nach wie vor dazu, ihre finanziellen Möglichkeiten zu überschätzen und mehr Geld auszugeben, als sie haben. Unberechenbar sind Karl-Heinzens „Anfälle" von gesteigertem Lebensgefühl mit Hyperaktivität und „Anschaffungsmanie". Unkorrigierbar sind auch Annegrets Defizite im Umgang mit Zahlen und Preisen. Unübersichtlich ist auch die Zahl der echten und falschen Freunde, die mit auf ihre Kosten leben.

Wenn nichts mehr da ist, ist man halt wieder arm. Das muß man als schicksalsgegeben hinnehmen. So ist das eben, wenn man behindert ist. Da weiß man nicht so recht Bescheid und kann sich nicht wehren. Da ist man „Opfer", und so fühlt man sich denn auch.

Daß Annegret und Karl-Heinz damals ohne Vorbereitung und ohne Begleitung in die ungewohnte Alltagsnormalität entlassen worden sind, wirkt sich heute negativ aus. Die meisten der für die praktische Lebensbewältigung notwendigen Lernprozesse lassen sich heute nicht mehr nachholen.

So kann es geschehen, daß sie – sollten sie sich selbst überlassen bleiben – früher oder später via Krankheit den Weg zurück in die beschützende Institution suchen – und finden.

Fredi Saal

Die Normalität des Behinderten

Das Selbstverständnis eines Spastikers

„Gott schuf den Menschen zu seinem Bilde." So lautete die kirchenoffizielle Losung des Jahres 1979. Wieviele Christen mögen sich wohl angesichts der Existenz von Behinderten des Sprengstoffes in diesem Bibelwort bewußt geworden sein? – Noch immer gilt es in weiten Kreisen als unumstößliche Ansicht, der behinderte Mensch verdiene wegen seines Schicksals in besonders hohem Maße das Mitgefühl seiner Umwelt. Da ist vom „schrecklichen", ja „grausamen" Schicksal die Rede, von „schwerer Last" – und natürlich von Krankheit und Leid.

„Den Behinderten eingliedern, ernstnehmen, das sollte jede Gesellschaft können ... Selbstverständlich ist jeder medizinische und soziale Fortschritt zu wünschen, der Leiden überwindet, Krankheiten zum Verschwinden bringt. Aber Christen sollten ... verstehen können, welcher Segen darauf ruht, die Gegenwart des Leidens nicht zu verdrängen." Dies schreibt Carl Friedrich von Weizsäcker in seinem Buch „Der Garten des Menschlichen". Behinderung wird offensichtlich auch von ihm als etwas Negatives angesehen. „Gut" wird sie nur dadurch, daß der Unbehinderte seelisch und moralisch an ihr reifen kann.

Solches ist einigermaßen erstaunlich. Denn angesichts der Tatsache, daß Gott den Menschen zu seinem Bilde schuf und ausdrücklich festgestellt wird, „Gott sah, daß seine Schöpfung gut war", nehmen sich solche Aussagen doch recht seltsam aus. Jedes Kind lernt im Religionsunterricht, in Gott den allwissenden und allmächtigen Schöpfer der Welt zu sehen. Diesem allmächtigen Gott sollte im Falle des Behinderten eine ungewollte Schöpfungspanne unterlaufen sein? Bei moralischen Verfehlungen schreien viele Christen rasch und empört auf. Warum aber nehmen sie die Ungeheuerlichkeit – Gott sei bei seiner Schöpfung ein Lapsus passiert – so merkwürdig uninteressiert hin?

Dabei läßt sich nachweisen, daß die Ansicht, Behinderung müsse *a priori* mit Leid verbunden sein, ausschließlich in der Phantasie der Unbetroffenen angesiedelt ist. Natürlich leiden Behinderte nicht weniger als „normale" Leute, aber wer will wissen, ob sie mehr leiden? Warum auch? Etwa weil sie behindert sind?

Ich bin seit meiner Geburt durch eine schwere spastische Lähmung behindert. Ich laufe schlecht, ich greife schlecht, ich spreche schlecht. Obgleich es mir heute an der Seite meiner Frau recht gut geht und ich auch einige Erfolge mit dem Schreiben habe: Bis zu diesem Punkt war es ein weiter Weg, auf dem ich die fast übliche Ochsentour eines Spastikers hinter mich brachte. Das bedeutet in meinem Fall: Erklärung der Bildungsunfähigkeit im sechsten und im vierzehnten Lebensjahr; Einweisung in eine Behindertenheil- und Pflegeanstalt; mangelhafte Schul- und keine Berufsbildung; nach elfjährigem Anstaltsaufenthalt die Entlassung in die völlige Isolierung einer „normalen" Umwelt; endlich nach jahrelangem Suchen eingeschränkte Beschäftigung als Aufzugführer in einer Fabrik.

Und dennoch vermochte ich meinen Zustand nie so negativ zu sehen, wie er mit den Attributen „schwer, schrecklich, grausam" gekennzeichnet wird. Natürlich sagt mir mein Verstand, daß ich im Sinne meiner körperlichen Einschränkungen behindert bin. Aber ich erlebe mich nicht als behindert. Schon gar nicht als jemand, der sich durch seine leibliche Beschaffenheit disqualifiziert fühlen muß.

Wie sollte ich auch? Ich müßte ja ein anderer sein wollen. Das empfinde ich als eine ziemlich absurde Idee. Zu meiner Existenz gehört notwendigerweise meine Behinderung. Sonst wäre ich nicht dieser Mensch, der ich bin. Als Individualität austauschbar zu sein, stelle ich mir schrecklich vor.

Ich will gar nicht leugnen: Es gab manchen bitteren Augenblick in meinem Leben, der mir möglicherweise ohne Behinderung erspart geblieben wäre. Nur lag das eben nicht daran, daß ich meine Lähmung als grausame Bedrückung erlebte; es lag vielmehr an der Art und Weise, wie die Umwelt auf die Einschränkung meiner körperlichen Beweglichkeit und auf die Hemmung meines Sprachvermögens reagierte: mitleidig, bedauernd und zugleich an meiner menschlichen Vollwertigkeit zweifelnd. Damit pflanzte mir diese Umwelt ein unausrottbares Minderwertigkeitsgefühl ein.

Allerdings wird gern behauptet, dieses Minderwertigkeitsgefühl sei die unmittelbare Folge der Behinderung. Dieser Irrtum wurde gewiß nicht von Menschen in Umlauf gebracht, die seit ihrer Geburt mit einer Behinderung heranwuchsen. Denn die Lähmung wird in der Regel kaum als eine außergewöhnliche Beeinträchtigung empfunden. Daß ich nicht wie andere laufen, greifen, sprechen kann, das ist für mich völlig normal.

Nein, das Minderwertigkeitsgefühl habe ich gelernt. Dem Behinderten wird von frühester Jugend eingebleut, für ihn kämen viele Dinge einfach nicht in Frage. Macht er dennoch normale Wünsche und Bedürfnisse geltend, etwa nach Partnerschaft, die auch die Sexualität nicht ausschließt, so wird das oft genug als unerträgliche Zumutung empfunden. Bestenfalls bekommt er ein nachsichtiges Lächeln zu sehen: Er steht eben nicht auf dem Boden der Tatsachen. Das Gift der Minderbewertung wird dem Betroffenen solange in homöopathischen Dosen eingeträufelt, bis er selbst ganz davon durchdrungen ist. Später mag er mit seinem Kopf die Fragwürdigkeit dieser abwertenden Haltung durchschauen. Es hilft ihm nichts. Das verseuchte Unterbewußtsein lacht seinen verstandesmäßigen Argumenten Hohn. Es führt ihn immer wieder in Situationen, in denen das nicht bewußte Minderwertigkeitsgefühl mit ihm durchbrennt.

Nur im scheinbaren Gegensatz stehen zur Abwertung des Behinderten die „Loblieder" auf ihn. Sie haben die gleiche Beziehung zueinander wie der Antisemitismus zum Philosemitismus. Philosemitismus als Glorifizierung von Menschen jüdischer Abstammung sondert nicht weniger aus als der Antisemitismus – nur eben mit umgekehrten Vorzeichen. Diese Menschen werden nicht gewaltsam vom selbstverständlichen Miteinander ferngehalten; sie werden einfach weggelobt.

Als Behinderter bin ich ziemlich oft gelobt worden. Zu diesem Lob gehört nicht viel, wenn man trotz Behinderung einige Intelligenz besitzt. Was bei Unbehinderten selbstverständlich ist, gilt bei Behinderten nicht selten als eine hervorragende Leistung. Dieses Lob kann ich nicht als Anerkennung empfinden; nur zu oft habe ich das Gefühl, mit ihm wolle man mich auf eine Rolle festlegen, die mich vom selbstverständlichen mitmenschlichen Umgang ausschließt. Lob ist eben häufig nur die andere Seite des aussperrenden Mitleids.

Eine beliebte Sprachwendung redet vom „Mut zum Annehmen der Behinderung". Ob damit gemeint ist, es gehöre Mut dazu, sich selbst anzunehmen? Weshalb sollte das ein Problem sein, das nur den Behinderten angeht? Wieviele Unbehinderte haben unsägliche Schwierigkeiten, sich so anzunehmen, wie sie sind? Ganze Industrien leben von dieser Unzufriedenheit und dem Bedürfnis, die äußere Erscheinung aufzubessern. Dem Behinderten bleibt erst einmal gar nichts übrig, als sich ohne Wenn und Aber anzunehmen. Bei ihm läßt sich kaum etwas verstecken – nicht mit einem maßgeschneiderten Anzug, nicht mit Puder, Schminke und Riechwässerchen.

Aber er hat auch keinen besonderen Mut zur Selbstannahme nötig, wenn man ihn nicht ständig in seinem Lebensgefühl verunsichert. Denn mit der Behinderung ist er doch er selbst. Seine Lähmung wird von ihm nicht als etwas Fremdes erlebt. Sie gehört zu ihm, wie seine Hautfarbe zu ihm gehört. Eine andere Frage ist es allerdings, daß er im Laufe seines Lebens einigen Mut aufbringen muß, bei seiner ursprünglichen Selbstbejahung zu bleiben, wenn die übrige Umwelt darauf besteht, im Grunde sei er doch ein armes Würstchen, das wirklich keinen Anlaß zu Selbstbewußtsein habe.

Die diktatorische Ellenlänge der Mehrheit, wenn es um Behinderte geht: Statt die „Normalität" vom einzelnen Menschen her zu definieren, wird sie der anonymen „Gesellschaft" überantwortet. Zwar ist der einzelne – so wie er sich vorfindet – sich selbst das letzthin mit Sicherheit Gegebene. Das liegt einfach daran, daß ich mich selbst „habe", wie ich den anderen niemals „haben" kann. Aber dieses „Sich-selbst-haben" stellt den einzelnen in eine ziemlich einsame Situation. In aller Selbstgewißheit fühlt er sich dadurch lebensgefährlich unsicher. Erst die stillschweigende Übereinkunft vieler einzelner bringt hier Abhilfe. Sie zimmern sich einen verbindlichen Rahmen für das ihnen gemeinsame Dasein. In ihm wird festgelegt, was für alle gleichermaßen als Wert und Norm gelten soll.

Diese Normensetzung ist ein legitimer, ja lebensnotwendiger Vorgang. Ohne größtmögliche seelische Sicherheit und vorgegebene Selbstverständlichkeiten läßt sich nur schwer ein befriedigendes Dasein führen. Doch das legt zugleich dieser Maßstäbe setzenden Mehrheit (zum Beispiel der Unbehinderten) eine besondere Verantwortung auf für jene Minderheit, die den aufgestellten Normen nicht genügt. Es kann niemandes Recht sein, um der Vereinfachung des eigenen Weltbildes willen ganze Gruppen von Menschen zu Abfallprodukten zu erklären, nur weil sie den einmal getroffenen Vorstellungen nicht entsprechen.

Gewiß fällt dem Behinderten vieles schwer. Doch was besagt die Feststellung, der Behinderte habe es „schwerer als ..."? Woran mißt sich denn solch eine Aussage? Doch nur an dem anderen, der ich nicht bin. Treffe ich die Feststellung, „ich habe es schwerer als dieser und jener", so beziehe ich mich damit auf etwas, das außerhalb meiner Grenzen angesiedelt ist, von dem ich also so gut wie nichts wissen kann. Auch Charakterisierungen wie „mühselig und beladen" treffen allenfalls die Wirklichkeit des Behinderten an der Oberfläche. Um so mehr aber sind sie geeignet, das Selbstverständnis des Betroffenen zu zerstören.

Freilich braucht der Behinderte Energie und Training, um seine Fähigkeiten zu entwickeln. Aber welcher Mensch braucht das nicht innerhalb seines Rahmens? Jeder muß seine Anlagen üben. Sonderbarerweise soll dies für den Behinderten oft nicht gelten. In seinem Falle wird jegliches Tun zur Therapiemaßnahme erklärt. Dabei ist nicht er mit seinen eigenen Anlagen das Ziel, sondern der „Gesunde". Zum „Gesunden" soll er therapiert werden – lebenslang bis der Tod diesem Bemühen endlich sein unwiderrufliches „vergeblich" entgegensetzt. Er bleibt nur das, was er nicht sein soll: das Unfertig-reparaturbedürftige.

Für das behinderte Kind darf das Spiel kein Spiel sein, sondern Therapie; das Turnen kein Turnen, das Malen kein Malen, sondern Therapie. Und natürlich gibt es auch nur therapeutisches Spielzeug, therapeutische Malbücher, therapeutische Spielkalender und anderes Therapeutische mehr. Ich spreche gewiß nicht gegen die Behandlung von Behinderten – lediglich gegen ihre Überbetonung. Von einem unbehinderten Kind, das zur Klavier-, Reit- oder Balettstunde geht, würde niemand sagen, es erhalte diese oder jene Therapie, sondern es lernt, die in ihm liegenden Anlagen auszubauen und zu entwickeln. Nichts anderes geschieht beim Behinderten.

Mir gefällt gut, daß manchmal zu hören ist: Der Behinderte habe die Chance, ein Werdender zu bleiben. Seine Situation böte ja wirklich die Voraussetzung, in sich Kräfte und Möglichkeiten zu entwickeln, die manchen anderen Menschen in der alltäglichen Hetze versagt bleiben müssen. Aber lassen wir auch tatsächlich dem Behinderten die Chance des Wachsens und Reifens? Doch sicherlich nicht, solange man sein Schicksal als schrecklich, leidvoll und bedauernswert ansieht. Solange man vor ihm das Ideal des unversehrten Körpers und des gesunden Geistes aufrichtet, zwingt man ihn zu dem selbstmörderischen Beweis, er sei ebenso gut und ebenso tüchtig wie andere.

Es bleibt ihm auch gar nichts anderes übrig, als dem absurden Gedanken nachzujagen, ein anderer sein zu müssen, um anerkannt zu werden. Denn er braucht Anerkennung, nicht Mitleid, das ihn erniedrigt. Deshalb kann auch eine sonderbare Beobachtung nicht überraschen: Niemand ist derart vom Leistungsdenken besessen wie gerade der Behinderte, und er muß es ja auch, wenn er mit anderen mithalten will. Nur, wo bleibt da die Chance, ein Werdender zu bleiben?

Dies alles muß unweigerlich Leid verursachen. Dieses Leid liegt aber nicht unmittelbar an der Behinderung; es wird von dem verursacht, der mich wegen der Behinderung in die Leidensecke stellt und eifersüchtig darüber wacht, daß ich sie nicht verlasse. Ich darf mich dann wahrhaftig nicht wundern, wenn sich die Mitwelt darum zu drücken sucht, mit solch einem leidverdächtigen Menschen in gar zu nahen Kontakt zu geraten. Der Geruch von Elend und Leid sorgt von sich aus für den gehörigen Abstand. Der Behinderte eignet sich dann gerade noch zu einer Art Säulenheiliger, den man aus angemessener Entfernung bewundern kann.

Gott schuf den Menschen ihm zum Bilde? – Ich jedenfalls fühle mich auch als Spastiker als eine vollwertige Schöpfung Gottes. Und zumindesten Christen sollten es auch tun.

Mit freundlicher Genehmigung des Autors abgedruckt aus: Evangelische Kommentare 1980, S. 27–33

Ernst Begemann

Integration als humane Aufgabe der Schule

Der Mensch wird am Du zum Ich   Martin Buber

Der Mensch wird zu dem Ich,
dessen Du man ihm gewährt.   Martin Buber

I am through you so I
(Ich bin durch dich, so wie ich bin)   Edward Cummings

Das Ich ist wirklich durch seine
Teilnahme an der Wirklichkeit   Martin Buber

1. Zur Einführung

Nicht für das Leben, sondern für die Schule lernen wir (non vitae, sed scholae discimus). Diesem ironischen Satz des Römers SENECA werden wohl viele Schüler zustimmen mögen, obwohl die Schule eingerichtet wurde, damit die Heranwachsenden das für ihr Leben lernen können, was sie brauchen und was sie in ihren Elternhäusern oder sonst nicht lernen würden. Dazu gehört selbstverständlich das Erlernen von Lesen, Schreiben, Rechnen und der anderen Kulturtechniken sowie die Allgemeinbildung. Diese soll allen Mitgliedern unserer Gesellschaft die gleichen kulturellen Grundlagen, Inhalte und Werte bieten.
Hinzu kommt eine weitere Aufgabe, die bisher wohl nur unzureichend erfüllt wurde. Sie kann an der Grundschule deutlich werden. Es ist nach dem Grundgesetz Art. 7(6) untersagt, Vorschulen einzurichten, Vorschulen waren auch in der Zeit nach dem 1. Weltkrieg Schulen, in die vermögende Eltern ihre begabten Kinder schickten, bis sie ins Gymnasium aufgenommen werden konnten. Diese Kinder besuchten dann nicht die nationale Schule für alle, die Grundschule. Das Verbot will also, daß in der Grundschule alle Kinder – unabhängig davon, wie begütert ihre Eltern und wie begabt sie selbst sind – miteinander leben und lernen sollen. Sie sollen sich gegenseitig kennen und wohl auch den Umgang miteinander lernen. Sie sollen Verständnis füreinander und die Bereitschaft entwickeln, Staat und Gesellschaft gemeinsam zu gestalten und zu verantworten.

76

Spricht gegen diese Aufgabe, wenn Menschen als in den eingerichteten Grundschulen nicht oder nicht ausreichend förderbar beurteilt und dann als Behinderte ausgeschult und in Sonderschulen isoliert werden, wenn andere Heranwachsende als schulbildungunfähig beurteilt und ohne schulische Versorgung bleiben? Für diese Gruppen gibt es die Sonderschulen, gibt es das Konzept der lebenspraktischen Bildung und die Schwerstbehindertenförderung an Stelle der Allgemeinbildung mit den Kulturtechniken.

Wenn man mit Hartmut von HENTIG (1968) von der Schule fordert, daß sie ein Ort ist, an dem man und in dem man lernen kann, wie man in unserer Gesellschaft lebt und leben kann, wie unsere Gesellschaft zusammengesetzt und gestaltet ist, wer in ihr und unter welchen Bedingungen lebt und auskommen muß und wie man diese Gesellschaft humaner gestalten kann, dann gehören die Behinderten in eine Schule mit Nichtbehinderten zusammen, damit man sich kennen und miteinander umgehen lernt, damit man den anderen in seiner persönlichen Eigenart und Würde schätzen lernen kann. Die Annahme und Verbesserung der Situation der Behinderten ist keine Aufgabe, die sich allein durch Information lösen läßt, weil Haltungen aufgebaut, Einstellungen verändert, Umgangsformen gewonnen werden müssen. Das ist nur in der direkten Begegnung möglich. Die direkte Begegnung ist keine Sicherheit dafür, daß der einzelne Behinderte wie Nichtbehinderte jetzt ein besseres Verständnis gewinnt, bessere Umgangsformen lernt und den jeweils anderen als Partner und Mensch annimmt oder zumindest respektiert. Aber es kann ein Weg sein. Er ist jedenfalls besser, als wenn man keine direkten Begegnungsmöglichkeiten hat.

Durch diese Direkt-Kontakte, so ist zu hoffen, erweisen sich die Unterscheidungen zwischen Behinderten und Nichtbehinderten als zwei unterscheidbare Gruppen von Menschen als unangemessen, weil es die Behinderten wie die Nichtbehinderten nicht gibt. Durch die Begegnungen könnte jeder als einzelne Person in seiner Originalität, in seinen Stärken und Schwächen, mit seinen Leistungsbereitschaften und Hilfsbedürftigkeiten in den Blick kommen.

Diese schulische Aufgabe erfordert ein neues Verständnis der Schule, denn bisher ist es meist noch so, daß die allgemeinbildenden Schulen primär als Leistungsschulen mit Ausleseauftrag gesehen werden, damit die Befähigten und Strebsamen auch die entsprechenden Leistungszeugnisse und Ausbildungsberechtigungen erhalten. So können Schulen zur „Zuteilungsapparatur für Lebenschancen" (Helmut SCHELSKY) werden. Der Personwert, die Achtung voreinander, die sozialen Beziehungen, das Miteinander-Auskommen wird dabei kaum beachtet und ist nicht Schwerpunkt einer Schule, deren Selbstverständnis und Auftrag als individuelle Leistungsermöglichung und Leistungskonkurrenz gedeutet wird.

Die Situation der Behinderten in unserer Gesellschaft ist oft randständig. Sie werden meist in separaten Sonderschulen unterrichtet und gefördert, deren Abschlüsse nur zum Teil denen der anderen allgemeinbildenden Schulen entsprechen. Trotzdem sind die beruflichen Chancen der Behinderten – auch bei vergleichbaren Ausbildungen und Abschlüssen – geringer als die der Nichtbehinderten.

Die Möglichkeiten Behinderter zur Ehe und Familiengründung oder „ähnlicher" Verhältnisse sind deutlich geringer als bei Nichtbehinderten. Die Teilnahme am öffentlichen Leben, an Wirtschaft und Verkehr, am Kulturleben, im Bereich des Sportes und der Freizeit, der Politik und der Kirchen ist sehr eingeschränkt.

Die Aufgabe der Schule zur Integration kann deshalb nicht schon als gelöst gelten, wenn Behinderte mit Nichtbehinderten zusammen dieselbe Schule besuchen. Das Lernen und Leben in gemeinsamen Schulräumen reicht nicht aus. Es muß ein gemeinsames Zusammenleben gestaltet und gelernt werden. Dadurch sollte man auch lernen, wie man außerhalb und nach der Schule miteinander, nebeneinander oder getrennt, wenn man es so will, leben kann. Dieses Miteinander ist für alle Bereiche unserer Gesellschaft zu lernen.

Integration als humane Aufgabe der Schule ist somit kein organisatorisches Problem allein. Die Inhalte und Bereiche des Lernens sollten gezielt auf die Lebensbereiche unserer Gesellschaft und ihre Anforderungen ausgerichtet sein. Das erfordert eine Revision der Allgemeinbildung. Zudem hat sich die Schule von einer Unterrichtsanstalt zu wandeln hin zu einem Raum, wo das soziale Miteinander gelernt werden kann, wo man auf den einzelnen als Person mit seinen Freuden und Leiden achtet, wo man verantwortlichen Umgang mit sich, den Partnern, den Sachen und der Natur lernen kann.

Das alles gilt es in der Integrationsdiskussion zu beachten. Die Frage der schulischen Integrierbarkeit darf sich nicht darauf beschränken oder zuspitzen, ob die Behinderten denn dasselbe lernen und leisten können, wie die nichtbehinderten Schüler einer Realschulklasse zum Beispiel. Die Aufgabe der schulischen Integration Behinderter und Nichtbehinderter ist exemplarisch für die Aufgabe der Eingliederung Behinderter in unserer Gesellschaft. Sie könnte auch heißen: Ermöglichung gleichwertiger Lebensmöglichkeiten für jeden von uns und unter uns. Dazu ist die Schule ein Beispiel und ein Weg.

Die bisherige Diskussion verlief meist anders: Integration von behinderten und nichtbehinderten Mitmenschen wurde als Weg des gemeinsamen Lernens und Lebens in Kindergärten und Schulen, meist Grundschulen, diskutiert, in Versuchen erprobt und als Regel gefordert, ohne die dazu notwendige inhaltliche Neuordnung der Schule (Regelschule) ausreichend mitzubedenken.

Von bestimmten (sonderpädagogischen) Gruppen wird befürchtet, daß das in den letzten Jahrhunderten entwickelte System der Sonderpädagogik und Sonderschulen zu leichtfertig aufgegeben werde. Man beruft sich darauf, daß nur der Weg strittig sei, denn die gesellschaftliche Integration sei „in der Sonderpädagogik von Anfang an als wesentliche Zielsetzung und Aufgabe verstanden worden" (HAUPT 1985, 153).

Der Verlauf der Diskussion hat gezeigt, daß das Stichwort Integration als Signalwort geeignet war, auf ein Problem aufmerksam zu machen, daß es aber zu allgemein blieb, um konkrete Vorstellungen davon abzuleiten. Deshalb wurde es häufig durch die Formel „gemeinsam lernen und leben" erläutert. Aber auch dann ergeben sich Fragen: Wer alles mit wem alles und wo auch immer?

Heinz SPECK, der Vorsitzende des Landesverbandes der Lebenshilfe für geistig Behinderte in Nordrhein-Westfalen, gibt zu bedenken: „Wir brauchen menschliche Beziehungen und Bindungen, sonst funktioniert das Menschsein nicht. Natürlich brauchen wir Bindungen. Ich brauche sie auch. Nur brauche ich sie nicht mit allen. Ich habe in meinen bisher 60 Lebensjahren festgestellt, daß der Mensch von Natur aus gar nicht so sehr sozial, sondern eher selektiv angelegt ist. Von Kindheit an wählt er ununterbrochen aus: Er sucht sich seine homogene Gruppe, der er zugehört und erfüllt dort sein Menschsein. Das ist eine Grundsatzüberlegung, an der ich Integrationsbestrebungen immer wieder zu messen versuche. – Ich selbst habe mir eine soziale Nische gesucht, damit ich mit meinem behinderten Kind, mit meiner Familie dort leben kann. Ich habe diese auch gefunden, indem ich nämlich Integration erstrangig in meiner Familie aufgebaut habe, als Kleinfamilie. Ich habe Freunde gesucht, die ich für mein Leben, die ich für mein Kind brauche. Ich habe überlegt, wie weit mein Kind Integration braucht. Ich habe dann andere Postulate gefunden, nämlich daß mein Kind die Akzeptanz der Gesellschaft braucht, daß es den Schutz der Gesellschaft braucht. Diese drei Forderungen stellte ich für mein behindertes Kind auf und habe mir Gedanken gemacht, wie und wo ich sie erreichen kann. Wenn ich in diesem Zusammenhang an Integrationsklassen denke, meine ich, daß diese Forderungen durchaus auch in Sonderschulen zu verwirklichen sind. Ein weiterer Gedanke kommt hinzu, nämlich die Überlegung: Was ist Glück? Jeder hat seine eigenen Vorstellungen davon. Die Pädagogen wollen natürlich auch, daß unsere Behinderten glücklich sind. Ich will es auch. Wir haben aber durchaus verschiedene Erwartungshaltungen gegenüber dem Glück ..."

Die Frage der Integration, das ist aus diesem Votum wohl zu entnehmen, ist aus der Sicht des betroffenen Behinderten oder seiner Angehörigen anders zu beantworten als aus der Sicht der Nichtbehinderten und derjenigen, die die Nichtbehinderten so beeinflussen wollen, daß sie die Behinderten als gleichwertige Menschen respektieren und ihnen gleichwertigen Lebensraum ermöglichen. Immer aber ist die Frage der Integration eine Frage danach, ob der einzelne Mensch sinnvolle Lebensmöglichkeiten und Beziehungen haben kann. Die Frage der Integration darf deshalb nicht zu allgemein gestellt und zu pauschal beantwortet werden.

Bei der Integration als Ziel und Weg geht es darum, daß jeder Mensch in seiner Originalität als Person akzeptiert wird und lernen bzw. sich so begaben kann, daß er in unserer Gesellschaft als gleichwertig teilnehmen kann in allen

Bereichen. Das heißt auch, daß er Dauerbezugspersonen hat, daß er Freunde und Nachbarn haben kann, daß er in Schule, Beruf und Vereinen Kameraden hat und mit ihnen auskommt, daß er in allen weiteren Bereichen wie Freizeit, Verkehr, Wirtschaft, Politik, Kultur und Religion teilnehmen kann, ohne diskriminiert zu werden.

Wenn das das Ziel ist, dann ist es nachrangig, wo diese Menschen die Schule besuchen, weil dann schnell deutlich wird, daß sich dazu die Regel- und die Sonderschulen verändern müssen. Wer vor allem an die Veränderung der Nichtbehinderten in Hinsicht einer Öffnung für Behinderte denkt, der wird sicher bei den Regelschulen und anderen Regeleinrichtungen ansetzen mögen. Wer aber bei den Sondereinrichtungen ansetzt, kommt nicht umhin, daß dort dann ebensoviele Nichtbehinderte aufzunehmen wären, wie dort Behinderte zu „Hause" sind. Integration kann sich aber nicht allein in Schulräumen vollziehen. Von dort aus müssen Beziehungen geknüpft, Exkursionen durchgeführt und sollte Teilnahme in alle Bereiche unserer Gesellschaft organisiert werden.

Zuletzt soll hier noch auf folgendes hingewiesen werden: Die Forderung nach Integration kann eine der drei Vorgehensweisen sein, neben der Ausgrenzung (Isolierung/Separierung) und Liquidierung, durch die sich Gesellschaften das Bewußtsein der Einheitlichkeit und Gleichheit erhalten. Integration heißt dann: Die anderen, die Abweichenden, die Behinderten, die Gastarbeiter usw. sollen sich anpassen! Überspitzt heißt das: Sie sollen so werden wie die, die sich als normal verstehen und behaupten. Das aber ist unzumutbar, wenn nicht unmöglich. Diese Forderung beruht auf der falschen Vorstellung, daß es den Nichtbehinderten, den Normalen gibt und daß man den Behinderten vom Nichtbehinderten, den Normalen vom Un-Normalen unterscheiden könne. Es gibt den normalen Menschen nicht, sondern nur einzelne in ihrer Eigenart. Das ist die entscheidende Basis für die Lösung des Integrationsproblems.

2. Theoretische und institutionelle Behinderungen der Integration

2.1. Behinderungen durch „Sonderpädagogik"

Eine zureichende Würdigung der derzeitigen Sonderpädagogik, ihrer Institutionen und Entwicklung kann und soll hier nicht geleistet werden. Nur einzelne Aspekte können angesprochen werden.

2.1.1. Eigenständigkeit und Isolierung

Sonderpädagogik hat sich entwickelt als Theorie und Praxis spezieller schulischer Einrichtungen für Heranwachsende, die in bezug auf die vorhandenen Bildungseinrichtungen als nicht bildungsfähig oder nicht ausreichend förderbar galten. An Stelle einer Veränderung der vorhandenen Schulen wurden neue geschaffen. Deren Eigenständigkeit wurde mit der Notwendigkeit spezieller Beschulung und Förderung begründet und durchgesetzt.

Das brachte in der Regel eine räumliche Trennung von den anderen schulischen Einrichtungen. Es folgte daraufhin eine weithin eigenständige Ausbildung der Lehrer und Betreuungskräfte. Eine engere Zusammenarbeit mit Medizin und Psychologie, als sie sonst im Schulsystem üblich ist, galt als erforderlich. Das Sonderschulsystem bewirkte meist auch eine Isolierung der Sonderschüler von den übrigen Schülern und ihren Altersgenossen am Wohnort. Sonderschüler wurden und werden oft auch stigmatisiert, d.h. sie werden als nicht gleichwertig angesehen, ihnen stehen nicht die gleichen Lebensmöglichkeiten offen wie ihren Altersgenossen.

Die Konzentration der Behinderten in Sonderschulen konnte die Trennung der Sonderpädagogik von Sozialpädagogik und Sozialarbeit nicht überwinden, obwohl viele Behinderte aus Familien kommen, die Hilfe benötigen, weil sie in wirtschaftlicher Not sind, weil die Wohnungssituation und Versorgung, die Pflege und Anregung der Kinder unzureichend sind, weil die Beziehungen in den Familien oft gestört bzw. belastet sind, weil die Grundbedürfnisse der Kinder nicht gesichert befriedigt werden, weil Krankheiten, Leiden, Überlastungen die Angehörigen bedrücken.

Die Sonderschulen unterrichten weitgehend nach Bildungskonzepten für Schwerstbehinderte, Geistigbehinderte oder Lernbehinderte, die keine beruflichen Ausbildungsberechtigungen einschließen. Heimversorgung, Familienpflege und die Werkstatt für Behinderte können dann nachschulische Aufnahme-Einrichtungen sein. Aber auch dann, wenn die allgemeine Bildung auf dem Niveau der Haupt- oder Realschule und – selten – des Gymnasiums erworben wird, ist bis heute nicht eine angemessene Integration in die Wirtschafts-, Berufs- und Arbeitswelt gesichert.

Sonderschulen konzentrieren sich auf schulische individuelle Förderung. Die Bemühungen um eine Zusammenarbeit mit den Eltern und um weitere gesellschaftliche Kontakte und die Eingliederung der Sonderschüler in unsere Gesellschaft treten dahinter zurück. Auch die Information aller Nichtbehinderten über die Bedingungen, Nöte, Bedürfnisse, Möglichkeiten und Lebensperspektiven der Behinderten in unserer Gesellschaft sind kaum ausreichend zu nennen. Konzepte, wie die Einstellungen gegenüber Behinderten verbessert werden können, sind wenig entwickelt und werden noch weniger realisiert. Die Sonderschulen verstehen sich als Schulen und noch viel zu wenig als regionalpädagogische Zentren zur Verbesserung der Lebenssituationen Behinderter unter uns.

Erfolgreiche Initiativen zur Verbesserung der Situationen Behinderter oder zur Veränderung der Einrichtungen für Behinderte gingen in der Regel nicht von Sonderpädagogen oder sonderpädagogischen Institutionen aus, sondern von den Betroffenen selbst, ihren Eltern oder Interessenverbänden.

2.1.2. Sonderpädagogik?

Die Sonderpädagogik ist der Versuch, die verschiedenen Fachrichtungspädagogiken (Geistigbehindertenpädagogik, Körperbehindertenpädagogik, Sprachbehindertenpädagogik u.a.) zusammenzufassen zu einem Bereich, dessen betroffene Menschen dann auch einen einheitlichen Namen haben sollten: Behinderte.

Diese Bezeichnung kann bewirken, daß die betroffenen Menschen primär nicht in ihrer Menschlichkeit, primär nicht in ihrer individuellen Eigenart als Menschen, primär nicht in dem gesehen werden, was sie mit anderen „nicht-behinderten" Mitmenschen gemeinsam haben, und das ist wohl alles, sondern vor allem unter dem, was die Bezeichnung ausdrückt: Behinderte oder Körperbehinderte, Geistigbehinderte, Blinde usw. Sie stehen somit in der Gefahr, einen menschlichen Sonderstatus zu erhalten. Das ist auch deshalb bedenklich, weil in anderen Kulturen und Staaten Menschen mit Merkmalen, die bei uns zu der Definition Behinderter führen können, anders gesehen und anders mit ihnen umgegangen werden kann als bei uns. Dieselben Merkmale, die Menschen haben können, führen einmal zum Status eines Behinderten, ein andermal aber nicht. Die Merkmale oder die „behinderten" Menschen können in der einen Kultur positiv, in der anderen negativ oder indifferent bewertet werden. Für unsere Situation in der Bundesrepublik Deutschland ist zudem bedeutsam, daß es bis heute nicht gelungen ist, Behinderte, ihre Behinderungen und ihre „Pädagogiken" einheitlich zu beschreiben. Das liegt nicht nur an den verschiedenen Theorie-Ansätzen der verschiedenen Autoren, also ihrem Standort, ihrem Menschenbild und Gesellschaftsverständnis, sondern auch an den unterschiedlichen Erscheinungsformen und für sie abzuleitenden „Fördermaßnahmen": Blindenschrift, Sprachanbahnung bei Gehörlosigkeit, lebenspraktische Bildung bei geistiger Behinderung, Bewegungsermöglichung bei Lähmungen usw.

Das Problem setzt sich fort; denn die pädagogischen Erfordernisse lassen sich nicht einheitlich für alle Körperbehinderten, Lernbehinderten oder Sprachbehinderten usw. beschreiben. Es gibt nicht den typischen Behinderten einer Fachrichtung: den Verhaltensbehinderten, den Hörbehinderten, den Schwerstbehinderten usw. Auch dort, wo man Untergruppen bildet wie Stammler, Stotterer usw. bei den Sprachbehinderten oder Spastiker, Athetotiker, Querschnittsgelähmte nach Unfall usw. bei den Körperbehinderten, wird die Breite der Unterschiede dieser Menschen ebenso übersehen wie ihre persönliche Eigenart und ihre individuell spezifische Lebens- und Lernsituation.

Wenn man den einzelnen Mitmenschen nur nach seiner namengebenden Leitsymptomatik (körperliche, sprachliche o.a. Auffälligkeit) ansieht, läßt man außer acht, daß diese Leitsymptome keine isolierbaren Merkmale an einem sonst intakten Menschen sind und daß deshalb auch ein auf diese Leitsymptome beschränktes Förderangebot nicht angemessen sein kann. Immer ist ein Mensch in seiner Ganzheit betroffen, der nicht einfach von anderen Menschen – und seien es Fachleute – zu behandeln, zu fördern, zu therapieren oder zu unterrichten ist. Der betroffene Mensch bedarf als Person angemessener Lebensbedingungen und mitmenschlicher Hilfe. Dazu gehört wohl zuerst, daß er als gleichwertige Person in seiner unverlierbaren Würde anerkannt wird, daß er als Partner in seiner Subjektivität und mit eigenen Handlungsmöglichkeiten und Wünschen respektiert wird, daß ihm Lebensraum gewährt und eröffnet wird. Daß man ihm auch spezifische Hilfen zur Verfügung stellt, sollte selbstverständlich sein. Sie sollten aber nicht einfach als Anordnung von außen, von Fremden verordnet oder durchgeführt werden, ohne daß das Einverständnis des Betroffenen vorliegt.

Die sonderpädagogischen Bemühungen, bei den einzelnen Schülern bestimmte Besonderheiten, Merkmale, Ausfälle, Mängel, Störungen, Beeinträchtigungen, Behinderungen, Ausprägungen in bestimmten körperlichen oder psychischen Bereichen der Wahrnehmung, des Denkens, des Gedächtnisses, der Konzentration, der Motivation usw. festzustellen und, wie man sagt, dann gezielt anzugehen, zu fördern, zu therapieren, können zwar den Eindruck eines speziellen sonderpädagogischen Vorgehens erwecken. Ihre Wirksamkeit, ihre Berechtigung wie ihre theoretische Begründung sind aber kritisch zu hinterfragen.

Unter den Gesichtspunkten der Ganzheitlichkeit menschlichen Seins und dem Recht jedes Menschen auf personale Existenz in unserer Gesellschaft kann man sich nicht auf eine Symptombehandlung und eine isolierte Spezialförderung beschränken. Man muß den betroffenen Menschen nicht nur als Person respektieren und als Partner annehmen (s.o.), sondern auch teilnehmen lassen in Lebens- und Arbeitsgemeinschaften. Jedem einzelnen sollten in und außerhalb der Schule Möglichkeiten eröffnet werden, individuell spezifisch teilzunehmen, seine Rolle zu spielen, Aufgaben zu erhalten und auch so zu lernen und zu leben. Es sollte auch selbstverständlich sein, daß spezifische sachliche oder mitmenschliche Hilfe geleistet wird. Diese braucht jeder. Das Besondere der Sonderpädagogik ist dann durch die individuellen Möglichkeiten und Erfordernisse, die Ausrichtung auf den einzelnen Menschen in seiner Eigenart und mit seiner Lebensperspektive bestimmt und primär nicht durch typische oder fachrichtungseigene Methoden, Therapien, Förderprogramme. Soweit diese berechtigt sind, sind sie auf den einzelnen hin zu modifizieren.

2.1.3. Abhängigkeit vom Regelschulsystem

Das Bemühen um Eigenständigkeit und ihre Verteidigung haben die Abhängigkeit der Sonderpädagogik und der Sonderschulen von der allgemeinen Pädagogik und den Schulen für „Nichtbehinderte" oft aus dem Blick verlieren lassen.

Sonderpädagogik ist Pädagogik. Sonderschulen sind Schulen. Insofern trifft jede Veränderung der einen Seite auch die andere, gilt Kritik der einen Seite auch der anderen.

Der Zusammenhang kann deutlich werden bei der Auswahl der Schüler. Die Sonderschulen erhalten nur so viel Schüler wie vom Regelschulsystem abgegeben bzw. nicht aufgenommen werden. Theoretisch ist denkbar, daß die Regelschulen alle Schüler eines Jahrgangs behalten und auch zu Recht behalten sollten, so daß es keine Sonderschulen geben müßte. Das wäre dann der Fall, wenn die Regelschule allen Schülern gerecht würde und wohl auch über sonderpädagogische Konzepte bzw. individualisierende Hilfen verfügen würde, so daß jeder Schüler entsprechend seinen Möglichkeiten mittun und lernen und sich für gleichwertige Lebenssituationen in unserer Gesellschaft vorbereiten und begaben könnte.

Vorerst aber haben Sonderschulen die Regelschulen entlastet von den Aufgaben, für schwierige und belastete Schüler angemessene Lernsituationen und Lernhilfen bereitzustellen. Derzeit ist es wohl auch so: Die Sonderschulen sollen einsetzen, wo die Regelschulen sich als inkompetent erweisen. Sie sollen bessern und reparieren, was in Regelschulen an Benachteiligungen und Schädigungen erfolgte. Sie sollen auf ihren Wegen auch Regelschulabschlüsse vermitteln. Sie sollen aber auch unterhalb dieser Abschlüsse „allgemeine" Bildung – und sei es lebenspraktische – ermöglichen, die keine weiteren Ausbildungsberechtigungen mehr einschließt.

Daß Sonderschulen Schulen sind, erkennt man am Schulgebäude, an der Ausstattung der Klassenräume, an der Organisation des Unterrichtes, an den Fächern, den Stundenplänen, den Zeugnissen, aber auch am Unterricht selbst und an der Ausbildung der Lehrer.

2.1.4. Der einzelne Ausgangspunkt aller Pädagogik

Es ist darauf hinzuweisen, daß es kein hierarchisches Gefälle von der allgemeinen Pädagogik zur Sonderpädagogik gibt. Der Pädagoge bzw. Sonderpädagoge hat dem einzelnen Heranwachsenden Partner zu sein. Dessen Situation, dessen Lebens- und Lernmöglichkeiten sind individuell spezifisch. Das ist in allen Schulen so und sollte deshalb auch in allen Schulen in den Formen, in denen dort Lernen und Miteinander-Leben möglich wird, berücksichtigt werden. Insoferen muß (müßte) man Sonderschulen nicht Sonderschulen nennen, Sonderpädagogik nicht Sonderpädagogik. Erziehung, Lernen,

Pädagogik, Schule reicht, wenn damit Konzepte im Blick wären, bei denen der einzelne Mensch in seiner Eigenart Ausgangs- und Zielpunkt ist. Welche Gefahr davon ausgeht, wenn man nicht den einzelnen Schüler in seiner Originalität und Würde, in seiner besonderen Lebenssituation mit einer oft belastenden Biographie und einer begrenzten Lebensperspektive beachtet, kann jeder beobachten, wenn man für oder in Klassen homogene Gruppen bilden will, wenn man für bestimmte Schulen typische Schüler nach vorher definierten Merkmalen auswählt. Es stimmt nie. Eine zuverlässige Prognose über den weiteren Schulverlauf bzw. -erfolg ist unmöglich. Immer vollziehen sich solche Auslese- oder Gruppierungsprozesse auf Kosten von Schülern, denn den Hauptschüler, den Gymnasiasten, den Lernbehinderten, den Körperbehinderten usw. gibt es nicht.

Also kann eine Körperbehindertenschule wie jede andere auch nur gerechtfertigt sein, wenn sie individuell spezifisch zu lernen ermöglicht und damit zugleich auf gleichwertige Lebenssituationen in unserer Gesellschaft vorbereitet.

Die Pädagogiken der einzelnen sonderpädagogischen Fachrichtungen (Geistigbehinderte, Hörbehinderte u.a.) sind schon durch eine erhebliche Abstraktion von den Erziehungs- und Lernsituationien des einzelnen Menschen entfernt. Noch weiter entfernt ist der Begriff Behinderter wie Behinderung, Sonderpädagogik oder Behindertenpädagogik. Am weitesten entfernt von der individuellen Erziehungssituation eines einzelnen ist dann die allgemeine Pädagogik. Sie ist sehr abgehoben, abstrakt und kann nicht als allgemein im Sinne von normal oder die Regel gelten. Den Normalmenschen, die Regelschule gibt es nicht. Die Konsequenz sollte sein: Individualisierung. Deutlicher formuliert: individuell spezifisch und doch gemeinsam lernen können in einer Lebens- und Arbeitsgemeinschaft. Das sollte das Konzept jeder Schule sein. Solch eine Schule muß dann nicht mehr aussondern. Sie kann die Lösung schulischer Integration Behinderter sein.

Dieser Weg unterstellt nicht nur, daß jeder individuell spezifisch lernt und lernen können sollte, sondern auch daß jeder auf seinen Wegen zu unterschiedlichen Zielen gelangen kann und darf. Eine Schule, die aber nur einen schulartbezogenen Abschluß anstreben/vermitteln darf, ist damit nicht vereinbar. Die Integration Behinderter in den Schulklassen Nichtbehinderter erfordert deshalb notwendig, daß in derselben Lerngruppe/Klasse Schüler miteinander und am selben Themenbereich lernen, die unterschiedliche Schulabschlüsse anstreben oder später erreichen.

2.2. Behinderungen durch die „Regelschule"

Was der schulischen Integration Behinderter noch weiter entgegensteht oder nur schwer mit einem Schulkonzept zu vereinbaren ist, das individuell spezifisches und doch gemeinsames Lernen von „behinderten" und nichtbehinderten Schülern ermöglichen soll, kann hier nur thesenhaft verkürzt angedeutet werden.

Der Integration steht ein Verständnis von Unterricht entgegen, das davon ausgeht, daß das Lernen der Schüler in als homogen gedachten Klassen auf gleichen Wegen in einer vorher bestimmten Zeit zu gleichen Zielen erfolgen muß. Man kann sich dann offenbar nur schwer vorstellen, daß Schüler verschiedenen Alters mit unterschiedlichen Interessen und einer erheblich variierenden Ausprägung ihrer sprachlichen und anderen kognitiven sowie motorischen Möglichkeiten sinnvoll und ergiebig für jeden, individuell spezifisch und doch gemeinsam tätig werden und lernen können. Das erlaubt dann nicht mehr für jeden dieselben Ziele. Daß das möglich ist, gilt es einzusehen und zu praktizieren (ausführlich mit konkreten Beispielen aus einem Schulversuch in BEGEMANN 1987; 1985, 111 ff., 152 ff.).

Neben der frontalen Ausrichtung des Unterrichtes und der Orientierung an vom Lehrplan oder Lehrer vorgegebenen Zielen behindert die Vorstellung die Integration, daß Lernen immer durch Lehren vermittelt oder durch Lehrer angeregt und geleitet werden muß. Diese Vorstellung läßt außer acht, daß Lernen immer eine eigen- oder selbsttätige Auseinandersetzung sein muß und deshalb eine Schülerorientierung erforderlich macht. Lernen muß, um es zu wiederholen, jeder selbst tun und selbst tun wollen. Lernen muß jeder auf seine Weise dürfen und vollziehen.

Die Vorstellung, daß jeder Mensch eine Normalentwicklung durchmache, sofern er nicht pathologisch abweicht, mit gleichen Phasen, mit gleichen Interessen und Denkstrukturen, ließ übersehen, daß jeder sich in seiner Biographie individuell spezifisch entwickelt. Diese persönliche Entwicklung erfolgt durch das tatsächlich gelebte Leben, durch die Auseinandersetzung mit den Aufgaben, Problemen in ganz konkreten Situationen. Das bedeutet, daß jeder Schüler in jeder Lernsituation eine von seinen Mitschülern verschiedene Interessenlage hat und über andere Lernvoraussetzungen verfügt als die anderen. Lernen muß auch deshalb nicht anders als individuell spezifisch ermöglicht werden (Beispiele dazu in BEGEMANN 1987, 122 ff.; 1988, 299 ff.).

Die für schulischen Unterricht unterstellten Konzepte des Lernens, der Wahrnehmung, des Gedächtnisses, der Sprache usw. haben wichtige Erkenntnisse nicht berücksichtigt.

Menschliches Lernen erfolgt in sinnvollen Handlungssituationen (vgl. Schönberger 1978; BEGEMANN 1985, 82 ff.; 1987, 298 ff.)!

Menschen können nicht alles sehen, hören, denken, was andere ihnen vorstellen oder vortragen. Menschen können nur bestimmte Ausschnitte/ Aspekte aus der Wirklichkeit auf je ihre Weise aufnehmen. Jeder sieht und hört in einer Situation nur das, was er aufgrund seiner Vorerfahrungen wahrnehmen kann, was an seine Vorerfahrungen anknüpft. Hinzu kommt: Jeder kann nur das wahrnehmen, auf was er sich eingestellt hat, weil er ein Problem, eine Frage, eine Intention hatte. Fazit: Bei demselben Angebot, z.b. einer Rede, Bildern oder Gegenständen, nimmt jeder nicht dasselbe wahr wie ein anderer, dem dieses Angebot auch gemacht wurde. Dabei ist bedeutsam, daß Menschen ihre Erfahrungen ganzheitlich als Handlungseinheiten in „subjektiven Erfahrungsbereichen" (BAUERSFELD) speichern. Wenn sie sich an eine Situation, ein Erlebnis, eine Erfahrung erinnern, sind nicht nur die Gefühle von damals wieder präsent und alle Einzelheiten. Man erinnert sich also nicht nur, sondern hat damit auch alle Handlungsmöglichkeiten von damals aktualisiert und verfügbar. Ich spreche deshalb davon, daß Lernen immer als Eigenwelterweiterung erfolgt. Das muß jeder Unterricht berücksichtigen.

Die Aufnahme Behinderter in die Regelschule wird auch dadurch erschwert, daß der Unterricht von dem bestimmt ist, was an Inhalten gelernt werden soll. Die dazu notwendigen Voraussetzungen des Lernens, die Einstellungen, Techniken und Methoden, aber auch die evtl. erforderlich werdenden Hilfen und Förderungen (z.B. der Motorik, der Sprache, der Wahrnehmung) werden in der Regel nicht vorher bedacht oder vermittelt. Es wird offensichtlich angenommen, daß Schüler darüber verfügen. Außerdem werden psychische Probleme der Schüler (und Lehrer) im allgemeinen in der Regelschule nicht beachtet, obwohl jeder aus eigener Erfahrung weiß, wie ihn das belasten, wie das sein Lernen erschweren kann.

Die Regelschulen gehen von typischen Schülern aus, den Grund-, den Haupt-, den Realschülern usw. Hinzu kommt: Für diese typischen Normalschüler unterstellt man eine typische normale Entwicklung. Deshalb wird es möglich, sie nach Jahrgangsklassen und Schularten zu gruppieren. Man nimmt an, so homogene Lerngruppen bzw. Klassen von gleichen Schülern organisieren zu können. Die Differenzierung des Unterrichtes, d.h. die Berücksichtigung der Unterschiede einzelner Schüler, hält sich dementsprechend in Grenzen und bleibt weithin eine organisatorische oder methodische Ergänzung bei der klassenweisen Durchnahme eines Themas. Eine Individualisierung des Lernens, wie sie für eine Klasse mit unterschiedlichen Schülern angemessen wäre, die trotzdem Gemeinsamkeit erhält, ist in Theorie und Praxis der Schule kaum vermittelt. Die Pädagogik der Schule muß es erst noch lernen, jeden Schüler in seiner Originalität zu akzeptieren und durch individuell spezifische Möglichkeiten und Beanspruchungen zu bestätigen.

Die Allgemeinbildung, die in den verschiedenen Regelschulen angestrebt wird, ist als eine von den konkreten Lebenserfahrungen der Schüler abgehobene Bildung konzipiert. Das erschwert das Lernen. Es kann dann keine Eigenwelterweiterung sein. Durch die mit den Schulabschlüssen erreichbaren Berechtigungen für niveaumäßig abgestufte Ausbildungen und Berufsfelder kommt der Schule zudem die Funktion der Auslese statt der „Begabung" zu. Die Schule steht so in der doppelten Gefahr, Nachteile, die die Schüler vom Elternhaus (usw.) mitbringen oder an sich selbst feststellen, nicht auszugleichen, Begabungen nicht herauszufordern, sondern nur zu diagnostizieren, zu prognostizieren und zu selektieren. Das kann aber Behinderten und Benachteiligten auf keinen Fall gerecht werden (vgl. dazu BALLAUFF 1982; HEID/ HERRLITZ 1986; TENORTH 1986).

Die Schule hat mit der Trennung von Unterricht und Erziehung eine oft formale, vor allem die Kognition ansprechende Bildung der Wissensvermittlung intendiert und damit die Interessen der Schüler auf lebensbedeutsames Lernen vernachlässigt. Die Schule macht die Schüler dabei oft zu passiven Empfängern von Bildung. Selbständigkeit in der Auseinandersetzung, selbstverantwortliches Lernen sind selten gefragt. Schüler werden auch kaum in Projekten engagiert. Ihnen wird die Teilhabe (BEGEMANN 1987, 210 f.) in einer Lebens- und Arbeitsgemeinschaft bei unseren großen, zentralen wohnortfernen Unterrichtsanstalten als Basis für bedeutsames Lernen kaum ermöglicht. Schüler werden durch die isolierte Moralerziehung auch kaum in verantwortliches Handeln eingeübt.

In den Regelschulen werden die Schüler kaum ganzheitlich aktiviert. Die Gefühle und der Körper spielen nur eine Nebenrolle. Es dominiert die Beanspruchung des Kognitiven. Die Vermittlung erfolgt weithin durch eine abgehobene Hochsprache. Der wissenschaftliche Diskurs wird angestrebt. Damit werden die sprachlichen Voraussetzungen der Schüler nicht angemessen berücksichtigt, die verschiedenen Handlungs- und Repräsentationsformen (enaktiv, ikonisch, verbal-sprachlich) nicht gleichwertig eingesetzt. Auch dadurch finden Behinderte in Regelschulen nicht die Lernsituation vor, die sie für ein ergiebiges Lernen dringend benötigen (vgl. BEGEMANN 1984; 1987, 92 ff.; 1988, 274 ff.; BRUNER 1971; 1984; LEIST 1982; RUMPF 1981).

3. Zur pädagogischen Aufgabe Integration

3.1. Zum Schul- und Unterrichtskonzept

Die Einsicht, daß Erziehung und Lehren den Schüler nicht nach einem Zielbild machen können und wegen der Würde des Menschen und der Vorbereitung auf eine verantwortliche Teilnahme in unserem demokratischen Staat nicht machen wollen dürfen, führt zu einem Verständnis des Schülers als Person, der auf Sinnerfahrung angewiesen und zu verantwortlichem Handeln fähig ist und deshalb auch so beansprucht werden muß. Der Schüler ist als Subjekt seines Handelns herauszufordern, Erziehung muß zu Selbsterziehung, Lernen zum Selbstlernen werden. Das erfordert menschliche Gleichwertigkeit und Partnerschaft, das erfordert eine Schule als Lebens- und Arbeitsgemeinschaft.

Die Bereitschaft zum Handeln, zur Selbsterziehung, zum Selbstlernen setzt Teilnahme voraus; setzt also voraus, daß der einzelne sich, so wie er ist, akzeptiert und zugehörig erlebt, daß er mit Aufgaben verantwortlich betraut wird und in Gemeinschaft von Gruppen ein Wir-Bewußtsein entwickeln kann. So ist Interesse gesichert. So ist es möglich, eine Lebensperspektive zu entwickeln.

Diese teilnehmende Beanspruchung erfordert und ermöglicht Vor-Ort-Erfahrungen mit sich selbst, mit sozialen Partnern, mit Tieren und Pflanzen, mit Sachen und der weiteren Umwelt. Das schließt Erfahrungen einer soziokulturellen Existenz, eines geschichtlichen Lebens, einer weltanschaulichen Sinndeutung ein. Das sind schon inhaltliche Aussagen einer Schule als Lebens- und Arbeitsgemeinschaft, die sich nicht mehr vor allem auf die Vermittlung sekundärer Erfahrungen konzentriert, sondern, wo sie notwendig ist, auf der Basis primärer Erfahrungen verständnisvoll anschließen kann.

Diese Überlegungen können dazu führen, schulisches Lernen, das für Schüler lebensbedeutsam sein soll, das den Zusammenhang von Lernen und Leben wahrt, in folgende Erfahrungsbereiche einzuteilen:

– In einer Schule als Ernst-Situation lebt man in einer Arbeitsgemeinschaft, die verantwortlich Pflanzen und Tiere pflegt, die das Essen selbst kocht, die die Räume gestaltet und reinigt usw.

– Von dieser Schule aus werden Vorhaben verantwortlicher Teilnahme außerhalb der Schule durchgeführt, etwa Projekte zur Betreuung alter Mitmenschen, zur Betreuung von Kindern, deren Mütter überlastet sind, zur Beseitigung von Abfall in der Gemarkung usw.

– In dieser Schule werden die Schüler anhand von repräsentativen Einheiten, die sich an Stelle von Schulfächern an Lebenssituationen orientieren (einkaufen, telefonieren, Busfahren, wohnen, Märchen erzählen ...) für das Leben außerhalb der Schule vorbereitet;

– Die Schüler erwerben die erforderlichen Kulturtechniken im Zusammenhang mit diesen anderen Erfahrungen und da, wo es sinnvoll scheint, werden befristete Lehrgänge eingerichtet.

So können die Schüler in der Schule und an der Schule lernen, wie man sinnvoll in unserer Zeit und Gesellschaft lernen kann.

Bei dieser Konzeption, die den einzelnen Schüler als verantwortliches Glied und als Selbstlerner in einer Gemeinschaft anspricht, ist die Berücksichtigung der Einsicht nicht schwer, daß jeder individuell spezifisch lernt, daß Lernen immer Eigenwelterweiterung, Erweiterung der subjektiven Erfahrungsbereiche ist.

Diese Konzeption läßt die Vorstellung einer Klasse als Gemeinschaft von unterschiedlichen Schülern zu. Inhomogenität ist dann Ausgangs- und Endpunkt jeden Lernens.

Dieses pädagogische Schulkonzept kann die Grundbedürfnisse aller Schüler im Rahmen von Schulleben und Teilhaben befrieden.

Daß der Schüler sich auch in seiner Ganzheit als Leib-Seele-Einheit, als Glied in einer sozialen Gemeinschaft, als eingebunden in die Umwelt erfährt und erfahren kann, ist wohl selbstverständlich.

Daß der Schüler in seiner Eigenart beachtet und in seiner individuell spezifischen Handlungsfähigkeit beansprucht und herausgefordert wird, sollte ebenso selbstverständlich sein. Der Schüler muß dann nicht Gegenstand pädagogischer Operationen sein, nicht als Objekt aufgespalten gesehen und nach Fähigkeiten und Einzelmerkmalen diagnostiziert und als Schülertyp klassifiziert und plaziert werden.

Lehren wird zum Anregen, Ermutigen, Ermahnen, Beraten, Diagnostik zur Lernbegleitung.

3.2. Zur Organisation von Unterricht

Klassenbildung

Daß Lernen in der Gruppe sinnvoll ist, ist unstrittig. Individualisierung des Lernens darf deshalb nicht zur Isolierung und Vereinzelung des Schülers führen. Die Gruppe ist nicht nur als Anregung oder Entlastung beim Lernen wichtig. Der einzelne kann sich selbst nur unzureichend in Gemeinschaft erfahren und muß lernen, mit anderen umzugehen, zu kommunizieren. Das darf sich nicht nur auf Gleichaltrige beziehen, sondern sollte wie im Leben auch Jüngere und Ältere selbstverständlich einschließen.

Da es keine Normal-Entwicklung gibt und die Altersgemäßheit an sich keine Norm sein kann, steht einer Altersstreuung für die Klassenbildung nichts im Wege. Sie ist aus pädagogischen Gründen erwünscht. Da der Unterricht nicht lehr- oder lehrerorientiert verlaufen soll, ist die Idee der homogenen Gruppe durch Akzeptieren der Inhomogenität als Ausgang und Endziel zu ersetzen. Dem entspricht das Konzept des individuell spezifischen Lernens in einer gemeinsam gestalteten Arbeits- und Lebensgemeinschaft.

Zwei Lehrer je Klasse

Durch die positiven Erfahrungen im Versuch, wie durch konzeptionelle Überlegungen begründet, sollte jede gebildete Klasse in der Regel durch zwei verantwortliche Lehrer betreut werden. Das kann Lehrern ihre neue Rolle zur Ermöglichung individuellen und gemeinsamen Lernens einzuüben erleichtern.

Sie können miteinander differenzierter und wohl auch sachlicher und nicht so einseitig wie ein einzelner Lehrer Anreger und Lernbegleiter sein, Vorlerner und damit gut vorbereiteter und verständnisvoller Berater, Organisator von Medien und der Lerndokumentation, Auswerter und Analytiker der Lernvoraussetzungen und Lernanforderungen, der Lernprozesse und Lernhierarchien. Zwei Lehrer können für die Schüler in ihren Lebensproblemen Alternativen als Gesprächspartner, Fürsorger, Seelsorger sein aber auch als menschliche Vorbilder und Bezugspersonen. Zwei Lehrer, die noch als Fachlehrer ausgebildet sind, können zusammen leichter die Aufgabe bewältigen, das Lernen fächerübergreifend und auf Lebenssituationen bezogen zu organisieren.

Zwei Lehrer je Klasse erfordern kein Mehr an Lehrerstellen. Es gibt z.B. in der Schule für Lernbehinderte die Gefahr zu kleiner Klassen. Kleine Klassen waren gerechtfertigt, wo alle individualisierende Förderung vom Lehrer ausgehen sollte. Das aber ist nicht mehr zu vertreten.

Lehrplan

Die Lehrerausbildung wie die Lehrpläne setzen weithin die Fächereinteilung der Schulbildung wie die Organisation schulischen Lernens voraus. Die Richtlinien der Schule für Lernbehinderte von 1978 überwinden diese Einseitigkeit, machen auf fächerübergreifende Projekte und Aufgaben aufmerksam.

Die Orientierung an Lebenssituationen, die sich unter anderem aus dem Lernen als Eigenwelterweiterung, als Erweiterung der subjektiven Erfahrungsbereiche ergibt, erfordert eine Überwindung enger Fächereinteilung. Der Zusammenhang zwischen Kulturtechniken und Sachunterricht und Leben hat seit jeher die Fächergrenzen überschreiten lassen, weil es eben kein Lernen, keine Sachauseinandersetzung ohne Kulturtechniken, z.B. Sprache, gibt. Wenn Lernen Befähigung fürs Leben sein soll, kann es sich nicht auf „sterile" Fächerinhalte beziehen, obwohl die Fachaspekte weiterhin ihr Recht haben werden. Konzepte des handelnden Lernens, des Projektunterrichtes sind bekannte Beispiele der Überschreitung von Fächergrenzen.

Die Schule als Ernstsituation, in der Vor-Ort-Erfahrungen gemacht werden können, wie die verantwortlichen Vorhaben, die von der Schule aus initiiert und durchgeführt werden, lassen sich nicht in ein Korsett des Fächerunterrichtes pressen.

Mit diesen Vorstellungen sind die Ziele der bisherigen Lehrpläne und Richtlinien nicht ignoriert, sondern in ihren Lebenszusammenhang gerückt und damit erreichbar. Damit ist die Gefahr, schulisches Lernen als Fächer-Stoffwissen sich aneignen zu sollen, das mit dem wirklichen Leben wenig zu tun hat, gebannt. Damit kann das Lerninteresse der Schüler wieder als selbstverständlich erreicht werden und muß nicht durch Motivationstechniken künstlich hergestellt werden.

Diese Vorschläge unterstellen, daß die Lehrer mit ihren Klassen orientiert an Lebenssituationen und den Lehrplänen eine mittelfristige Lernplanung vornehmen, die vom Wochenplan über die Planung eines Jahres hinaus auch Schulstufen im Blick hat, die die Lehrpläne ernst nimmt, aber auf eine enge Lernstufenbindung verzichtet. Diese ist theoretisch und praktisch nicht zu verteidigen, wenn die Schüler von ihren Voraussetzungen aus im Sinne der Eigenwelterweiterung die nächsten Lernschritte planen und gehen sollen.

Das ist von Schülern und Lehrern zu lernen. Sie sollten den dazu nötigen Freiraum erhalten und verantwortlich nutzen dürfen. Damit ist eine sinnvolle Alternative zur bisherigen Praxis der Stoffverteilung im Blick, die sowohl von den Schülern und ihrem Lernen als von den Anforderungen unserer Gesellschaft ausgeht, wie sie durch die Lehrpläne repräsentiert werden.

Stundenplan

Der Stundenplan einer Klasse kann nicht einfach aus der in den Richtlinien als verbindlich veröffentlichten Stundentafel abgeleitet werden. Das ist nicht möglich, weil es fächerübergreifende Themen und Aufgaben gibt, weil es keine Unterrichtsstunde gibt, die nur fachspezifische Aufgaben erfordert. Der Stundenplan einer Klasse sollte deshalb für die Schule allgemein ähnlich wie in den Leilinien für die Grundschule in Rheinland-Pfalz (1984, 23) für den Anfangsunterricht ausgesagt ist, „vom Lehrer ... in freier pädagogischer Verantwortung" .... „auf der Grundlage der Lehrpläne" gestaltet werden.

Die Stundentafel gibt dabei die zeitliche Gewichtung für die Anteile der einzelnen Fächer am Gesamt des Lernens an, die nicht einfach als Anzahl von isolierten Fachstunden in einen Wochenplan übernommen werden können. Der Wochenplan muß Raum lassen für ein Schulleben mit Feiern, Begrüßungen und Gesprächskreisen. Er muß Raum lassen für die kurz- und mittelfristige Lernplanung, Lernbilanzierung und Lerndokumentation. Er soll Raum lassen für freie Arbeit. Er soll aber auch so offen sein, daß fächerübergreifende Aufgaben und Projekte durchgeführt werden können. Er sollte deshalb die Bindung an 45-Minuten-Einheiten aufgeben.

Den Erfordernissen der Lerneinheiten entsprechend sollten längere, aber auch kürzere Einheiten möglich sein. Da der Unterricht nur z.T. in der ganzen Klasse durchgeführt wird und daneben die verschiedenen Arbeits- und Sozialformen abwechselnd genutzt werden, ist eine sterile Organisation nach Unterrichtsstunden zu überwinden.

Es gibt für jede Schule feste Punkte für den Stundenplan: Der Anfang und das Ende des Schultages, die großen Pausen mit gemeinsamem Essen und gestalteter bzw. individuell offener Freizeit, Termine für bestimmte Räume (Turnhalle, Werkraum ...), für bestimmte Fachlehrer (Religionslehrer usw.). Darüber hinaus sollte der Plan für notwendige Änderungen offen sein. Der Plan sollte aber auf der anderen Seite im Sinne der Vorordnungen von PETERSEN feste Zeiten vorsehen, auf die man sich einstellen kann, an die man sich halten muß, damit Sicherheit und Gewöhnung erreicht werden. Der Plan sollte insgesamt so gestaltet sein, daß die mehr physischen und die mehr psychischen Grundbedürfnisse befriedet werden (Rhythmisierung des Tages, der Woche usw.). Das alles mutet den Lehrern eine stärkere verantwortliche Gestaltung zu, als sie manche derzeitige Regelung und die Pausenordnung zulassen. Diese müßten im obigen Sinne modifiziert werden.

Schülerbeurteilung

Die bisherige Handhabung der Zensuren und Zeugniserstellung war nicht objektiv, nicht vergleichbar und vor allem im Hinblick auf das, was ein Schüler an Engagement eingebracht hat, ungerecht und bezogen auf das, was er lernen sollte, unergiebig.

Die verschiedenen Bezugsnormen ließen klare Aussagen nicht zu. Die Note als pauschale Wertung gab keine inhaltliche Information darüber, was und wie gelernt wurde, wo Schwierigkeiten waren und welche.

Die Alternative könnte sein: Auf der Basis der Lehrpläne, der Lernplanung, der Lerndokumentation und eines Schülertagebuches der Lehrer und Schüler werden beschreibende Aussagen über das Lernen in den verschiedenen Unterrichtsbereichen gemacht, die auch das Engagement der Schüler, ihre Lernfortschritte und die anstehenden Aufgaben einschließen.

Diese Aussagen müssen gemäß den Anforderungen der Lehrpläne mit Angaben zu Lern- oder Schulstufen versehen sein. Die Lernstufenzuordnung kann aber nicht für alle Fächer oder Vorhaben eines Schülers immer gleich sein, sondern muß entsprechend seinem Lernstand gesondert ausgewiesen werden. Damit ist auch eine Klassenzuordnung zu einer Lernstufe überwunden.

Beschreibende Schülerbeurteilungen sind in den Zeugnis- und Versetzungsordnungen für die Grundschulen und bestimmte Lernstufen der Sonderschulen schon vorgesehen. Diese Regelungen müssen nur ausgeweitet werden.

Die beschreibenden Beurteilungen können, wenn das in einer Übergangszeit noch erforderlich scheint, durch traditionelle Zensuren ergänzt werden. Diese sind dann zugleich durch die Beschreibungen inhaltlich gefüllt. Diese Art Zeugnisse sind in besonderen Schulen (Jena-Plan u.a.) schon immer üblich. Sie werden dort oft auch in getrennten Fassungen für die Schüler und ihre Eltern erstellt. Man sollte auch an besondere Fassungen für Abgangs- und Abschlußzeugnisse denken, die anderen Schulen die notwendige Information für die Plazierung der Schüler vermitteln oder den Bildungsstand für weitere schulische oder berufliche Ausbildung bzw. erworbene Berechtigungen angeben.

Fördermaßnahmen

Eine Bilanzierung der Fördermaßnahmen scheint zu ergeben, daß sie theoretisch nicht so selbstverständlich begründet werden können, wie man oft annimmt, daß sie praktisch nicht so effektiv sind, wie man von dem eingesetzten Aufwand eigentlich erwarten müßte.

Im Schulversuch zeigte sich, daß den Schülern mit aufgabenspezifischer Hilfe besonders gedient ist, daß daneben, aber bezogen auf erfahrene Fehler, Unkenntnisse, mangelnde Aktivitäten auch Einzelhilfe geleistet werden kann, ohne daß die Schüler zeitlich oder räumlich abgesondert werden müssen.

Diese in den Klassenverband integrierte Hilfe setzt aber voraus, daß die Anzahl an Lehrerstunden dafür zur Verfügung steht. Lehrerstunden können so nicht gespart werden. Es ist aber zu erwarten, daß die Hilfe so gezielter, die Stigmatisierung geringer, die Wirkungen günstiger sind, als bei den stark ausdifferenzierten, separaten Förderungen und Therapien.

Ausstattung

Eine Klasse, die nicht mehr lehr- und lehrerorientiert, nicht mehr bildungsjahrgangs- oder lernstufenbezogen unterrichtet wird, braucht andere Ausstattungen als die traditionelle Schulklasse mit Klassensätzen derselben Schulbücher und Vermittlungsmedien für frontale Information und Demonstration.

Der Klassenraum sollte in verschiedenen Regionen für verschiedene Aktionen ausgestattet sein: Sitzkreis, Gruppentische, Gelegenheit für Einzelarbeit, für Experimente, Lese-, Spiel- oder Ruheecke usw.

Die didaktischen und „förderdiagnostischen" Medien zum Lernen und Feststellen von Lernerfolgen, Lernschwierigkeiten usw. sollten für alle Schüler übersichtlich und zugänglich in Schränken, Regalen, Raumteilern untergebracht sein. Anstelle von Klassensätzen sind vielfältige Informationsmedien in der Klasse erwünscht, aber auch Sammlungen von Arbeitsblättern, Aufgabensammlungen und die Dokumentation der Lernergebnisse der Klasse oder ihrer Vorgänger.

Neben einer weiteren Klassenbücherei sollten Spiele und für die verschiedenen Arbeits- und Übungsformen auch technische Instrumente zur Verfügung stehen: Cassettenrecorder, Overhead-Projektor, Plattenspieler, Video-Rekorder, Computer u.a.

Daß Pflanzen und Tiere erwünscht sind, ist oben festgestellt. Es wäre auch wünschbar, daß die Schüler für sich regelmäßig Essen zubereiten und gemeinsam essen, daß sie ihre Räume instand halten und reinigen. Auch das wäre bei der Ausstattung einzuplanen.

3.3. Weitere Aufgaben

Die familiäre und gesellschaftliche Isolierung der institutionellen Pädagogik Behinderter in Sonderschulen und Heimschulen ist zu überwinden. Die Integration der Behinderten in die Gesellschaft und die Kommunikation mit Nichtbehinderten ist zu beider Wohl zu ermöglichen.

Das kann nicht bedeuten, daß die Behinderten auch nach den Normen der Nichtbehinderten und in den unveränderten Institutionen der „Normalen" zu leben hätten. Vielmehr ist an die Stelle des unzulänglichen Normalitätsdenkens das Bewußtsein der großen Variationsbreite individueller Verschiedenheiten so aufzubauen, daß niemand sich seiner Eigenarten (oder Behinderungen) zu schämen braucht, niemand sich aber auch seiner Untadeligkeit brüstet, sondern alle sich zu gleichwertiger Partnerschaft als Personen mit Wünschen, Nöten, Hilfsbedürftigkeiten und Dienstbereitschaften stellen. Jedem ist das Recht auf personale Existenz und gesellschaftliche Teilhabe und Anerkennung zu sichern. Die Begriffe behindert – nichtbehindert sind zu revidieren.

Das alles erfordert auch eine Offenheit und Veränderung der Institutionen, eine geübte Nachbarschaft, eine Veränderung der öffentlichen Meinung und einen Abbau der Stigmatisierungen und Benachteiligungen. Es zielt auf eine gesellschaftliche Therapie/Gesundung und könnte auch als regionale Pädagogik beschrieben werden. Schulen könnten zu Zentren dieser Pädagogik, zu Begegnungsstätten für jeweils eine bestimmte Region (Dorf, Stadtteil) werden.

Eine Institutions- und Begriffsreform ist für die Durchsetzung gleichwertiger Lebens- und Lernmöglichkeiten geboten. Eine kritische Bestandsaufnahme hat neu zu bestimmen, was Begriffe aussagen sollen und ob man sie überhaupt noch weiter verwenden sollte: Behinderte–Nichtbehinderte, Sonderpädagogik–Behindertenpädagogik, Allgemeinbildung–Berufsbildung, Unterricht und Erziehung, Arbeit und Beschäftigung, Erwerbsfähigkeit, Mündigkeit usw.

Die Schule samt Lehrplan und Lernmöglichkeiten ist auf diese neue Situation umzustellen, das schließt eine Besinnung auf die Rolle des Lehrers als Anreger, Lernbegleiter und Berater ein (vgl. BEGEMANN 1987; s.u.). Die Allgemeinbildung ist auf eine Vorbereitung für eine Existenz in der gesellschaftlichen Wirklichkeit heute und auf individuelle Begabung umzustellen (HILLER 1986; HEID/HERRLITZ 1986). Den Behinderten ist das Recht auf Arbeit als sinnvoller gesellschaftlicher Tätigkeit und eine finanzielle Basissicherung durchzusetzen. Das erfordert auch eine Reform der beruflichen Ausbildung (BLEIDICK/ELLGER-RÜTTGARDT).

Ausgangspunkt für die nächsten Schritte sind die vorfindbaren gesellschaftlichen Strukturen und Institutionen, nicht aber die Maßgabe für das, was es zu erreichen gilt.

Die integrative Beschulung Behinderter im Regelschulsystem der allgemeinbildenden Schule bleibt völlig unzureichend, wenn es im Konzept dazu keine weiteren Reformen geben sollte.

4. Behindern „Behinderte" die Integration?

4.1. Fragestellung

Bisher wurde in diesem Beitrag Integration als Ziel und Weg verstanden, als individuell spezifisches und doch gemeinsames Lernen und Leben in gleichwertigen Lebensformen. Daraus ergab sich für die Schule ein Konzept, das die Individualisierung in Gemeinschaft ermöglicht, das den einzelnen als Person in seiner Originalität achtet und als Ausgangs- wie Zielpunkt beachtet (vgl. zur personalen Erziehung BEGEMANN 1987a, 222 ff.).

Dann stellen sich aber auf der Basis des traditionellen Verständnisses der Behinderten und der Sonderpädagogik vor allem drei Fragen:

- Bedürfen Behinderte nicht doch einer besonderen Förderung/Erziehung? Und wie kann sie bei integrierter Erziehung gewährleistet werden?
- Können sich Behinderte in Klassen mit in der Mehrzahl Nichtbehinderten angemessen orientieren?
- Bedeutet Behindertsein nicht doch eine besondere menschliche Betroffenheit? Können Behinderte nicht als Repräsentanten des Leides angesehen werden, die sich grundsätzlich von Nichtbehinderten unterscheiden und damit eine gleichwertige Beschulung in Frage stellen? Auf diese Fragen kann hier nur sehr knapp geantwortet werden.

4.2. Eine besondere Erziehung Behinderter?

Es ist unbestritten, daß die Mitmenschen, die derzeit als Behinderte beschult werden, in den üblichen Formen des Unterrichtes der Regelschulen nicht angemessen lernen, angeregt oder begabt werden können. Man muß dann nicht nur an so Extreme denken wie: in einem verbalen Frontalunterricht mit 20 Schülern sollen Gehörlose oder Geistigbehinderte ohne weitere Vorkehrungen sinnvoll mit dabei sein; Spastiker sollen ein Klassendiktat mitschreiben usw.

Jeder Behinderte benötigt die Chancen, von seinen Voraussetzungen aus sich mit Aufgaben eigentätig auseinanderzusetzen, die seinen Aktivitätsmöglichkeiten und seiner Lebensperspektive, seinen Interessen entsprechen. Dazu sind besondere didaktische Hilfen und Gelegenheiten unerläßlich. Das kann und muß bei integrativer Beschulung gesichert sein.

Es ist derzeit noch nicht selbstverständlich, weil unser Bildungssystem vom typischen Schüler ausgeht und unser im allgemeinen geübtes und in der Lehrerausbildung vermitteltes Unterrichtskonzept die homogene Gruppe unterstellt.

Dabei wird übersehen, daß jede Klasse nicht nur inhomogen zusammengesetzt ist und sich aus eigenartigen einzelnen Schülern rekrutiert, die auch das Recht zu individuell-spezifischem Lernen haben, sondern auch, daß die sogenannten Nichtbehinderten jeweils ihre besonderen Lern- und Lebensprobleme haben. Das gilt für alle Schulen und Hochschulen. Leider sind diese noch nicht darauf eingestellt, konstitutiv individuell spezifisches Lernen vorzusehen, persönliche Hilfen und Lebensberatungen zu leisten.

Wer als Schüler oder Student in Regeleinrichtungen Schwierigkeiten hat, und viele haben sie, der muß sich selbst helfen oder für Hilfe sorgen, sofern ihm nicht durch die Familie oder besondere Institutionen (Erziehungsberatungsstellen, Schulpsychologischer Dienst, Nachhilfelehrer, Erziehungsheime u.a.) geholfen wird oder geholfen werden soll.

Als Beleg dafür, daß es wohl keinen Schüler/Studenten ohne zeitweilige oder längerfristige Schwierigkeiten gibt, sei an folgendes erinnert (ohne für alles die vielfältigen Dokumentationen anzuführen): Sitzenbleiben, auch im Gymnasium, Nachhilfeunterricht, Durchfallquoten bei Prüfungen, die Suchtprobleme bei Kindern und Jugendlichen, die Selbstmorde bzw. die Suizidversuche bei Schülern und Studenten, die Gewalt gegen Kinder, die Verhaltensauffälligkeiten und Aggressionen in den Schulen. Das aber hat für das Selbstverständnis der so Betroffenen, ihr Verhalten und Lernen eminente Bedeutung. Die Schule aber fühlt sich in ihrem Konzept als Unterrichtsanstalt dabei primär nicht zuständig.

Daß Lernprobleme als allgemein anzunehmend beachtet werden müssen und auch nicht einfach von den einzelnen allein bewältigt werden können, die über einen hohen Bildungsstand verfügen, zeigen die gehäuften Meldungen der letzten Zeit über die Not von Studenten. Hier nur ein Beispiel aus der Mainzer Allgemeinen Zeitung vom 9.4.1984: „Fast jeder fünfte Student an den sechs westfälischen Hochschulen befindet sich in psychiatrischer Behandlung. Knapp 70 Prozent haben in einer Umfrage der Studentenwerke angegeben, daß sie seelische Probleme haben"!

Die Behinderten sind in ihrer besonderen Bedürftigkeit keine Ausnahme. Eine integrierte Beschulung, die sich auf die besonderen Probleme und Hilfsbedürftigkeiten jedes einzelnen Schülers einstellt, wäre im Sinne aller, wäre ein Stück mehr Menschlichkeit. Eine notwendende Realutopie!

4.3. Bezugsnorm

Jeder Mensch braucht für sein Heranwachsen, seine Lebensperspektive, sein Selbstverständnis, sein Lernen und Begaben eine Orientierung an Bezugspersonen oder -gruppen. Er braucht Vorbilder nicht nur für einzelne Verhaltensaspekte (Grüßen, Nächstenliebe usw.) oder Verhaltensbereiche (Essen, Kleiden, Wohnen, Arbeiten usw.), sondern für ganze Lebenskonzepte, die BERGER/LUCKMANN auch Identitätstypen nennen (vgl. BEGEMANN 1980, 153 ff.).

Daß z.B. Körperbehinderte, die in einer Familie mit nicht körperlich beeinträchtigten Menschen aufwachsen, ihren körperlichen Schaden an ihrer Umwelt gemessen als Abweichung erleben und das Ideal des unversehrten Körpers aufbauen, darf deshalb nicht verwundern. Das führt nicht nur zu Minderwertigkeitsgefühlen (ADLER 1907), sondern beeinträchtigt auch den Aufbau einer persönlichen spezifischen Lebensperspektive mit eigen-artigen Lebensformen und -zielen. Das aber ist lebensnotwendig. Eine Orientierung an anderen gleichaltrigen und älteren körperbehinderten Mitmenschen und daran, wie sie ihr Leben gestalten, könnte hier einen anregenden und ermutigenden Ausgleich schaffen.

Wenn in Regelschulklassen nur einzelne Behinderte aufgenommen werden, wie das z.T. versucht und damit begründet wird, daß es der Anteilsquote der Behinderten an der Gesamtgesellschaft entspräche, dann entsteht die Gefahr, daß die Behinderten sich immer an falschen Normen und Vorbildern orientieren. Diese Gefahr ist wegen der Gruppendynamik (HOFSTÄTTER 1957) in Schulklassen besonders groß. Sie ist es gerade auch dann, wenn die Regelklasse sich als Regel (inhaltlich, methodisch, von den Zielen und Verhaltensweisen her) versteht. Ein Ausweg könnte sein, wenn der Anteil der Behinderten in etwa dem der Nichtbehinderten entspräche. Gruppentypische Orientierungen für Behinderte wie Nichtbehinderte sollten vermieden oder abgebaut werden. Dazu kann das Unterrichtskonzept des individuell spezifischen und doch gemeinsamen Lernens beitragen. Entscheidend wird aber die persönliche Begegnung der Schüler untereinander sein. Sie erleben und erfahren den Peter und den Ulrich, die Christiane und Ulrike. Dabei spielt dann die Zuordnung zu behindert oder nicht behindert keine oder zumindest eine nachgeordnete Rolle.

4.4. Repräsentanten des Leides

C. F. v. WEIZSÄCKER (1978) erläutert seine These „Der Behinderte braucht die Gesellschaft. Die Gesellschaft braucht den Behinderten" (107) u.a. so: „Isolierung ist ein gesellschaftliches Werkzeug der psychischen Verdrängung" (108). Sie entspricht einem „Bedürfnis der sogenannten Gesunden ..., die froh sind, die Leidenden nicht zu sehen" (108). „Die Gesellschaft hat gegen diejenigen ihrer Glieder, die mit einem Leiden behaftet sind, oft ein ambivalentes, in einigen Fällen ein feindliches Verhalten gezeigt" (ebd.). Die Isolierung bzw. die Verdrängung sei ein „Identitätsschutz der Gesellschaft, die sich für gesund hält" (113).

Dagegen fordert er mit seiner These: „Die Gegenwart des Leides nicht zu verdrängen. Sie (die Christen E.B.) sollten etwas sensibler dafür sein, welche beim Unbehinderten unterentwickelten seelischen Organe der Behinderte entwickelt, welchen besonderen Reichtum er haben kann" (114).

Er fordert außerdem Veränderungen der Gesellschaft, weil die geltenden Normen, die den durchschnittlichen Unbehinderten angepaßt sind" (114), für Behinderte unangemessen seien. „Aber der Behinderte ist nicht ihr einziges Opfer, jeder Mensch, dessen Lebensbedingungen oder Anlagen dieser Norm nicht angepaßt sind, leidet an ihr" (114).

Hier werden also Behinderte als Repräsentanten des Leides gesehen. Dem möchte ich widersprechen, obwohl die Erklärung zu hören ist, daß Isolierung der Behinderten dazu diene, damit die Nichtbehinderten sich als gesund und normal sehen können. Oder müßte es deutlicher heißen: damit die Nichtbehinderten nicht wahrnehmen müssen die Anteile von Leid, Angst, Krankheit, Unvollkommenheit u.a. an ihrem Leben?

Integrative Beschulung könnte eine Gelegenheit sein, das Selbstverständnis aller Menschen dahin zu korrigieren, daß selbstverständlich dazugehört: Gesundheit und Krankheit, Leistungsfähigkeit und Gebrechen bzw. Versagen, Freude und Leid, Leben und Tod.

Wenn man die Behinderten als Repräsentanten des Leides ansieht, wird man sich selbst nicht nur nicht gerecht, sondern auch nicht den Behinderten. Wer Behinderte kennenlernt, ist sicher wie ich überrascht, wie fröhlich, wie lebensbejahend sie oft sind, obwohl ihre Lebensumstände meist erheblich begrenzter und nachteiliger sind als meine. Sie können mir durchaus Vorbild sein und auch anderen Anstoß zum Nachdenken und zur Ermutigung!

Wer die Behinderten zu Repräsentanten des Leides macht, sieht damit die Vielfalt der Situationen nicht, unter denen Menschen leiden: „Schmerz, Krankheit, Entbehrung, Hoffnungslosigkeit, v.a. seelische Betrübnis" (Meyers Großes Taschenlexikon in 24 Bänden, 1984). Dem wären nach JENTSCH u.a. (1975, 479 ff.) hinzuzufügen: Ängste, Zweifel, Schuld, ungesicherte Zukunft, Begabungen, Stärken oder Schwächen eines Charakters, Schicksalsschläge, Einsamkeit, erzwungene Gemeinschaft, Lebensverhältnisse (Arbeit, Wohnen, Verkehr, Finanzen u.a.). „Unübersehbar groß aber sind die Leiden, die ... Menschen anderen Menschen antun ... Aber Menschen leiden auch unter Gott ... Sie leiden, weil sie Gott nicht verstehen ..." (1975, 480).

Wir können sagen: „Menschliche Erfahrung lehrt: Wer lebt, muß auch leiden. Das Leiden gehört zu unserem Leben wie Arbeiten und Ausruhen, wie Essen und Trinken" (1975, 477). Integrierte Beschulung könnte für diese selbstverständlichen Zusammenhänge wieder sensibel machen und damit den einzelnen für die Fülle und den Reichtum seines Lebens aufschließen. Das gelingt natürlich nur, wenn wir nicht andere als Repräsentanten des Leides betrachten oder sie zu Objekten unseres Mitleides machen und ihnen unsere Fürsorge angedeihen lassen, uns also an ihnen als „barmherzige Christen" bewähren (vgl. SCHMIDBAUER mit seinem Helfersyndrom, 1978, 1983), sondern wenn wir mit ihnen leben und mit ihnen leiden und sie mit uns. Es wäre eine humane Perspektive der Schule, die existentiellen Betroffenheiten durch Teilnahme, Solidarität und Gemeinschaft zu beantworten.

Die Anfangsthese von v. WEIZSÄCKER wäre umzuwandeln: Die Gesellschaft braucht die Behinderten nicht als besondere Menschen, sondern als gleichwertige Partner, damit jeder sich besser erkennt, sich in allen Dimensionen seines Lebens akzeptiert und mit anderen in Freud und Leid Gemeinschaft lebt und Gesellschaft gestaltet.

Behinderte sind nicht Hindernisse einer integrierten Beschulung. Es liegt an uns, den Nichtbehinderten, und unserem Schulkonzept, ob man und wie man lernen kann, miteinander zu leben und zu lernen, sinnvoll zu lernen und zu leben.

5. Eine persönliche Bemerkung

An dieser Stelle soll keine Bilanz oder Zusammenfassung versucht werden. Ein Anliegen dieses Beitrages war es, dazu beizutragen, daß den Menschen in unserer Gesellschaft, die derzeit noch als Behinderte bezeichnet werden, uneingeschränkte Anerkennung zuteil wird, daß sie in ihrer persönlichen Eigenart wahrgenommen werden, daß ihnen gleichwertige Lebensverhältnisse und sinnvolle Aufgaben sowie gute menschliche, verläßliche Beziehungen ermöglicht werden.

Wenn die vortragene Sicht auf den einzelnen Menschen das Denken in typischen Gruppen überwinden kann und soll, wenn man auf die Bezeichnungen behindert/nichtbehindert verzichten soll, so dürfen damit nicht die Rechte und Gewährungen von erforderlichen Hilfen und Unterstützungen geschmälert oder in Frage gestellt werden.

Durch Zusammenarbeit mit Behinderten könnten wir Nichtbehinderten uns deutlicher in den Blick bekommen mit unseren Fehlern, Schwächen, Absonderlichkeiten und Hilfsbedürftigkeiten. Das Bewußtsein meines Angewiesenseins auf andere und das der anderen auf mich könnte meine Bereitschaft zum Engagement und zur Hilfe fördern. Die erfahrene Hilfe könnte mich dankbarer und demütiger machen.

Die Erfahrung, daß sich in der sozialen Beziehung und Hilfeleistung Geben und Nehmen, Schenken und Empfangen nicht trennen läßt, so daß jeder, der gibt, sich überraschend erleben kann als einer, der empfängt, könnte zu einem neuen Selbstverständnis führen. Das Ich steht nicht mehr allein. „Selbstverwirklichung" ist keine dem einzelnen allein mögliche Lebensweise. Ich werde am Du zum Ich (BUBER) und erfahre Sinn.

Das ist nicht nur für die Schule, sondern für unsere Gesellschaft eine Perspektive zur Korrektur eines individualistischen Selbstverständnisses und Unabhängigkeitsstrebens, eines Leistungs- und Konkurrenzdenkens. Dazu könnte die Wahrnehmung der Menschen mit Behinderungen und unser Einlassen auf Kontakte, unser Zulassen von guten Beziehungen führen. Wir verstehen uns und die anderen dann besser. Unser Leben wird reicher durch die Vielfalt menschlicher Möglichkeiten, Stärken und Schwächen, Freuden und Leiden, die wir dann an uns und den anderen wahrnehmen. Wir dürfen ehrlicher und echter mit uns und anderen umgehen.

Die Schule würde durch die Integration, das Zusammenleben und -lernen von Behinderten und Nichtbehinderten viel von ihrer Sterilität als Unterrichtsanstalt verlieren können. Aber nicht nur die Schule würde reichhaltiger, lebendiger, auch der Sportverein, der Gemeinderat usw. Menschen mit ihren vielfältigen Möglichkeiten und Begrenzungen, Problemen und Sorgen, Freuden und Ausgelassenheiten stünden im Mittelpunkt. Das Wort Lebens- und Arbeitsgemeinschaft müßte keine leere Formel bleiben.

Überall kann man anfangen und Mitmenschen in ihrer Originalität wahrnehmen, als Partner ansprechen und mit ihnen etwas gemeinsam unternehmen. „Ich bin durch Dich, durch Euch, so wie ich bin"!

6. Literatur

ADLER, A.: Studie über Minderwertigkeit von Organen, Wien 1907
BALLAUFF, Th.: Funktionen der Schule, Weinheim 1982
BEGEMANN, E.: Die Bildungsfähigkeit der Hilfsschüler, Berlin [3]1975
BEGEMANN, E.: Behinderte. Eine humane Chance unserer Gesellschaft, Berlin [2]1980
BEGEMANN, E. u.a.: Innere Differenzierung in der Schule für Lernbehinderte, Bericht über einen Schulversuch, Teil I, Mainz 1983
BEGEMANN, E. (Hg.): Individuelles und gemeinsames Lernen in der Schule für Lernbehinderte, Mainz 1985
BEGEMANN, E.: Innere Differenzierung in der Schule für Lernbehinderte als individuelles und gemeinsames Lernen, Bericht über einen Schulversuch, Teil II, Mainz 1987
BEGEMANN, E.: Innere Differenzierung in der Schule für Lernbehinderte als individuelles und gemeinsames Lernen, Grundlagen und Beispiele, Mainz 1987
BEGEMANN, E.: Schüler und Lern-Behinderte, Bad Heilbrunn 1984
BEGEMANN, E.: Ästhetische Erziehung und Behinderte, in: Mitteilungen des Bundes Deutscher Kunsterzieher, Landesverband Rhld.-Pfalz u. Saar, 7, 23/24, 1984, 7–58
BEGEMANN, E.: Frieden als (ethisches) Ziel der (Sonderschul-)Erziehung. Anregungen zu einem Verständnis, das nicht mehr trennt zwischen Unterricht und Erziehung, in: BLICKENSTORFER, J./ H. DOHRENBUSCH/F. KLEIN (Hg.): Von der Ethik in der Sonderpädagogik, Berlin 1988
BERGER, P./T. LUCKMANN: Die gesellschaftliche Konstruktion der Wirklichkeit, Frankfurt 1969
BLEIDICK, U./S. ELLIGER-RÜTTGARDT (Hg.): Berufliche Bildung behinderter Jugendlicher, Stuttgart 1982
BUBER, M.: Das dialogische Prinzip, Darmstadt [5]1984
BLOCH, E.: Geist der Utopie, Frankfurt 1973a
BLOCH, E.: Das Prinzip Hoffnung, Frankfurt 1973b
BRUNER, J.: Studien zur kognitiven Entwicklung, Stuttgart 1974
BRUNER, J.: Entwurf einer Unterrichtstheorie, Berlin 1984
HAHN, A.: Soziologie der Paradiesvorstellungen, in: SEUTER, H.: Der Traum vom Paradies, Freiburg 1983, 235–255
HAUPT, U.: Die schulische Integration von Behinderten, in: BLEIDICK, U. (Hg.): Theorie der Behindertenpädagogik, Berlin 1985, 153–197
HEID, H./H.G. HERRLITZ (Hg.): Allgemeinbildung, Bh. 21, Zeitschrift für Pädagogik, Weinheim 1986
HENTIG, H.v.: Systemzwang und Selbstbestimmung, Stuttgart 1968
HILLER, G.G.: Allgemeinbildung aus sonderpädagogischer Sicht, in: HEID/HERRLITZ, 1986, 239–244
HOFSTÄTTER, P.: Gruppendynamik, Reinbek 1957
JENTSCH, W. u.a. (Hg.): Evangelischer Erwachsenenkatechismus, Gütersloh 1975
KELLY, A.V.: Unterricht mit heterogenen Gruppen, Weinheim 1981
KLEMM, K./H.G. ROLFF/K.J. TILLMANN: Bildung für das Jahr 2000. Reinbek 1986
LEIST, K.H.: Körpererfahrungen, in: Annäherungen, Versuche, Betrachtungen, Bewegung zwischen Erfahrung und Erkenntnis, Sh. Sportpädagogik, Velber o.J., 38–44
MATURANA, H.R./F.J. VARELA: Der Baum der Erkenntnis, Bern 1987

MOLTMANN, J.: Leben in Gesundheit und Krankheit, in: J. MOLTMANN: Gott in der Schöpfung, München 1985, 273–278

NEISSER, U.: Kognitive Psychologie, Stuttgart 1974

NEISSER, U.: Kognition und Wirklichkeit, Stuttgart 1974

NEUSÜSS, A. (Hg.): Utopia. Begriff und Phänomen des Utopischen, Neuwied 1968

RAUSCHENBERGER, H. (Hg.): Unterricht als Zivilisationsform, Königstein/Wien 1985

RUMPF, H.: Die übergangene Sinnlichkeit, München 1981

SAAL, F.: Die Normalität der Behinderten, in: Ev. Kommentare, H. 1, 1980, 27–32

SCHMIDBAUER, W.: Helfen als Beruf. Die Ware Nächstenliebe, Reinbek 1983

SCHMIDBAUER, W.: Die hilflosen Helfer, Reinbek 1978

SCHÖNBERGER, F.: Lernen als Zusammenarbeit, in: Fachbereich Sonderpädagogik (Hg.): Handlungsorientierte Sonderpädagogik, Rheinstetten 1978, 263–297

SCHRÖDER, W.: Utopia, in: KLAUS, G./M. BUHR (Hg.): Philosophisches Wörterbuch, Berlin 1970, Bd. 2, 1111–1113

SERVIER, J.: Der Traum von der großen Harmonie. Eine Geschichte der Utopie, München 1971

SÖLLE, D.: Leiden, Stuttgart 1973

SPECK, H.: Diskussionsbeitrag, in: Gemeinsames Leben und Lernen geistig Behinderter und nichtbehinderter Kinder und Jugendlicher im Schulalter, Bericht: Symposon vom 11.–13.12.1986, hg. v. Bundesvereinigung Lebenshilfe für geistig Behinderte, Marburg/L. 1987, 229–233

SWOBODA, H. (Hg.): Der Traum vom besten Staat, München 1972

TENORTH, H.E. (Hg.): Allgemeine Bildung, München 1986

THIMM, W.: Das Normalisierungsprinzip, Marburg/L. 1984

WEIZSÄCKER, C.F.v.: Der Behinderte in unserer Gesellschaft, in: C.F.v. WEIZSÄCKER: Der Garten des Menschlichen, München 1978, 107–115

WOLFENSBERGER, W.: The Principle of Normalization in Human Services, Toronto 1972

Ruth Schumacher

Das Heim als Lebensraum

1. So können sie nicht leben
– Einengende Lebensbedingungen in der Einrichtung

Vielfach besteht die Vorstellung, daß Heime und Anstalten ungeeignete und schädliche Aufenthaltsorte für Menschen sind, einem Verbannungsort gleichkommen, Abstellgleis und Endstation für Übriggebliebene darstellen, die von niemandem gebraucht werden.

Als Grund für diese Vorstellung wird angeführt, das Leben in Heimen und Anstalten habe eine ungünstige Wirkung auf die Bewohner und führe zur Ausprägung grotesker Anstaltspersönlichkeiten.

Das sind Anschuldigungen, die ihre Berechtigung bei unzulänglich geführten Einrichtungen mit nicht qualifizierter Leitung und Mitarbeiterschaft haben. In ihnen sind die Menschen als Verwahrobjekte verwaltet und die Mitarbeiter in Routineaufgaben gefangen. Ihre Existenz beeinträchtigt die Entscheidung der Frage z.B. von Eltern, ob sie ihr geistig behindertes Kind in ein Heim geben sollen/wollen oder nicht, und sie sind ein entscheidendes Hindernis für alte Menschen, die sich die Frage stellen müssen, ihr vertrautes Zuhause gegen einen Platz im Altenheim einzutauschen. Es ist hier jedoch nicht die Frage, ob ein Mensch in einem Heim oder einer Anstalt leben soll oder nicht, sondern ob die Einrichtung, die er auswählt, in die er gegeben wird oder in der er seit vierzig und fünfzig Jahren lebt, die bestmögliche Einrichtung für ihn ist.

Für viele Heimbewohner ist heute noch immer ein Leben in Zwangsstrukturen unter einengenden, isolierenden, deprivierenden und umfassend kontrollierenden Bedingungen typisch. Nach vorsichtigen Schätzungen leben z.B. ca. 60.000 der erwachsenen Menschen mit sogenannter geistiger Behinderung in der BRD in solchen Einrichtungen. Fremdbestimmung und beziehungslose Regeln der Hausordnung beherrschen den Tagesablauf der Menschen und produzieren bei ihnen Störungen, die oft genug verzweifelte Anpassungsversuche an die Lebensbedingungen in der Einrichtung sind. Sie passen sich verstärkt den Verhaltensanforderungen der totalen Institution an; das erspart ihnen Ärger und kommt dem ökonomischen Interesse der Einrichtung entgegen. Sie geraten dabei allerdings in einen Zustand von psychischem Hospitalismus. Das bedeutet Antriebsverlust, Unterwürfigkeit, Interessenverlust, Vernachlässigung der persönlichen Gewohnheiten, die aber hier nicht behindertenspezifische Merkmale sind, sondern das Zustandsbild des Anstaltssyndroms ausmachen.

Diese Schwierigkeiten der Bewohner verursacht jedoch nicht das Leben in der Einrichtung an sich, sondern der Umstand, daß ihnen nicht die Möglichkeit gegeben ist, in der unzulänglich geführten Einrichtung ein normales Leben zu führen. Sie haben dort nicht die Chance, förderliche mitmenschiche Begegnungen zu erfahren; sie leiden unter dem Mangel an menschlichem Kontakt und persönlicher Zuwendung. Die routinemäßig tätigen Mitarbeiter werden von den Behinderten nach ihren jeweiligen Funktionen unterschieden – sie kennen häufig nicht einmal ihre Namen. Diese zwangsläufigen Kontakte zwischen Personal und Heimbewohnern sind für die Menschen keine Erlebnisse der Begegnung, sondern einfache Zusammenstöße zwischen ihren Bedürfnissen und den unpersönlichen Regeln der Hausordnung. Das Leben unter solchen Bedingungen wird zum Alptraum für die Betroffenen, es macht aus ihnen totunglückliche Menschen, denen nur noch automatisches Handeln übrigbleibt. Hier ist darauf hinzuweisen, daß die Mitarbeiterschaft der Einrichtung unter solchen Arbeitsbedingungen in permanenter Überforderung lebt und im Grunde nicht weniger unglücklich ist als die Bewohner. Wie sich einengende Lebensbedingungen in Anstalten, Kliniken und Pflegeheimen für die Bewohner auswirken, wird im Folgenden beschrieben.

1.1. Erwachsene Menschen mit geister Behinderung in der Anstalt

Menschen mit geistiger Behinderung – was immer darunter verstanden wird – leben heute als Erwachsene größtenteils in Heimen. Sie können ohne Begleitung nicht leben, finden aber für sich keine Menschen, die bei ihnen bleiben. Die übliche Kleinfamilie ist keine dauernde Bleibe für den geistig Behinderten, sondern nur eine vorübergehende. Sie löst sich nach einer Generation auf und kann einen Menschen mit verstärkter sozialer Abhängigkeit nicht lebenslang tragen. Die Institution Heim mit ihren Wohngruppen kann zwar fortbestehen, aber die Mitarbeiter wechseln aufgrund der Arbeitszeitregelung, der Stellenveränderung und der Personalpolitik innerhalb des Heimes. Wir haben heute erwachsene geistig Behinderte, die zwanzig bis fünfzig und mehr Jahre ihres Lebens in Heimen und Anstalten zugebracht haben. Sie blicken alle auf eine leidvolle Vergangenheit zurück. Das Ertragen ihrer Abweisung durch die Angehörigen oder deren Ambivalenz und die Einschränkungen durch die behandelnde Einrichtung haben bei ihnen zusätzlich seelische Behinderungen ausgelöst.

Menschen mit geistiger Behinderung – und zwar niemand mehr als sie – sind folglich Menschen ohne natürliche Geborgenheit. Unser Bemühen ist deshalb ausgerichtet, ihnen weitestgehend einen Lebensraum zu schaffen, der diesen Mangel erträglich ausgleicht. Dies kann geschehen, indem wir einengende Lebensbedingungen im Heim aufheben und durch förderliche, verläßliche Bedingungen zu ersetzen suchen. Einengende Lebensbedingungen im Heim werden geprägt durch Mangel an Zuwendung, Zeit, Geduld, Verständnis; durch Mangel an Kenntnis und fehlende Aufklärung der Mitarbeiter über existenzielle Bedürfnisse der geistig Behinderten und den Umgang damit; durch Überforderung der Mitarbeiter und damit verbunden ihr mangelndes Interesse an dem geistig behinderten Menschen; durch fehlendes Verständnis für ihr Erleben, ihre Gutwilligkeit, ihre Sensucht nach Beachtung und Lob, nach Erlösung aus der Ablehnung und Erstarrung.

Wir wollen förderliche Lebensbedingungen und die ‚offengebliebenen Möglichkeiten' ausschöpfen. Eine solche Blickrichtung läßt überhaupt erst das förderbar Bedeutsame, die ausgeprägte Individualität des geistig Behinderten erkennen, der zur Geltung zu verhelfen und die wie ein teurer Schatz zu pflegen ist. Die Bereiche des Unversehrten liegen außerhalb des medizinisch abgesteckten Gebrechens des geistig Behinderten. Das ist für die Mitarbeiter wesentlich zu wissen, denn eine Sichtweise, die allein auf das Negativ der ärztlichen Aussage gerichtet ist, führt sie in der Arbeit leicht zur Resignation und zum Ersatz förderlicher Bemühungen durch einengend verwahrende. Es gilt also für die begleitenden Mitarbeiter der erwachsenen geistig Behinderten, die medizinische Aussage nicht für die heilpflegerische zu halten. Ihnen fällt die eigenständige Aufgabe zu, die ‚offen gebliebenen Möglichkeiten' zu finden unter besonderer Berücksichtigung der vorliegenden Behinderung. Diese Aufgabe ist schwer, aber lösbar, sie fordert positive Beachtung jedes einzelnen geistig Behinderten im Sinne unvoreingenommener Aufmerksamkeit. Gelingt es den Mitarbeitern, von der speziellen Symptomatik des einzelnen geistig Behinderten abzusehen, so beeindruckt sie oft die erstaunliche Fülle bisher übersehener Erscheinungen: die Ansprechbarkeit; die Gutwilligkeit; die Neigung zur Nachahmung des Mitarbeiters und die Anhänglichkeit an ihn; die rührende Hilfsbereitschaft, die zur Hand gehen möchte und nach Aufgaben fragt; das Durchhaltevermögen des geistig Behinderten; seine Fähigkeit zu lernen und seine naive Freude daran; sein Bedürfnis, für Erlerntes gelobt zu werden; seine Dankbarkeit für Hilfestellungen, z.B. auch für gemeinsam eingenommene Mahlzeiten und die Erleichterung, nachts nicht allein gelassen zu werden.

Der Träger der Einrichtung hat die Aufgabe, kompetente Heimleiter einzustellen und ihren Gestaltungsraum von einengenden Einflüssen frei zu halten. Er wird sensibel auf Eingriffe der öffentlichen Verwaltung in die inhaltliche Gestaltung des Heimlebens reagieren und sich vor der Überbewertung bürokratischer Vorschriften des Leistungsträgers und vor schematischer Vereinheitlichung seines Konzeptes hüten.

Es gilt zu beachten, daß die Einrichtung für die Bewohner da ist und nicht die Bewohner für die Einrichtung.

Der Leistungsträger hat kein Auftragsverhältnis gegenüber dem Heimträger. Er organisiert die Rahmenbedingungen für die Einrichtung, während die inhaltliche Gestaltung der Arbeit allein dem Heimträger überantwortet ist.

Letzterer wird deshalb individualisierend und differenziert Entscheidungen für die Bewohner treffen, sich von ihren Bedürfnissen nach Geborgenheit und Sicherheit leiten lassen und am Zustandekommen einer guten Lebensgemeinschaft von Mitarbeitern und Bewohnern interessiert sein. Der Träger des Heimes ist sich der heute bestehenden Gefahr nur zu bewußt, daß aus finanziellen Gründen (Kosten-Nutzen-Plan) der bisherige Zustand der Verwahrung von Heimbewohnern in den Zustand ihrer Verwaltung umschlagen kann. Diese Übel können vermieden werden, wenn sich Kostenträger und Einrichtung nicht über- und untergeordnet verhalten, sondern in ihren jeweiligen Bereichen objektiv und sachlich zusammenwirken, jeder im Bewußtsein des Grundsatzes, daß Kostenträger und Einrichtung ihre Existenzberechtigung nur vom Lebensanspruch der Heimbewohner ableiten.

Benutzte Literatur:
Bruno Bettelheim, „So können sie nicht leben", 1985
„Mit geistig Behinderten leben", Tagungsbericht 1982, Fachausschuß Geistig Behinderte in der DGSP
Kaminski/Kast/Spellenberg, „Das Leben geistig Behinderter im Heim", 1. Auflage 1978

1.2. Menschen mit chronischen psychischen Störungen und seelischer Behinderung in der Klinik

„Ein psychisch Kranker ist ein Mensch, der bei der Lösung seiner altersgemäßen Lebensaufgabe in eine Sackgasse geraten ist. Das Ergebnis nennen wir Krankheit, Kränkung, Störung, Leiden, Abweichung. Es sind grundsätzlich allgemeinmenschliche Möglichkeiten; d.h. sie sind für uns alle, unter bestimmten inneren oder äußeren Kontakt-Bedingungen, Ausdrucksformen der Situation ‚so geht es nicht weiter'. Daher sind sie grundsätzlich uns allen innerlich zugänglich und bekannt." (Dörner/Plog: Irren ist menschlich, S. 12, 1. Auflage 1984).

„Von seelischer Behinderung muß dann gesprochen werden, wenn ein Mensch während langer Zeit (mehr als zwei Jahre) sich nicht so weit stabilisiert, daß er sich den Erfordernissen seiner Umwelt anpassen kann. Bei der Ausprägung einer seelischen Behinderung spielen immer auch Faktoren in der Umwelt des Behinderten eine Rolle, wie z.B. Abweisung bzw. Ambivalenz von Kontaktpersonen oder Einschränkungen durch die behandelnde Einrichtung." (Orientierungshilfen für die Arbeit in der Diakonie, Einrichtungen und Dienste für Menschen mit psychischer Erkrankung und seelischer Behinderung, S. 4, 1983).

Chronisch psychisch kranke Menschen leben bei uns in der Regel als Langzeitpatienten im Psychiatrischen Krankenhaus. Für sie besteht bis heute und auf absehbare Zeit keine akzeptable Alternative, die ihnen trotz und mit ihren Behinderungen ein möglichst unabhängiges, leidenfreies Leben bieten kann. Das Elend ihrer Lebensbedingungen ist groß und durch zahlreiche Veröffentlichungen bekannt gemacht. Die seit Erscheinen der Psychiatrie-Enquête, 1979, in Gang gekommene vielfältige und kontroverse Diskussion um Modelle der Versorgung chronisch psychisch Kranker außerhalb von Kliniken, z.b. in geschützten Wohnungen, Wohngruppen, Wohnheimen und Tageseinrichtungen und die dabei gewonnenen Erfahrungen, sollen hier nicht dargestellt werden, weil sie ohne Einfluß auf die Lebensbedingungen der Langzeitpatienten im Psychiatrischen Krankenhaus geblieben sind. Für die stark vernachlässigte Gruppe der hospitalisierten Menschen ist die Verbesserung ihrer Lebensbedingungen zu erarbeiten, die es ihnen ermöglicht, eine persönliche Verarbeitung ihrer Lebensumstände zu leisten und die das Krankenhaus für sie einen „Ort zum Leben" werden läßt. Dazu ist es nötig, die äußeren Rahmenbedingungen der Klinik und den psycho-sozialen Lebensbereich der Patienten innerhalb der Klinik in Einklang zu bringen und zu verbessern. Es reicht nicht aus, Kliniken zu bauen und gut auszustatten, und sich dann mit einem reibunglsosen Tagesablauf zufrieden zu geben. Es ist nötig, auch für Lebensbedingungen in der Klinik zu sorgen, die nach den Bedürfnissen der Patienten ausgerichtet sind. Es kann heute nicht mehr nur darum gehen, Langzeitpatienten zu isolieren und sie zu teilnahmslosen Objekten zu machen, die notdürftig betreut und versorgt werden. Bruno Bettelheim beschreibt die Bedeutung psycho-sozialer Faktoren auch da, wo es um scheinbar banale äußerliche Details geht: „Als ich in die Orthogenic School kam, war die alte Fassade immer noch sehr reizvoll und sehr gut erhalten. Aber noch bevor man das Gebäude betrat, bekam man eine düstere Vorahnung, von der man geradezu überwältigt wurde, wenn man die Eingangstür geöffnet hatte und einem der deprimierend widerliche Geruch entgegenschlug. Unerfahren wie ich war, glaubte ich, ein Großputz mit Schrubben und Neuanstrich würde das beheben. Aber es stellte sich heraus, daß es eine gewaltige Aufgabe war, den üblen Geruch auszutreiben, denn er hatte das Krankenhaus förmlich in Besitz genommen und sich in allen Ecken und Ritzen festgesetzt. Wände und Fußböden abzuwaschen und Holz- und Mauerwerk neu zu streichen, nützte gar nichts. Als nächstes warfen wir alle Vorhänge, Decken, Teppiche und alles Bettzeug hinaus, auch die Möbel gaben wir weg. Dann kamen weitere drastische Maßnahmen dazu. Zwar verminderte sich dadurch der widerwärtige Geruch, aber schließlich mußte ich doch einsehen, daß diese Methode zu kurzsichtig gewesen war. Ich war allem Äußeren mit geballter Kraft entgegengetreten, aber das genügte nicht, wo es um das Wesentliche ging. Die radikalen Maßnahmen säuberten zwar die Luft, stellten aber nicht den „richtigen Geruch" her. Dieser konnte nur entstehen, wenn die Schule richtig geführt wurde, und dazu brauchten wir mehr Zeit." (Der Weg aus dem Labyrinth – Leben lernen als Therapie, 1975, S. 122 f.). Bettelheim hat nicht als Theoretiker, sondern als Praktiker immer wieder die Bedeutung beider Aspekte betont und in seiner konkreten Arbeit gezeigt, daß ihre bewußte Integration möglich ist; d.h. grundlegende Verbesserungen der Lebensbedingungen für Langzeitpatienten müssen trotz aller Schwierigkeiten auch bei den psycho-sozialen Bedingungen ansetzen, vor allem bei der Gestaltung der Patientenrolle und ihrer Rahmenbedingungen. Es geht um die Verwirklichung des Normalisierungsprinzips im psychiatrischen Bereich; es geht darum, den Glauben an die Einrichtungen zurückzustellen, mehr dem einzelnen Menschen zu trauen und seine Lebensbedingungen zu normalisieren. Es gibt Erfahrungen, daß ein beträchtlicher Teil der Langzeitpatienten überhaupt keine isolierende Einrichtung braucht, sondern außerhalb der Klinik leben kann. Wie kommt das? Langzeitpatienten haben dieselben Bedürfnisse wie wir alle. Sie wollen und können in einer Wohnung leben – allein, zu zweit, zu dritt –. Sie brauchen darüber hinaus Arbeit; mindestens eine sozial sinnvolle Tätigkeit. Sie brauchen psychiatrisch tätige Menschen, die begleitende Arbeit leisten: aus der Sackgasse heraushelfen und Spielräume ermöglichen, in denen die seelisch behinderten Menschen leben können. Dazu ist viel Zeit nötig.

Benutzte Literatur:
Dörner/Plog: Irren ist menschich, 1. Auflage, 1984;
Orientierungshilfen für die Arbeit in der Diakonie, Stuttgart 1983;
Finzen/Schädle-Deininger: Unter elenden menschenunwürdigen Umständen, 1979

1.3. Alte kranke verwirrte Menschen im Heim

Aus neuen Forschungen der Geriatrie wissen wir, daß es keine sogenannten „Alterskrankheiten" gibt, sondern immer nur den einzelnen alten Menschen, der meist mehrere Krankheiten hat. Im Alter kommt es nur häufiger zu Krankheiten, weil das Immunsystem nicht mehr exakt funktioniert. Heute leben etwa vier Prozent der über 65jährigen Menschen in Heimen, die meisten davon freiwillig, motiviert von dem Wunsch nach Aufgehobensein und Sicherheit im Pflegefall. Sie können sich relativ gut mit den neuen Lebensbedingungen einrichten und werden am ehesten im Heim einen Ort zum Leben finden. Andere alte Menschen haben weniger gute Aussichten, sich im Heim einzuleben und wohlzufühlen. Ihre Ausgangsposition ist ungünstiger, weil sie nicht die Wahl hatten, sich für oder gegen ein Leben im Heim zu entscheiden. Das sind die alten Menschen, die durch schwere Krankheiten und Verwirrtheiten in hohem Maß pflegebedürftig geworden sind; deren Pflegeumfang im häuslichen Bereich nicht mehr bewältigt werden konnte, wenn die Pflege über Jahre ging; die bei psychischen Störungen und problematischen Familienkonstellationen nicht mehr außerhalb einer Pflegeeinrichtung angemessen gepflegt werden konnten. Auf welche Lebensbedingungen trifft nun der alte kranke verwirrte Mensch, der, auf Heimpflege angewiesen, in einem Pflegeheim der üblichen Aufgabenstellung aufgenommen wird? Häufig werden in dem durchorganisierten Alltag für ihn viele Dinge zu schnell, zu unverständlich, zu unbegreiflich absolviert. Die Mitarbeiter im Heim haben einen Zeitplan zu erfüllen, sind oft in Eile und Hetze, können bestenfalls die körperliche Pflege wahrnehmen, haben aber keine Zeit, eine Beziehung zu dem alten Menschen herzustellen. Der Kontakt muß unter diesen Arbeitsbedingungen an der Oberfläche hängen bleiben, es kann nicht zu einer menschlichen Begegnung kommen mit Zuwenden, Verstehen und Achten. In diesem Klima verliert der alte Mensch in seinem eigenen Alltagsgeschehen die Orientierung. Er fühlt sich in hohem Maß verunsichert, was sich in Aggressionen gegen die Mitarbeiter und Heimbewohner ausdrücken kann; oder dazu führt, daß er sich letzten Endes den reduzierten Lebensbedingungen überläßt. Er wird behandelt und läßt sich behandeln wie jemand, der nicht weiß, was für ihn gut ist; wie jemand, der noch nie in seinem gelebten Leben eine Schwierigkeit bewältigt hätte, er gerät in die Lage eines Entmündigten, die einengenden Lebensbedingungen machen ihn zu einem einsamen, seelisch schwer leidenden Menschen. Die Mitarbeiter fallen bei den reduzierten Arbeitsbedingungen in Resignation und werden letztlich gleichgültig.

Beispiel: Ausschnitt aus einem Heimbericht der Zeitschrift Grauer Panther, Nr. 1/87: „... beide Damen mußten sich tagsüber im Aufenthaltsraum, auf Sesseln sitzend, aufhalten. Nach dem Abendbrot wurden sie in ihr Zimmer geführt, ausgezogen und im Bett festgeschnallt. Morgens wurden sie losgeschnallt und zum Frühstück in den Saal gebracht, wo sie den Tag absitzen mußten. ... Meine Bitte, sie einmal zu mir nach Hause nehmen zu dürfen, wurde abgelehnt, weil ich nicht mit ihnen verwandt bin. Da ich sie zweimal wöchentlich besuche, ist mir so manches im Heim aufgefallen. An normalen Besuchstagen dösen die alten Menschen fast bewegungslos vor sich hin. Kam ich an sogenannten unnormalen Tagen, gab es fürchterliche Szenen. Noch nie in meinem leben habe ich Leid in so massiver Form gesehen. ... Die einzige Abwechslung am Tag – abgesehen von den Mahlzeiten – ist der Gang zur Toilette. Er wird, glaube ich, als einzige Zuwendung empfunden; ansonsten überläßt man diese Menschen völlig sich selbst. Die Kommunikation mit der Außenwelt ist völlig abgeschnitten. Es gibt keinen Therapeuten, der sich um die Heimbewohner kümmert. Ich muß zugeben, daß das wenige Pflegepersonal alle Hände voll zu tun hat. Nicht einmal habe ich gesehen, daß eine Pflegeperson Zeit oder Lust hatte, eine vor sich hinweinende Frau zu trösten. ... Es ist mir aufgefallen, daß ausnahmslos alle unglücklich sind. Das kann doch wohl nicht das Ziel vor dem Tod sein. ... und für dieses Dahinvegetieren zahlt dann das Sozialamt dem Betreiber viel Geld. Die alten Menschen essen und trinken wenig, weil sie Angst haben, das Personal in der Nacht zu bemühen. Den Tag über sitzen sie ruhig in den Sesseln. Was ist an einem solchen Leben so teuer, daß es die immensen Summen, die von den Heimbewohnern bezahlt werden, rechtfertigt?"

Es geht im Umgang mit den alten, kranken oder verwirrten Menschen um die Normalisierung der Lebensbedingungen in Einrichtungen, seien es Pflegeheime oder Gerontopsychiatrische Stationen in Kliniken. In den letzten Jahren hat es eine professionelle Zuwendung zu alten Menschen gegeben, in deren

Folge es gelingt, ihre Not zu veröffentlichen. Wir lernen daraus, daß der alte Mensch nicht bloß ein vergreister Erwachsener ist, der keine Bedürfninsse mehr hätte und nur noch darauf wartete, endlich sterben zu können; den wir deshalb, gerade in der Phase vor seinem Tod, hin und her schieben und sich selbst überlassen könnten. Wir müssen wissen und wissen es auch, daß alte Menschen, genau wie die jüngeren, dauerhafte persönliche Beziehungen wünschen und brauchen; daß sie fühlende Menschen sind, die leben und lieben wollen; daß die sexuellen Bedürfnisse bis ins hohe Alter hinein reichen. Das landläufige Vorurteil, für alte Menschen seien sexuelle Bedürfnisse unwichtig und vorbei, zwingt ihnen eine Enthaltsamkeit auf, die zu vielen Konflikten führt und mitunter auch Ausgangspunkt suizidaler Entwicklungen ist. Dazu folgendes Beispiel aus einer therapeutischen Beziehung. „Eine Frau, die lange allein gelebt hat, möchte noch einmal eine Beziehung eingehen, wobei ihr die Vorstellung von intimen Kontakten und körperlicher Zärtlichkeit – sie ist 70 – Konflikte bereitet. Einerseits möchte sie keine Zweckgemeinschaft, andererseits stehen ihr Scham- und Schuldgefühle im Weg. Da sie ihrer stark erlebten Einsamkeit wegen schon mit erheblichen Störungen und neuerlich mit einem Suizidversuch mehrfach zur Beratung kam, wird jetzt mit ihr erarbeitet, welche Art von Partnerbeziehung ihr möglich ist. Es wird vereinbart, daß sie wie in früheren Jahren versucht, mit einem Mann Zeit zu verbringen, später in Urlaub zu fahren und zu sehen, was sie dabei empfindet, wenn sie sich nahekommen. Die auftauchenden Gefühle sind Inhalt der therapeutischen Begegnung." (Dörner/Plog, Irren ist menschlich, 1984, S. 427). Die Einsamkeit muß als wesentliche Bedingung des Leids der alten Menschen gesehen werden. Die Vereinsamung wächst aus dem Erleben, daß die Welt immer kleiner und enger wird. Mit dem Ausscheiden aus dem Beruf ist die Befürchtung vieler alter Menschen, heute noch besonders der Männer, verbunden, nicht mehr gebraucht zu werden. Die Todesfälle unter Freunden, das Aufgebenmüssen der Wohnung und also der Verlust der Nachbarschaft, und das einschneidende Ereignis des Partnerverlustes, können endgültig in die Vereinsamung führen. Schon die Angst vor der Vereinsamung kann in Panik versetzen und in suizidales Verhalten führen.

Benutzte Literatur:
Helmut Walz, Trotz Leiden – leben, aus: Evangelische Impulse, Nov. 1987
Artur Reiner/Christoph Kulessa, Ich sehe keinen Ausweg mehr – Suizid und Suizidverhütung, Konsequenzen für die Seelsorge, München/Mainz [3]1981

2. Eigentlich eine Selbstverständlichkeit

– Förderliche Lebensbedingungen in der Einrichtung

Die Basis für ein erfülltes Leben im Heim oder in der Anstalt, für Bewohner wie Mitarbeiter, bilden gute und förderliche Lebensbedingungen innerhalb der Einrichtung. Sie sind notwendig, um die schädlichen Einflüsse zu bekämpfen, die eine unzulänglich geführte Einrichtung produziert und die das Leben für Bewohner und Mitarbeiter gleichermaßen unerträglich machen. Gute Lebensbedingungen erwachsen aus der persönlichen Zuwendung der Mitarbeiter zu den Heimbewohnern; d.h. die Mitarbeiter schenken den einzelnen Heimbewohnern persönliche, positive Beachtung und Zuwendung im Sinne unvoreingenommener Aufmerksamkeit. Auf diese Weise setzt der Prozeß ein, der das Voranschreiten des Verstehens bis zum bewußten Erkennen des Gegenübers ermöglicht. Jeder Mitarbeiter sollte für die Heimbewohner zur Bezugsperson werden können, d.h. er muß menschliche und fachliche Qualitäten haben und sein Gegenüber, wenn möglich vorbehaltlos, akzeptieren. Die geforderte menschliche Reife erklärt den Wunsch, daß die Mitarbeiter nicht zu jung sein sollten; sie wären mit der Aufgabe überfordert.

Der Lebensanspruch der Menschen mit verstärkter sozialer Abhängigkeit im Heim hat bei guten Lebensbedingungen die Chance, wahrgenommen und beachtet zu werden. Die Mitarbeiter erleben das wachsende Zutrauen der Behinderten, ihr Erwachen aus der Erstarrung, ihre Entwicklung zu mehr Selbständigkeit; es gibt ihnen Bestätigung ihrer Arbeit, Erleichterung und Freude ihres Tuns. Es erwächst ein gegenseitiges Geben und Nehmen, ein fruchtbarer Boden für ein erfülltes Leben sowohl für die Heimbewohner als auch für die Mitarbeiter. Auf dieser Basis wird es keine einengenden Lebensbedingungen mehr geben. Es ist nie zu spät für die Mitarbeiter, ihr Verhalten zu ändern und sich den Behinderten zuzuwenden statt die Flucht anzutreten und sich hinter Routineaufgaben zu verstecken. Die im Heim lebenden Menschen brauchen trotz ihrer Gebrechen und Schwächen Bejahung und Annahme – die Mitarbeiter brauchen Aufgeschlossenheit als Bereitschaft zum Verständnis. Die Leitung der Einrichtung läßt die Mitarbeiter nicht allein. Sie gibt Hilfestellung, Möglichkeit zur Reflexion, trennt sich aber auch von Mitarbeitern, die nicht in der Lage sind, persönliche Zuwendung zu den Heimbewohnern zu finden. Auf diese Weise wird eine Einrichtung ohne Anstaltscharakter entstehen, die zur Lebensgemeinschaft für alle in ihr Lebenden werden kann. Wird dieses Ziel erreicht, finden die Heimbewohner, die geistig oder seelisch behinderten oder alten Menschen, auf diese Weise eine Heimat und damit Sicherheit für alle Lebensphasen.

2.1. – für erwachsene geistig behinderte Heimbewohner

Im folgenden seien einige hilfreiche Verhaltensweisen aufgezeigt, die für förderliche Lebensbedingungen der geistig behinderten Heimbewohner unerläßlich sind und den Mitarbeitern sinnvolle Erfüllung ihrer Arbeit geben:
– Verläßlichkeit in Ankündigungen und Versprechen, als Orientierungshilfe und Sicherheit bei der Einordnung in den Tagesablauf.
– Eindeutige Ordnungen, Regeln, Gewohnheiten und Grenzen, die am Wohlergehen des Behinderten orientiert sind und dem Einzelnen und der Gruppe klare Orientierung und Sicherheit gewähren.
– Positive Erwartungshaltung dem Behinderten gegenüber, die ihn nicht überfordert, sondern Anforderungen stellt, die erfüllt werden können, d.h., sich auf das Notwendige beschränken; Zutrauen ausstrahlen, d.h., sich von Nörgeln, Resignation und voreiliger Hilfeleistung enthalten, um das Anwachsen der Selbständigkeit und des Selbstvertrauens zu ermöglichen. Dieses Zutrauen des Mitarbeiters entsteht sozusagen von selbst, wenn er seinen Blick von Vorurteilen frei macht und sich für die positiven Möglichkeiten, die Leistungen, Einfälle und Sehnsüchte des Behinderten öffnet.
– Anerkennung zeigen für erfüllte Anforderungen und Zufriedenheit ausdrücken, die auf die Person des Behinderten ausgerichtet ist; so kann sich ein angemessenes Selbstwertgefühl entwickeln, das zu weiteren Fortschritten beflügelt.
– Einstellung des Mitarbeiters auf das was häufig übersehen wird, z.B. kleine Fertigkeiten, die als selbstverständlich hingenommen oder nicht anerkannt werden;
– lebendige Zugewandtheit des Mitarbeiters, als wirkende Haltung in seiner individuellen Begegnung mit dem Behinderten;
– Echtheit in der Zuwendung, im Ausdruck der Freude, in der Verläßlichkeit, im Interesse am Wohlergehen des Behinderten. Diese Echtheit wird für den Behinderten förderlich bedeutsam, sie läßt nicht zu, daß die Haltung des Mitarbeiters zur Routine erstarrt. Erst durch die Art seiner inneren Zugewandtheit zum Behinderten kann er das Entscheidende in Gang setzen, sei es, daß es um die Lebenserfülltheit des erwachsenen geistig Behinderten geht oder um seine Lebenstüchtigkeit.
Durch die gefühlsmäßige Umstellung, die in der Wendung der Blickrichtung der Mitarbeiter zum Positiven hin liegt, erfahren sie Verständnis und Freude an ihrer Arbeit, und wie von selbst stellt sich bei ihnen eine Haltung ein, die man als „heilpflegerischen Einfallsreichtum" bezeichnen kann. Die Mitarbeiter werden dabei erfahren, daß das Erworbene stetiger Pflege und Übung bedarf, um nicht schnell wieder verloren zu gehen; sie werden die spezifischen Bedürfnisse der Behinderten berücksichtigen, um sie nicht zu überfordern; sie

werden erkennen, daß die erwachsenen geistig Behinderten schneller ermüden und als Zeichen von Abgespanntheit plötzlich abschalten; daß sie wenig spontan sind und in ihrem körperlich-seelischen Ablauf verlangsamt; sie werden das Mißverhältnis erkennen zwischen dem Können der Behinderten und der Umwelterwartung – eine Situation, die von den Behinderten erfahren wird und eine gewisse Bedrücktheit und Verstimmtheit bei ihnen zur Folge hat. Hier gilt für die Mitarbeiter, Einfühlungsvermögen und Rücksicht zu zeigen, Verständnis aufzubringen, Wege zu weisen; z.b. sei darauf hingewiesen, wie leichtfertig und verletzend es ist, im Beisein der Behinderten, vor anderen Menschen, von ihnen zu sprechen, als seien sie gar nicht anwesend. Das betrifft vor allem Mitteilungen über das Verhalten und den Zustand der Behinderten gegenüber Dritten. Solche Verhaltensweisen der Mitarbeiter blockieren die „offenen Möglichkeiten" der Behinderten und provozieren ein Nichtlernenkönnen, ein Nichtkönnen, das dann letztlich als eine Art Anpassung an die reduzierten Erwartungen der Umwelt zu verstehen ist. Beim Aufspüren der „offenen Möglichkeiten" zeigt sich eine praktische Bildbarkeit der Behinderten; die anschaulich-nachvollziehbaren Möglichkeiten überwiegen gegenüber den unanschaulich-begrifflichen. Die den Behinderten vorbehaltlos zugewandten Mitarbeiter werden die praktische Bildbarkeit positiv nutzen und eine Haltung einnehmen, die Bedingungen für eine erfolgreiche Förderung der Behinderten schafft. Sie werden erkennen, daß praktische Bildbarkeit keine minderwertige, sondern unregelhafte Bildbarkeit ist und werden deshalb bemüht sein, die „offenen Möglichkeiten" intensiv aufzuspüren. Die Mitarbeiter werden eine Haltung einnehmen, die Bedingungen für eine erfolgreiche Förderung der erwachsenen geistig Behinderten schafft:
– Erfülltheit und Angerührtsein von der eigenen Aufgabe, um die es geht;
– Zugewandtheit zur Gruppe und zum Einzelnen im Gewähren echten menschlichen Beisammenseins;
– keine „Als-ob-Zuwendung" die nicht ernstnimmt, sondern
– sinnvolle Zuwendung, die Verstandensein und Geborgenheit vermittelt.
Die alt werdenden geistig Behinderten gleichen sich in ihren Lebens- und Wesensäußerungen den alten Menschen der übrigen Bevölkerung an. Die Grenzen werden fließend. Dennoch erfordert manche Eigenart der behinderten Menschen ein besonderes Verständnis und besondere Hilfen. Z.B. ist darauf zu achten, daß die erworbenen Fähigkeiten zur selbständigen Lebensführung und Lerntechniken erhalten bleiben, sofern Gesundheit und Bereitschaft der Behinderten dies zulassen. Auch bei erhöhter Pflegebedürftigkeit sollen die alt gewodenen Menschen in ihrem vertrauten Lebensgefüge bleiben. Es ist dann dafür zu sorgen, daß verständnisvolle, qualifizierte Mitarbeiter zur Pflege bereitstehen. Wenn die ambulante Akutversorgung nicht mehr ausreicht, wird eine behindertenspezifische Krankenhausbehandlung nötig, als selbstverständliche Praxis in Heimen, die ein endgültiges Zuhause für ihre Bewohner sein wollen. Sowohl im Heim- als auch im Krankenhausbereich ist

dafür zu sorgen, daß neben der geriatrischen Behandlung auch sehr persönliche und seelsorgerliche Zuwendung gewährleistet ist. Sie wird gerade von alt gewordenen Behinderten als existenzielle Hilfe erfahren. Dies gilt auch für die Begleitung Sterbender, die auf diesem Weg nicht alleingelassen werden dürfen.

Hier sollten auch Angehörige einbezogen werden und die persönliche Begleitung der Kranken und Sterbenden übernehmen können. Das ist allerdings nur möglich, wenn die Angst der Angehörigen vor der „Institution" aber auch die Angst der „Institution" vor den Angehörigen, frühzeitig abgebaut werden konnte.

Benutzte Literatur:
Heinz Bach, Geistig Behinderten Pädagogik, 9. Auflage 1979;
Zur Orientierung: Zeitschrift für Mitarbeiter in der Behindertenhilfe, 1984, Heft 1+2;
Orientierungshilfen für die Arbeit in der Diakonie, Hg.: Verband evangelischer Einrichtungen für geistig und seelisch Behinderte e.V., 1983.

2.2. – für Langzeitpatienten in psychiatrischen Kliniken

Das folgende Beispiel soll dazu ermutigen, in Kliniken begleitende Langzeittherapien durch psychiatrisch Tätige einzurichten. Es wäre eine Chance für solche Patienten, die nicht die Möglichkeit haben, außerhalb der Klinik zu leben. Die Klinik könnte auf diese Weise vielleicht doch zu einem Ort zum Leben für sie werden.

Beispiel: Frau G., 42 Jahre alt, Langzeitpatientin in einer Nervenklinik, leidet unter einer problematischen Mutter-Tochter-Beziehung. Sie lebte seit einigen Jahren teilnahmslos vor sich hin, verweigerte Nahrung, Medikamente und Sprache. Ihre künstliche Ernährung stand bevor. Es gab in der Klinik kein psychotherapeutisches Angebot für Frau G.; die Ärztin versuchte vergeblich mit ihr in Kontakt zu kommen und riskierte letztlich die Entlassung der Patientin in den Haushalt der Mutter, nachdem sich eine Sozialarbeiterin am Wohnort bereiterklärt hatte, Frau G. draußen zu begleiten. Frau G. willigte sowohl in die Entlassung als auch in den Kontakt mit der Sozialarbeiterin ein. Zur Vorbereitung der Entlassung wurde der Sozialarbeiterin in der Klinik ein Zimmer zur Verfügung gestellt, in dem sie Frau G. allein sprechen und den Kontakt zu ihr aufbauen konnte. Frau G. kam zwar regelmäßig zu den verabredeten Treffen, sprach aber nicht. Sie bekam jedesmal einen kleinen Blumenstrauß mitgebracht, den sie ungeniert annahm, in das Waschbecken legte und nach dem Gespräch zielstrebig mit zum Vasenschrank nahm, um ihn zu versorgen. Das ermutigte die Sozialarbeiterin, nach wenigen Wochen nun die Entlassung von Frau G. herbeizuführen.

Es folgten einige Monate nonverbaler Kommunikation. Die Sozialarbeiterin versuchte dabei, sich in Frau G. hineinzuversetzen, sie zu verstehen und ihr das Verstandene mitzuteilen. Frau G. protestierte mit abwehrenden Gesten, wenn sie sich mißverstanden fühlte; im Laufe der Zeit war sie imstande, sich verbal zu äußern. Es kam zu kurzen Gesprächen, bei denen Frau G. bestimmte, was gesprochen wurde. Manchmal äußerte sie den Wunsch, ihre Mutter mitbringen zu können, um im Beisein der Sozialarbeiterin mit ihr anstehende Haushaltsfragen für den Tagesablauf besprechen zu können. Frau G. übte praktisch das Leben neu ein. In dem Dreiergespräch konnten Mutter und Tochter besser miteinander reden. Zwischen Frau G. und der Sozialarbeiterin entstand eine tragfähige Beziehung; Frau G. probierte sie gelegentlich aus, um sich zu vergewissern. Nach ca. zwei Jahren konnte Frau G. eine sinnvolle Tätigkeit beim Caritas-Verband ihres Wohnortes aufnehmen, die sie heute, nach zehn Jahren, immer noch ausübt und sich dabei wohl fühlt.

Die Kontakte mit der Sozialarbeiterin fanden weiter regelmäßig statt. Angstauslösende Zeiten waren die Urlaubszeiten der Sozialarbeiterin. Sie wurden frühzeitig besprochen und die Loslösung zeitaufwendig bearbeitet; dann ging es ganz gut.

Es fiel ihr immer weniger schwer, Probleme anzusprechen und die Reflexion auszuhalten. Sie übte praktische Lebensvollzüge ein: den Gang zum Arzt, das Einkaufen von Kleidung, Absprachen mit der Mutter über die Verteilung der Hausarbeit – Putzen, Einkaufen, Kochen –. Die Mutter kaufte nach einigen Jahren eine Eigentumswohnung für die Tochter, damit sie später eine Bleibe habe. Frau G. mußte sich finanziell beteiligen, d.h. den größeren Anteil der Kosten tragen. Frau G. war sehr irritiert und es waren viele Gespräche nötig, bis sie sich dazu entschließen konnte. Sie konsultierte auch einen Notar und konnte die Gespräche mit ihm gut allein führen.

Frau G. wurde immer sicherer; auftretende Probleme besprach sie weiterhin mit der Sozialarbeiterin. Sie legte längere Zwischenräume zwischen die Kontakte. Frau G. konnte nach monatelanger Besprechung zu einer vierwöchigen Kur fahren. Sie organisierte alle damit zusammenhängenden Arbeiten. Es gab viele Erfolgserlebnisse für sie.

Heute, nach zwölf Jahren, besteht noch Bedarf nach einem Kontakt zur Sozialarbeiterin. Frau G. kann alle ihre Angelegenheiten selbst regeln. Sie hat sich mit ihrer seelischen Behinderung so eingerichtet, daß sie damit leben kann. Die Mutter, inzwischen pflegebedürftig, wird von ihr gepflegt. Das bedeutet für Frau G. eine große Überwindung einerseits und eine Selbstverständlichkeit andererseits. Sie trifft sich jetzt wieder öfter mit der Sozialarbeiterin, um die Problematik zu besprechen, die die Pflege der Mutter für sie darstellt.

Frau G. sagt von sich, daß sie gesund ist. Sie ist bemüht, die nötige Distanz zur Mutter zu halten. Körperliche Nähe zu ihr fällt ihr schwer, und sie entwickelt schöpferisch Ideen, trotz der nahen Pflege genügend Abstand herzustellen. Dies hat den Nebeneffekt, daß die Mutter viele Pflegedetails an ihrer Person selbst ausführen kann.

Mit der Sozialarbeiterin bespricht Frau G. auch Zukunftsfragen, die die Lebenserwartung der Mutter betreffen und ihre eigene Situation später, wenn sie allein sein wird.

Benutzte Literatur:
Dörner/Plog: Irren ist menschlich, 1984

2.3. – für alte kranke verwirrte Menschen in Heimen

Anhand des folgenden Beispiels aus der Gerontopsychiatrie kommt die Wirkung förderlicher Lebensbedingungen für alte kranke verwirrte Menschen im Pflegeheim zum Ausdruck. Es geht um Verstehen, Zeithaben und Zuwendung.

Beispiel: Eine alte Frau, die lange allein gelebt hatte, verlor allmählich den Überblick über die Tageszeit und die Wochentage, obwohl sie gewissenhaft das Kalenderblatt täglich abriß. Sie war dann eines Sonntags aufgewacht mit Hunger und ohne etwas Eßbares. Sie war zu schwach, auszugehen, und sie suchte jeden Winkel der Wohnung nach etwas Eßbarem ab. Da sie häufig im Bett aß, hatte sie die Hoffnung, unter dem Bett ein Stück Brot oder Schokolade zu finden. Dabei mußte sie einen Schwächeanfall erlitten haben. An mehr konnte sie sich nicht mehr erinnern, als sie in die Klinik gebracht wurde. Nach eigenen Angaben fühlte sie sich in der Klinik geachtet und verstanden. Auch spürte sie, daß die Menschen sie nicht bemitleideten, sondern sie in ihren Handlungsweisen zu verstehen versuchten. Das trug dazu bei, daß sie selbst das Ungeheuerliche ihrer Situation und die Scham besser ertrug. Bedeutsam war für sie, daß man sie nicht zum „Fall" machte; daß man sich für ihre Wünsche und Bedürfnisse interessierte (Fernsehen, Baden, nicht im Hemd auf den Flur zu müssen); daß sie spürte, wie die Höflichkeit aufrechterhalten wurde; daß man ihr keine Vorwürfe machte und auch nicht einfach sagte, sie sei jetzt senil, sondern ihr half, zu verstehen, was geschehen war; daß man sie nicht noch mehr isolierte; daß man ihr das Gefühl gegeben hat, es lohnt sich noch, sie hatte zwar keine Angst vor dem Sterben, jedoch hätte sie bei dem Eindruck, es lohne sich nicht mehr, die Anstrengung der Gesundung gescheut; daß sie sich ernst genommen fühlte darin; daß man sie auch in ihren Sorgen und Eigenheiten zu verstehen versuchte; daß man sie nicht einfach abtat.

Es war für sie entscheidend, daß man ihr als Mensch begegnete, der seine besonderen Schwierigkeiten hat und nicht als Alten, um den man sich nicht besonders zu kümmern brauchte.

Benutzte Literatur:
Dörner/Plog, Ausschnitte aus: Irren ist menschlich, S. 424;
Helmut Walz: Trotz Leiden – leben, aus: Evangelische Impulse, Nov. 1987.

3. Lebensberichte von Heimbewohnerinnen

3.1 Ines im Gespräch mit Dieter

Ausschnitte aus einer Gesprächsaufzeichnung von Dieter Ney.

Das Gespräch fand zwischen Ines und Dieter statt, anläßlich einer Freizeit mit Eltern, ihren behinderten und nichtbehinderten Kindern und Erwachsenen aus einer diakonischen Einrichtung, bei der sich Günter und Elke kennengelernt haben. Dieses Ereignis regte Ines zu dem Gespräch an.

„Wenn das bei mir etwas anders gewesen wäre, ich könnte heute auch verheiratet sein und Kinder haben. Wenn ich heute unsere jungen Mädchen sehe, die alles dürfen, wenn sie einen Freund haben und können abends weggehen wer weiß wie lange; das durften wir nicht. Das durfte nicht sein. Du durftest nicht weggehen und wehe, du hast es gemacht, dann hat dir eine empfindliche Strafe geblüht. Man wurde in eine andere Anstalt versetzt, du wurdest an die Arbeit gebracht, du wurdest von der Arbeit geholt von den Erziehern oder von den Diakonissen, die die Station von uns leiteten. Also, du durftest keine Verbindung mit einem jungen Freund haben, du durftest auch nicht hingucken, du durftest gar nichts. So, wie es heute ist, gab es bei uns nicht. Es gab es einfach nicht.

Ich war damals ein hübsches, junges Mädchen, da haben wir auch nach jungen Kerlen geguckt. Gefühle hat es bei uns auch gegeben. Wehe, du hast die Schürze ausgezogen, dann hieß es ,willst du dir einen jungen Mann anlachen, willst du ihm gefallen, wo guckst du wieder rum?'. In Gruppen gingen wir sonntags spazieren. Wir haben nichts gesagt, aber immer wieder geguckt, wir hatten Spaß an den jungen Kerlen. Das ist doch klar bei einem jungen Mädchen. Nein, das durfte nicht sein.

Dieter, ich weiß nicht, ob ich es dir erzählt habe, ich hatte einen Freund. Er war der Sohn unseres Apothekers. Ich bin mit dem am 1. Mai mit meiner Freundin durchgebüchst. Die ist heute verheiratet, die hat ihren Mann, die ist versorgt. Aber ich hatte das Glück nicht. Ich bin mit dem Freund weg, wir hatten einen schönen, herrlichen Tag, wunderbar. Wir kommen abends um 22 Uhr zurück, wir sehen unsere Hausmutter, zwei Erzieherinnen stehen schon da, wußten schon nicht, wie sie uns am besten auspeitschen sollten. Ja, auspeitschen, Arme nach hinten, mit Kordel gebunden, rechts links, rechts links, ab, hoch, das Essen hat man uns vor die Tür gestellt, nicht reingebracht, und unsere Schwester sagte, hier, ihr kommt mir nicht mit anderen Mädchen in Berührung, man weiß, was ihr mit den Jungen gemacht habt. Da bleibt ihr jetzt 8 Tage drin.

Wir waren im 4. Stock eingesperrt. Das Haus steht noch, das Zimmer kann ich dir noch zeigen. Ich war da erst 16 oder 17 Jahre alt. So war das früher, wenn du einen Freund hattest.

Dieter, an uns ist viel versäumt worden; ich hatte ein schweres Kinderleben. Hier gab es viel Gewalt; viel Schläge und Hiebe haben wir gekriegt. Wir haben mit niemand über unsere Probleme sprechen können. Heute, wenn ich sehe, wie es bei Ursula ist, da kannst du es prima mit ihr besprechen. Da lagen früher unsere Probleme, nie jemand etwas sagen können und wenn, dann wurde man ausgepeitscht. Das war unser Leben, nicht nur meines; auch alle andern, die mit mir groß wurden. Wir sind so alle groß geworden. Und deswegen sage ich immer, wenn mich der Herr E. fragt, Ines, willst du keinen Freund, nein Herr E., früher gepeitscht, heute, wo ich alt bin, nein, heute braucht sich keiner mehr die Mühe zu geben. Was ich früher als junges Mädchen gern gehabt hätte und wär heute ein paar Schritte weiter, nein, das durfte nicht sein. Nein, jetzt wo ich alt bin und mein Leben verpfuscht ist, leider muß ich das sagen, Dieter, es ist verpfuscht, in Schulen, in allem, ich kann dir noch genau erzählen, wie die Hildegard und ich gekämpft haben, um in die Volksschule gehen zu können.

Blöd war der Ausdruck früher, blöd war der Ausdruck hier wo ich lebe. Blöd.

Also nach meiner Meinung muß ich dir ehrlich sagen, man durfte ja nicht selbst wählen, aber, ich muß sagen, ich war in der Schule prima. In allen Fächern mitgekommen. Die Lehrerin, ich weiß es heute noch, es waren mal fünf Herren von Koblenz da, da hatten wir Mathematik auf, keiner konnte die schweren Dreisatzaufgaben lösen; die Lehrerin sagte, hier ist die Jüngste in der Klasse, willst du es probieren, Ines? Du bist doch in Mathematik sehr gut. Dieter, ich hab die Aufgaben gelesen, die Aufgaben waren gelöst in 5 Minuten. ‚Ihr lieben Blödis', das sagten sie zu uns hier. Wir waren wirklich keine ‚Dummchen'.

Ich bin sonntags konfirmiert worden, am Sonntag, dem 25. März, und montags hieß es schon auf den Operationssaal gehen, putzen. Ich war 20 Jahre im Op, ich wäre heute noch dort, doch durch Krankheit (Hautausschlag) geht das nicht mehr. Ich hab da nicht nur geputzt, wie du denkst, da hab ich eine ganz große Vertrauensstellung gehabt. Ich kam ja mit ganz schweren Sachen zusammen. Ich hatte es mit Instrumenten zu tun, ich hatte es mit Apparaten zu tun, ganz schweren, zumal der Narkoseapparat, dann der Sterilisationsapparat, lauter solche Sachen, denkende Arbeit hatte ich. Schwester S. hat immer gesagt, hier mußt du denken, hier mußt du überlegen, hier wird nicht nur geputzt. Es war auch wahr. Dann hatte ich den Sterilisierapparat aufzumachen, dann wieder neu einzufüllen, anzumachen. Dann, wenn Operationen waren, Dieter das glaubt mir ja keiner wenn ich das sag, mein Leben ist das gewesen. Wenn Frau Dr. W. kam, ich hatte mitgeholfen, den Springer machen. Es waren keine Schwestern da, ja, ich nahm den Blinddarm ab, ich nahm die Instrumente ab, alles hab ich gemacht. Das war so richtig meins. –

Heute die Arbeit ist schön, die ich tue, aber du kannst das nicht damit vergleichen. Hier darfst du ja nichts allein tun. Du mußt das mit Aufsicht machen. Wenn ich mal was später komme in die Verwaltung, wird sofort die WfB angerufen. Das gabs im Op nicht. Wenn ich da noch ein Instrument in der Schale hatte und es war später, da hat man keine Zeit gehabt, zum Telefon zu gehen oder daß da Frau Z. neben mir stand und guckte, was ich tat. Da habe ich selber denken müssen. Selber arbeiten müssen. Ich hatte einen Vertrauensposten. Die Schwester war hier drin, ich war unten im Op, ich hab alles allein gemacht, alles.

Da hab ich ohne einen Pfennig gearbeitet. Nicht 10 Stunden, Dieter, 13, 14, 15 Stunden. Ich bin morgens um 1/4 nach 6 auf die Arbeit. Mittags eine halbe Stunde frisch gemacht, eine halbe Stunde gegessen, das war alles für den Tag.

Auf der Station, das war mein Leben.

Heute meine Aufgabe ist, ich muß morgens um 8 Uhr den Korb holen und sammle sämtliche Aufnahmemappen, Laborbefunde und dann andere Sachen wegbringen zum Maschinenhaus, Reparaturen. Dann muß ich Blut wegbringen, Urin wegbringen, alles, was zum Krankenhaus gehört. Oder muß auf die Verwaltung, eine Rechnung wegbringen, die von der Station kommt. Jetzt haben wir wieder neue Zettel, welche Anforderung jede Station hat. Jede Station darf nur soundsoviel Becher haben. Die ganzen Zettel muß ich auf die Verwaltung bringen, dann werden Abrechnungen gemacht, die Brotzettel, die Verpflegungszettel muß ich auch hinbringen auf die Wirtschaftsabteilung, mehr Papierkram jetzt.

Also im Op hat mir die Arbeit am besten gefallen. Heute fühle ich mich nicht wohl, hauptsächlich mit der Arbeit. Das hab ich schon mal mit der Schwester besprochen, das weiß sie auch, da hat sie mich ja mal ganz lieb angehört. Es geht mir gegen die Natur, hab ich gesagt, gegen den Strich, daß ich das Vertrauen nicht mehr habe, das ich 20 Jahre hatte. Ich hab mir im Op nichts zu Schulden kommen lassen, keinen Groschen, nichts genommen. Gar nichts. Ich sagte der Schwester, das nagt bei mir sehr. Deswegen mag ich WfB nicht.

Da hab ich abends aber auch schon mal im Bett geheult. Ich habe gedacht, Ines, du hast ja mit Depressionen etwas zu tun, versuche, deinem Leben ein Ende zu machen. Die meinen alle, daß du so schwach bist wie manche sind. Wir haben hier welche, die können nicht. Aber das ist ja der Fehler, was ich der Ursula schon öfter gesagt habe, alle auf einen Kamm. Du kannst nicht die Iris mit deinem Sohn vergleichen. Da sind schon Unterschiede, Dieter, und das ist, was mich hier fertig macht.

Ich hab jetzt mit anderen zusammen eine eigene Wohnung. Das kam erst durch Pfarrer B., vorher war nie die Rede davon. Wir haben in E. gewohnt, wir haben zu viert geschlafen, in einem Zimmer, nein, vorher gab es keine eigene Wohnung. Wir sind jetzt 7 Jahre da oben in der eigenen Wohnung.

Ich muß dir sagen, Dieter, gegen Selbständigkeit habe ich einen schweren Kampf gehabt. Das hab ich einmal der Ursula erzählt. Wir waren 30jährige Kälber, leider muß ich das sagen, wir bekamen die Kleider noch rausgelegt von den Erzieherinnen. Es war nicht möglich, daß du dir den Schrank aufschließen konntest und dir etwas frisches rausholen konntest. Das gab es nicht. Ich kann dir genau sagen, das sind jetzt erst mal 15 Jahre wo ich meine Kleider selbst habe. Vorher war das nicht.

Es ist mir leicht gefallen, allein zu wohnen. Ich kann dir sagen warum, weil das mein Bestreben war, das wollte ich, dafür habe ich gekämpft. Selbständig, alles schön selbständig, allein zu machen, selbst mal was kaufen gehen, selber deine Sachen sauber halten, selber aufräumen, das war mein Bestreben. Ich habe genug hinter mir. Ich habe genug in Gruppen erlebt. Ein Drachen der lebt noch, der arbeitet noch hier. Ich wohne mit einer Freundin und 2 Älteren zusammen. Jede hat ein eigenes Zimmer, eine gemeinsame Küche haben wir, eine Toilette, eine Dusche, alles gemeinsam. Dieter, du mußt raufkommen, du mußt mein Zimmer sehen. Kürzlich war Pfr. B. da, der sagte, Ines, wenn ihr mal krank, alt werdet ..., da sagte ich, Herr Pfr. reizen Sie mich nicht, daß ich gleich etwas nehme. Ich gehe in keine Gruppe zurück.

Hier in der WfB verdiene ich Geld. Von der Behörde bekommen wir 120,– DM Taschengeld. Aber ich kann dir nicht sagen, nicht genau, was wir von der WfB kriegen. Weil sich das auf unsere Leistung bezieht. Wie ich meine Arbeit leiste, so werde ich bezahlt. Leiste ich weniger, kriege ich auch weniger. Leiste ich mehr und habe einen vertrauensvollen Posten, dann werde ich besser bezahlt. So um 150,–. Wir kriegen dann noch Kleidergeld, aber das kriegen wir nicht auf die Hand. Da sagt Schwester B., geh in die Stadt und laß dir einen Schein auf die Kleidergeldrechnung geben, dann kannst du dir aber da selber aussuchen. Das tue ich auch. Ich gebe dann der Schwester B. den Schein ab und dann hat die das von meinem Kleidergeld bezahlt. So läuft das. Für mein Essen bekomme ich Verpflegungsgeld, von der Behörde, da, wo ich her bin. Wir müssen selber Kochen. Wir kriegen ausgezahlt, so wie der Monat ist. Der Monat, der 31 Tage hat, kriegen wir 260,– DM. Aber der Monat, der vielleicht wie der Februar nur 29 Tage hat, gibt es nur 230,– DM. So wird das berechnet, es wird auf die Tage im Monat berechnet. Und so werden wir auch bezahlt.

Wir dürfen jetzt abends ausgehen, bis 23 Uhr. Das ist jetzt klar. Ich fahre nächstes Jahr wieder mit in die Familienfreizeit. Ich hab schon zu der Ursula gesagt, mich meldest du wieder an. Das laß ich mir nicht nehmen. Aber Dieter, ich möchte nicht mit dir und den Mädchen fahren, das hat nichts mit Stolz zu tun, verstehe mich recht. Mein Leben ist ja schon verpfuscht genug. Und dann noch eine Freizeit nur mit der diakonischen Einrichtung! Ich will dir ehrlich sagen, das wäre mein Untergang. So bei dir, man sieht die Eltern, man hört mal Probleme; die Mutter von der Antje, wir haben manche Gespräche geführt. Und deswegen, ich merke an dir, daß du mich nicht für jemand hälst, so eine Schwache, so eine Maria. Sicher, die Ursula kann nichts dafür, die teilt uns halt in die Gruppe ein. Das ist ja auch nicht schlimm, das macht mir nichts. Aber abends, auf die Stunden mit den Eltern und auf alles Gemeinsame, die Ursula, die Unterhaltung, die Szenen, die ich sonst nie höre, wo ich alles verstehe, ich sags nur oft nicht, aber da habe ich mich immer gefreut. Das war für mich das Schönste. Das will ich dir ganz ehrlich sagen.

Wenn ich frei habe, musiziere ich, flöte. Ich habe 3 Flöten, ich spiele ja jetzt auch F-Flöte. Da muß ich sehr viel üben. Ich habe gestern abend noch 1 1/2 Stunden geübt. Ich habe viel Geld für die Flöten bezahlt. Schau mal, die F-Flöte 134,– DM und die Tenor-Flöte 367,– DM und die Sopran-Flöte 45,– DM. Das ist für mich viel Geld. Da hab ich mir aber nichts anderes gegönnt. Am Donnerstag übe ich Flöte und lese sehr viel. Bei der Ursula bin ich in der Volkstanzgruppe. Dann bin ich noch im Chor, aber alles machen, das kann ich einfach nicht.

Sechs Jahre war ich, jetzt bin ich 50 Jahre, da kannst du dir ausrechnen, wie lange ich in der Diakonie bin. So lange bin ich jetzt hier. Meine Mutter hat mich als verwirrt weggegeben. Ich kam da nicht drüber, das war mein Ende. Meine Mutter kenn ich nicht. Ich kenn keine Eltern. Was denkst du, wann ich meinen Bruder erst kennengelernt habe? Vor 3–4 Jahren. Ich habe mal an die Wuppertaler Behörde geschrieben. Ich habe das in die Wege geleiet. Frag mal Ursula. Ich, nicht der Herr E., ich war es. Weil die Leute mich gefragt haben, hast du noch jemand? Ich hab also die Leute belogen, ich hab niemand. Das gibts doch nicht, du bist doch nicht vom Himmel gefallen. Ich sagte, Kinder, jetzt macht mich nicht verrückt, ich hab niemand. Ich bin manchmal zornig geworden und da sagte Herr E., das bin ich jetzt leid, und dann hat mir der Herr E. die ganzen Briefe von meinen Geschwistern gegeben, die alle in meiner Akte lagen.

Ich hab gesagt, so, Herr E., ich schreibe einen Brief an die Wuppertaler Behörde, egal wie ich schreibe. Herr E. sagte, du hast wunderbar geschrieben, eine ganz tolle Satzbildung und so, das kann ich nicht begreifen. Da hab ich gesagt, ja, Herr E., ich will das jetzt wissen.

Was meinst du, Dieter, einen Bruder im Hunsrück, eine Schwester in Berlin, einen Bruder in Düsseldorf, der eine ist gestorben, das seh ich ein, Tbc konnte man nicht ausheilen, früher. Aber überleg dir mal, der in Düsseldorf hat ne eigene Familie, leitet ne Firma, der Eberhard hat ein Geschäft, das erfährt man nicht, das hab ich alles nicht gewußt. Alles nicht.

Heute kann ich mit der Ursula über meine Probleme sprechen. Mit der Ursula sehr gut, mit ihr noch am allerbesten. Weißt du, die posaunt nichts raus. Ursula sagt, nein, Ines, was wir zwei sagen, bleibt unter uns. Ursula vertraut mir sehr viel, ich vertraue ich sehr viel an. Und das darf man nicht brechen, Dieter. Wenn du dir das brichst, dann bist du ja wirklich schlecht. Also, wenn ich der Ursula das antäte, also, ich wäre tot unglücklich."

Quelle:
Gesprächsprotokoll von Dieter Ney, 1987

3.2. Anneliese erzählt ihre eigene Heimerfahrung

Sie lebt seit den 50er Jahren in Heimen. In einem kleinen Bericht schildert sie ihre Lebenssituation und zeigt, worauf es ankommt, daß sie sich im Heim wohlfühlen kann.

„In dem Heim, wo ich jetzt bin, finde ich ziemlich alles gut. Als Kind war ich in einem anderen Heim. Das war in den 50er Jahren und das ist kein Vergleich. Dort war alles strenger, autoritär. Es hat immer geheißen: ‚Kinder haben nichts zu wollen'. In N. kann ich sagen, wenn mir auf der Station etwas nicht gefällt. Es gab manchmal Ausnahmen, das hat mich gestört. Aber da war ich zu nachgiebig. Ich habe mit der Verwaltung gesprochen. Aber es ist besser, zuerst mit der Stationsschwester zu sprechen. Mit der Zeit lernt man, sich durchzusetzen. Wenn Ausnahmen gemacht werden, müssen sie für alle da sein. Aber das Personal hat dann Angst, es allen zu erlauben, weil es sonst zu viel für sie wird. Man darf deshalb auch nicht unverschämt sein.

Am Anfang ist man scheu. Ich habe mich die ersten drei Monate nicht aus dem Zimmer gewagt. Dann lernte ich, mich durchzusetzen. Solange niemand etwas sagt, machen die Pflegekräfte es so, wie es für sie am einfachsten ist. Einmal kam eine Lernschwester und wollte mich vor sieben Uhr ins Bett bringen. Als ich nein sagte, war sie schockiert. Aber ich habe mich durchgesetzt. Wenn es die Stationsschwester erfahren hätte, dann hätte sie Ärger bekommen. Sie kommen uns viel entgegen. Wenn sie mir erklären, warum etwas anders sein muß, dann bin ich damit einverstanden, dann gehe ich auch mal früher ins Bett. Ab und zu gibt es Ärger, das gibt es überall. Mit den meisten habe ich ein gutes Verhältnis. Es gibt auch einen Heimbeirat. Aber ich wähle niemanden und lasse mich nicht wählen. Ich will meine Dinge selbst regeln. Genausowenig will ich, daß meine Geschwister etwas für mich machen.

N. ist sehr fortschrittlich. Sie machen viel, nehmen die Behinderten mit auf Freizeiten, tun sie nicht verstecken. Auch alte Leute, die gar nichts mitbekommen, werden mitgenommen. Sie versuchen den Bewohnern es so zu machen, wie wenn es zu Hause wäre. Ich möchte nicht mehr weggehen, auch wenn es ein Heim für junge Leute gäbe.

Als ich den Elektro-Rollstuhl neu hatte, bin ich vor Freude im Schnee herumgefahren. Daheim kam ich nie raus. Da haben die Leute auf der Station angerufen, ich würde mich erkälten. Aber die Stationsschwester sagte zu denen: ‚Die ist alt genug'. Am Anfang habe ich immer gefragt: ‚Darf ich?', weil ich es von daheim so gewohnt war. Da kam die Antwort: ‚Du bist doch nicht im Zuchthaus'. Wenn ich ein Bild aufhängen will, dann muß ich fragen, aber das wird genehmigt. Daheim durfte ich kein Bild aufhängen. Jetzt möchte ich ein neues Regal haben. Da muß ich in die Verwaltung, aber das wird sicher genehmigt. Nur die Pflege darf nicht beeinträchtigt werden, es muß Platz für den Lifter und den Rollstuhl sein. Manchmal bastle ich im Zimmer, z.B. Strohsterne. Danach sieh das Zimmer aus wie ein Hasenstall. Da sagt niemand etwas, wenn etwas auf den Boden fällt. Ich mache es ja auch nicht absichtlich. Ich kann in die Küche, überallhin. Wenn ich etwas brauche, eine Tasse, frage ich. Man fühlt sich nicht fremd."

3.3. Marianne schreibt Briefe an eine Studentin

Sie ist 46 Jahre alt, schwerbehindert, lebt im Heim. Ihre Erfahrung mit dem Heimleben stellt sie in Briefen an eine Studentin dar. Sie will ihr damit bei ihrer Arbeit über die Situation der Schwerbehinderten in Heimen helfen.

„Ich würde Dir ja gerne helfen bei Deiner Arbeit über die Situation der Schwerbehinderten in Heimen. Da kann ich nur sagen, daß ich es hier gut getroffen habe und mir geht es hier besser wie in M. Morgens nach dem Frühstück werde ich mit meinem Freund T. in die Therapie gefahren. Er webt und ich stricke. Um kurz vor 11 Uhr werden wir wieder abgeholt. Dann ist der halbe Tag schon um. Wir schauen dann zuerst, ob wir Post haben. Dann schalten wir das Fernsehen ein und dann gibt es Mittagessen. Den Nachmittag können wir gestalten, wie wir wollen. Zweimal in der Woche gibt es Kaffee und Kuchen. Dreimal in der Woche gibt es warmes Essen am Abend und wir werden dann gefragt, ob wir warmes Essen wollen oder lieber belegte Brote. Das einzige, was mich stört, ist, daß wir jedes Jahr neue Praktikantinnen bekommen. Bis sie eingelernt sind, gehen sie schon wieder fort. Das kommt nur daher, weil alle Krankenpflegerinnen werden wollen und die Schulen alle ein Praktikumszeugnis verlangen. Aber auch daran gewöhnt man sich."

„Daß es mir hier besser gefällt als in M. hat ganz einfach den Grund, daß hier alles größer ist und mir macht es große Freude, wenn ich in der Frühe nach dem Frühstück in die Therapie darf. Mein Freund fährt dann auch mit und man fühlt sich als Mensch, denn wir werden mit unseren Namen angesprochen und das finde ich ganz enorm. In M. wurdest Du zwar auch mit deinem Namen angesprochen, aber in Wirklichkeit hast Du doch nur auf die Mahlzeiten gewartet und darauf geachtet, daß du ja pünktlich im Speisesaal warst, denn sonst bekamst Du nichts zu essen. Hier bekommst Du das Essen aufs Zimmer gebracht. T. ist den ganzen Tag bei mir und geht nur zum Schlafen in sein Zimmer. Wir bekommen im Herbst ein Doppelzimmer, denn wir haben vor, uns im Herbst zu verloben. Mit dem Heimleiter haben wir schon gesprochen und er hat nichts dagegen. Wir haben hier auch mehr Abwechslung. Montags bekommen wir einen Video-Film gezeigt, mittwochs gibt es Kaffee und Kuchen. Donnerstags ist von 14 Uhr bis 16 Uhr Rollstuhlclub. Danach machen wir ein bißchen Gehirntraining und lösen Kreuzworträtsel oder spielen Roulette oder wir unterhalten uns einfach so usw. ... Jede Woche wird dann ncoh ein Ausflug in die Umgebung gemacht, aber leider können wir da nicht mit, weil nur ein Rollstuhl hinten Platz hat. Wir ziehen es dann vor, hier zu bleiben. Hin und wieder bekommen wir auch von irgendwelchen Schulen Einladungen, oder eine Theater-, Gesangs- oder Musikgruppe kommt zu uns ins Haus. Du siehst also, daß wir Abwechslung genug haben. (...)

Ab 1. Juni 85 bin ich automatisch geschieden. Schade, denn ich hatte meinen Mann sehr lieb und liebe ihn noch immer. Meine Tochter U. mußte ich adoptieren lassen. Sie lebt in W., es geht ihr gut. Ich hätte ihr nicht bieten können, was sie jetzt hat. Wenn sie den Namen behalten darf, dann erfährt sie bei der Einschulung, wer ihre richtigen Eltern sind. Ich hatte meinen Mann sehr lieb und wir verstanden uns sehr gut, bis die Kinder kamen. Daß ich sie nicht versorgen konnte, war uns vorher schon klar und so sprachen wir uns ab, daß er die Pflege der Kinder übernahm. Aber er war Alkoholiker und er konnte sich nicht an die Hausordnung gewöhnen. Das konnte er schon in B. nicht und das Personal hat sich nicht beschwert wie in M. In B. wurde ich oft gewarnt, diesen Mann nicht zu heiraten, aber ich tat es dann doch, steckte den Kopf in den Sand und gab ihn noch von meinem Taschengeld, weil seins nie reichte. Ich wollte es einfach nicht wahrhaben, daß mein Mann Alkoholiker war. Ich glaubte damals noch, ich könnte ihn losreißen von seiner Alkoholsucht und als ich schon die ersten Wehen hatte und er mir seinen Beistand verwehrte und mir sagte, er brauche jetzt eine Flasche Bier, da gingen mir die Augen auf und ich erkannte, daß er nicht mehr zu retten war. Es war alles zu spät und als er zurückkam, war ich schon im Krankenhaus und hatte schon ein Zwillingspärchen entbunden. Der Junge war leider schon tot, aber das Mädchen überlebte und wurde in W. adoptiert. Mein Mann bekam nicht das Sorgerecht, weil das Jugendamt annahm, er würde eines Tages mit dem Pflegegeld abhauen und mich mit dem Kind sitzen lassen. Keiner außer mir konnte ihn leiden und so dauerte es nicht lange, und er wurde in ein anderes Heim verlegt. Den Grund dafür brachte die Leiterin auf und hatte eine Pflegerin als Zeugin und behauptete, mein Mann hätte mich geschlagen, und ich wußte, daß das nicht stimmte, aber aus Angst vor den Folgen hatte ich geschwiegen, denn sie hatte mich ja völlig in der Hand.

Eine normale Scheidung kam für uns nicht in Frage, weil wir kein Geld hatten und auf das Armenrecht wurden wir nicht geschieden, weil wir schon bei der Eheschließung beide behindert waren. So blieb uns nur noch die Wartezeit von 5 Jahren übrig. Aber T. ist gerade da ganz anders. Er hat mich getröstet und mir viel Beistand entgegengebracht, denn er kannte ja die ganze Geschichte. In 5 Jahren heilt die größte Wunde, aber vergessen kann ich es trotzdem nicht."

„Deinen Brief habe ich erhalten und mich sehr gefreut. Danke. Auch von T. soll ich Dich grüßen. Er hat sich sehr über Deinen Gruß gefreut. Er wurde heute früh 8.00 Uhr abgeholt zu einer 14tägigen Behindertenfreizeit. So nennt man das ja heute. Das ganze findet in C. an der D. statt und wird geleitet vom Diakonischen Hilfswerk in H. Ich hätte ja auch mitgekonnt, aber 14 Tage halte ich nicht mehr aus, und ich kann es nicht mehr verkraften. Ja, ich werde halt alt. Doch nun zu Deinem Brief. Ja, Du hast Recht: Mit T. verstehe ich mich sehr gut und einer kann sich halt in die Lage des anderen hineinversetzen, und wir haben uns geeinigt, daß wir uns am 27.11. verloben. Da hat T. nämlich seinen

60. Geburtstag. Das macht gar nichts, denn ich bin ja auch schon 46. In M. wäre das nicht möglich gewesen.
E. hat mir geschrieben, daß sie im Februar ihr 5. Kind erwartet. Sie hat ja reizende Kinder. So, das wars. Wenn Du noch Fragen hast, ich werde sie Dir beantworten."

Quelle:
Margret Frank, Zur Konzeption eines sinnvollen Lebensraums für erwachsene schwerstbehinderte Menschen, unveröffentlichte Diplomarbeit, Mainz 1986

4. Zukunftsperspektiven für Einrichtungen

4.2. Sie sollen „Ort zum Leben" werden

Mit Erscheinen der Psychiatrie-Enquête, 1979, sind die elenden, unwürdigen Lebensumstände der Menschen in Anstalten, Kliniken und Heimen öffentlich gemacht, d.h. sie sind uns allen bekannt. Für die Menschen in diesen Einrichtungen haben wir bisher nicht viel getan. Vermutlich haben wir doch mehr Schwierigkeiten, ihr Menschsein zu akzeptieren und uns entsprechend auf sie einzustellen, als wir wahrhaben wollen oder als uns lieb ist. Bei leichter zu Integrierenden verstehen wir das besser. Wir haben ja auch inzwischen mit vielfältigen Ideen und Bemühungen, ihren Lebensalltag außerhalb von Einrichtungen zu normalisieren, gute Erfahrungen gemacht. So lange wir jedoch noch auf die Großeinrichtungen angewiesen sind, weil wir keine akzeptable Alternative in Aussicht haben, sind auch dort unsere Bemühungen zur Normalisierung des Heimalltags notwendig. Wir können es uns nicht leisten, die erwachsenen geistig Behinderten, die chronisch psychisch Kranken, die alten verwirrten Menschen weiterhin in ihrem Lebensanspruch zu ignorieren, als ob wir es nicht besser wüßten. Oder wissen wir es wirklich nicht besser? Haben wir immer noch nichts verstanden? Wir wissen doch, daß sie Menschen sind, die so fühlen wie wir; daß sie deshalb die gleichen Chancen zur Selbstverwirklichung brauchen, mit all den sozialen Rollen, an denen auch wir unseren Halt finden.

Es geht konkret um die Verbesserung ihrer Lebensumstände. Wir wollen sie und uns befreien von der unzureichenden Versorgung, der sie sich anzupassen haben, die ihnen vermeidbare Schäden zufügt, die sie zu Opfern macht – hin zur Normalisierung ihrer Lebensbedingungen. Das heißt, wir werden die Freiräume der Einrichtungen so ausweiten, daß sie Orte zum Leben für ihre Bewohner sein können. Wir werden herausfinden, wie die Hilfen wirklich aussehen müssen, wenn wir uns den Menschen vorbehaltlos zuwenden und gemeinsam mit ihnen nach Wegen in den normalen Alltag suchen. Wir haben sie mit unserer verkehrten Einstellung in die Rolle der Abgeschobenen und

Abgeschriebenen versetzt und wir wollen alles daran setzen, sie dort herauszuholen. Das verlangt von uns, alte Einstellungen aufzugeben und die Schwerpunkte unserer Bemühungen am Lebensanspruch der Bewohner zu orientieren. Wir können die alte Fassade nicht aufrechterhalten, die mit augenfälligen und öffentlichkeitswirksamen Verbesserungen dokumentiert „was alles für die Behinderten, die psychisch Kranken, die Alten, getan wird". Dahinter verbergen wir die Beibehaltung ihrer Abhängigkeit, die passive Versorgtheit, den eingeschränkten Handlungsspielraum und die Erwartung an die Mitarbeiter, sich den reduzierten Arbeitsbedingungen unterzuordnen und sich kritischer Anregungen zu enthalten. Es geht um eine Versachlichung unserer rigiden Einstellung zum Versorgungsprinzip, mit der wir in der Vergangenheit den schwer behinderten Menschen in unseren Einrichtungen Unrecht getan haben. Wir haben mit unserer vernichtenden Selbstbezogenheit Heime zu Abstellgeleisen für Menschen gemacht, die dort zum Teil heute noch als vergessene Opfer vegetieren, von denen die landläufige Auffassung besteht, sie seien in ihrem eigenen Interesse wohl besser tot.

An diese Menschen denken wir, wenn wir von notwendiger Normalisierung der Lebensumstände in Einrichtungen sprechen; wenn wir uns bemühen, Orte zum Leben zu schaffen, in denen sie selbst handelnde Menschen sein und menschliche Beziehungen pflegen können. Es ist zu fragen, was Anstalten, Kliniken, Heime ihren Bewohnern an Lebens- und Entwicklungsmöglichkeiten geben können.

4.2. Wege zum Ziel

4.2.1. Merkmale für die Entwicklung der Lebensbedingungen einer Anstalt mit erwachsenen geistig behinderten Menschen

– Eine zielgerichtete, fördernde Struktur der Lebensverhältnisse;
– Lebensbedingungen, in denen sich die Bewohner mit ihren Bedürfnissen tatsächlich wahrgenommen fühlen;
– ein differenziertes Angebot an Wohnung, Arbeit und Freizeit, wodurch das Gefühl vermittelt werden kann, in einer Ortschaft zu leben;
– Gelegenheit zur Mitwirkung bei der Gestaltung des Lebensraums, damit sich die Bewohner nicht mehr nur in der Rolle der Betreuten erleben, sondern Eigenständigkeit entwickeln können;
– Übungsfelder einräumen, in denen praktische Lebensvollzüge trainiert und Erfahrungen gemacht werden;
– Gestaltung des Zusammenlebens von Behinderten und Nichtbehinderten mit dem Ziel, daß sich beide als gleichwertig erleben und Vorurteile abgebaut werden;

- Angehörige einbeziehen, gegenseitige Besuche ermöglichen, Ferien in der Ursprungsfamilie akzeptieren und fördern; das hilft den Heimbewohnern aus ihrer Geschichtslosigkeit heraus;
- nichtgeplante Beziehungen, Freundschaften zulassen und pflegen; partnerschaftlichen Umgang unter den erwachsenen geistig behinderten Heimbewohnern ermöglichen, der für einen Großteil von ihnen weniger die genital-sexuelle Betätigung zum Ziel hat, sondern auf Zuneigung und Zärtlichkeit ausgerichtet ist. „Die Erotik geistig Behinderter heißt: Ich spreche mit Dir! Ich sehe Dich gern! Ich bin gern bei Dir! Ich helfe Dir! Ich möchte nicht allein sein!" (Orientierungshilfen f.d. Arbeit in der Diakonie, S. 26, 1983)
- Aufhören mit existenziell bedrohenden Verhaltensweisen im persönlichen Umgang mit den Bewohnern, wie: Gängeleien, Strafen, Ausschließen, Ablehnen, keine Zeit haben, Unterstellungen, Gekränktsein, Abqualifizieren;
- Anfangen mit wünschenwerten Verhaltensweisen, die sich förderlich auswirken, sowohl für die Bewohner als auch die Mitarbeiter, wie: Zutrauen, Loben, Einbeziehen, Annehmen, Abwartenkönnen, Glauben schenken, Verständnis haben, fröhlich sein, Anerkennen, Zeit haben;
- Sprache als Ausdruck der Zuwendung-
- ein regelmäßiger, von den Bewohnern erfahrbarer gegliederter Tagesrhythmus und erfahrbare Unterscheidung von Werk- und Festtagen, zur Stärkung des bewußten Erlebens;
- Arbeit und Arbeitszeit der Werkstatt für Behinderte abwechslungsreich gestalten; Pausen einlegen und damit monotonen Arbeitsbedingungen vorbeugen;
- keine unerschiedliche „Lohnpolitik" betreiben; alle Mitarbeitenden der WfB haben Anspruch auf gleichen Lohn, weil alle nach ihrem Vermögen ihre Arbeitskraft einsetzen; Entlohnung nach dem Leistungsprinzip muß im Bereich der WfB von den Behinderten als Ungerechtigkeit empfunden werden;
- Freizeitgestaltung als wesentlicher Lebensbereich im Heim zur Weckung von Lebensfreude, Einfallsreichtum ist gefragt; Feste feiern, möglichst oft Gäste einladen (nicht zur Besichtigung, sondern zum Miteinandersein), Musikgruppen und Theatergruppen einladen, z.B. Pantomime;
- Geselligkeit pflegen, die sich an der Freude der Bewohner orientiert;
- alle Unternehmungen nach den Wunschvorstellungen der Behinderten ausrichten;
- Ferienfreizeiten unternehmen, aber nicht mit stundenlangen Bus- oder Bahnfahrten und nicht in Jugendherbergen mit Etagenbetten, die für die erwachsenen Behinderten eine Zumutung darstellen; Ferienfreizeiten in normalen Altenerholungsstätten, wegen ihrer angemessenen Aufenthaltsbedingungen für die älteren Behinderten, bieten Möglichkeit zur Erholung;
- das Heim nach außen öffnen;
- Verwirklichung „normalen Lebens" durch Einkaufsmöglichkeiten, Cafés, Spielgelegenheiten, Rhythmische Gymnastik, u.ä.m.;

– zur Verbesserung der Lebensqualiltät gehört auch, vor allem für Bewohner mit epileptischen, seelischen oder delinquenten Störungen oder Beeinträchtigungen im Seh-, Hör-, Sprach- und motorischen Bereich, die Bereitstellung spezieller diagnostisch-therapeutischer Hilfen.

Gelingt die Gestaltung der Lebensverhältnisse im Sinne eines Ortes zum Leben, kann das Heim seinen Bewohnern, unabhängig vom Umfang ihrer Behinderung und unabhängig von zusätzlichen psychiatrischen Auffälligkeiten, einen beschützenden, differenzierten Lebensraum bieten, in dem sie Akzeptanz und Gemeinschaft erfahren und auf diese Weise einen bergenden Lebensraum haben, in dem sie sich entfalten und wohlfühlen und mit ihrer Behinderung ihr Menschsein leben können.

Literatur:
Orientierungshilfen für die Arbeit in der Diakonie; Verband evangelischer Einrichtungen für geistig und seelisch Behinderte e.V., 1983

4.2.2. Merkmale für die Entwicklung der Lebensbedingungen im Langzeitbereich psychiatrischer Kliniken

– Einstellungsänderung gegenüber Langzeitpatienten beim Pflegepersonal, den Ärzten und der Öffentlichkeit – also bei uns allen –;
– finanzielle und personelle Hilfsquellen;
– Konzept zur Verringerung der Abhängigkeit der Patienten von der Klinik;
– Spezielle therapeutische Arbeit ist möglich und für die Patienten unentbehrlich;
– es werden psychiatrisch Tätige gebraucht, die bereit sind, sich den Patienten zuzuwenden und ihnen Begleitung sein wollen auf einem langen Weg der Selbstfindung;
– Kliniken, in denen solche Hilfen zum Leben, zur förderlichen Struktur gehören, brauchen nicht mehr die Ausnahme zu sein;
– Mitwirken- und Mitentscheidendürfen des Patienten, ihn bei Fragen der Therapie in die Entscheidungsprozesse miteinbeziehen, als Selbstverständlichkeit;
– Selbstwahrnehmung ermöglichien z.B. durch die Gestaltung von Stationsküchen, die zum Mitarbeiten einladen, und von Eßräumen, die zum Aufenthalt Anreiz bieten;
– positive Wahrnehmung des eigenen Körpers vermitteln, durch angemessene Ausstattung der Baderäume und die Verwendung von Spiegeln;
– Selbständigkeit im Wohnbereich ermöglichen, durch Einbeziehen in die Erledigung von Alltagsaufgaben, die zu leisten die Patienten im Stande sind;

- Gemeinsam-leben-können von Männern und Frauen unterschiedlicher Altersgruppen, als Anregung und Förderung des Menschseins und der Geschlechtlichkeit, die zum natürlichen Dasein des Menschen gehört und die mit moralischen Kriterien nicht zu fassen ist; die eingebettet ist in das individuelle Leben des Einzelnen, auch des chronisch psychisch Kranken und des seelisch behinderten Menschen;
- Arbeitszeit und freie Zeit erleben dürfen und nutzen können, als Selbstverständlichkeit;
- in klaren Beziehungen zur eigenen Familie leben, d.h. Hilfestellungen geben, damit der Patient mit seiner Familie in Kontakt kommen oder bleiben kann und nicht ganz von seiner Vergangenheit abgeschnitten wird.

Literatur:
Planungsgruppe Ulm „Ein Bett ist keine Wohnung", 1982

4.2.3. Merkmale für die Entwicklung der Lebensbedingungen alter kranker Menschen im Heim

- Wahrnehmung der spezifischen Probleme alter Menschen: die Minderung ihres Selbstwertgefühls, Vereinsamung, sexuelle Schwierigkeiten und „wichtige Nichtigkeiten", die ihren Alltag ausmachen. Wir können darauf eingehen, wenn wir einfühlsame, qualifizierte Mitarbeiter sind.
- Keine Ungleichheiten der Pflegequalität akzeptieren und praktizieren, sonden den alten Menschen ganzheitlich sehen und seinem Lebensanspruch gerecht werden.
- Prozesse der Kommunikation zwischen „Drinnen und Draußen" in Gang bringen, d.h. Kontakte mit Angehörigen und Nachbarn ermöglichen. Freunde von draußen einladen dürfen; sich zu Besuch abholen lassen dürfen. Also, das Heim nach außen öffnen.
- Durch Freizeitaktivitäten den alten Menschen aus seiner Lethargie herausholen. Busfahrten unternehmen, aber nicht zu weit. Musikgruppen ins Heim einladen, Vorlesestunden abhalten, Theatergruppen einladen, Fortbildung anbieten, alles was alten Menschen Freude macht.
- Aufmerksamkeit zeigen, Kränkungen vermeiden, die entstehen, wenn sich der alte Mensch unverstanden, nicht ernst genommen oder im Stich gelassen fühlt.
- Freundschaften und Zärtlichkeiten im Heim zulassen und Raum dafür geben.
- Wissen um die Todesverleugnung, die allgemein verbreitet ist und es den alten Menschen schwer macht, mit dem immer näher rückenden Tod fertig zu werden.

- Todesankündigungen verstehen, um zu wissen, was den alten Menschen beschäftigt und sich darauf einstellen zu können. Abnehmen von körperlichen und geistigen Kräften, Angst vor chronischen Krankheiten, Verlust der Bezugsperson, die immer kleiner werdende Welt, das sind verschiedene Formen von Todesankündigungen.
- Suizidgefahr erkennen können, bei Menschen, die nun unausweichlich mit dem Tod konfrontiert werden und in die bedrohliche Krise mit ernster Suizidgefahr geraten; einem Menschen in solcher Krisensituation begegnen können.

Die Schaffung menschlicher Lebensbedingungen in Altenpflegeheimen setzt qualifiziertes Pflegepersonal voraus, systematische therapeutische Hilfe, medizinischer und psychologischer Art. Die finanziellen Mittel für diese Heime dürfen nicht allein für bauliche Sanierungsarbeiten verwandt werden, sondern ebenso selbstverständlich und notwendig für die Erweiterung des psychosozialen Bereichs.

Literatur:
Artur Reiner / Christoph Kulessa: Ich sehe keinen Ausweg mehr – Suizid und Suizidverhütung. Konsequenzen für die Seelsorge. München/Mainz [3]1981;
Helmut Walz: Trotz Leiden – leben, aus: Evangelische Impulse, Nov. 1987

Ja

Jaaa – sagt er, lang gedehnt.

Oder in einer Art von Staccato: ja-ja-ja.

Nein zu sagen gelingt ihm nicht. Um zu verneinen, muß er den Kopf hin und her bewegen.

Der rechte Arm ist gelähmt, der linke geschwächt. Nur mühsam vermag er Worte durch Gesten zu ersetzen. Ich verstehe diese Gesten meistens nicht. Seine Frau übersetzt sie mir. Jaaa, bestätigt er die Übersetzung. Oder: ja-ja-ja. Manchmal muß er resigniert den Kopf hin und her bewegen. Er tut es langsam und traurig. Dann hat selbst seine Frau die Geste nicht verstanden. Wir wechseln rasch das Thema. Oder schweigen verlegen, wenn uns gerade nichts Neues einfällt.

Es kommt nur noch wenig Besuch, sagt seine Frau. Kollegen und Freunde blieben nach und nach aus, verständlicherweise. Mit jemandem zu reden, der seit sechs Jahren nichts außer ja sagen kann, ist schwierig. Man müßte erzählen können. Jeder der Freunde und Kollegen kann besser erzählen, wäre hier besser am Platz als ich.

Ich muß mir vorher zurechtlegen, wovon ich ihm erzählen will. Möglichst nichts vom Geschäft, auch nichts vom Klub. Das erinnert ihn an seine Kollegen und Freunde, die sich nicht mehr bei ihm sehen lassen. Also erzähle ich von andern Begebenheiten, von wildfremden Leuten, von Vorfällen, die ich aus der Zeitung habe, von einem Ausflug, den ich gemacht habe, vom Mondflug, von den neuen Billetautomaten der Verkehrsbetriebe, von der Amerikareise eines Schwagers, vom Autounfall eines Bekannten, der vielleicht auch ihm bekannt ist.

Was interessiert einen Mann, der dazu verurteilt ist, nur noch ja sagen zu können?

Ich versuche, mich in seine Lage, in seinen Rollstuhl, in seine Sprachlosigkeit, in sein untätiges Leben in immer derselben Wohnung mit immer derselben Aussicht durch das Fenster zu versetzen. Ich denke: das könnte ich nie aushalten. Lieber tot als so. Ein unsinniger Kurzschluß. Seine Situation ist gerade dadurch bestimmt, daß er keine Wahl hat, nicht einmal die Wahl zwischen Leben und Freitod. Eine Situation, in die niemand geraten möchte, an die er aber leibhaftig erinnert, deren Möglichkeit er unfreiwillig verkörpert. Vielleicht wollen seine Freunde und Kollegen an diese Möglichkeit nicht erinnert werden und meiden ihn deshalb, meiden also genau genommen nicht ihn persönlich, sondern die von ihm verkörperte Lebensform, die jeden von uns erschreckt. Was auf eine Art Magie hinausliefe: Indem wir den Anblick des Unerträglichen meiden, hoffen wir, ihm entgehen zu können.

Was ihn interessiert? Schwer, sich das auszudenken. Mich an seiner Stelle würde vermutlich überhaupt nichts mehr interessieren. So sitze ich da, erzähle an den Haaren Herbeigeholtes und denke, daß mich in seiner Situation mein Gerede anwidern müsste.

Ich besuche ihn selten genug. Ich möchte ihn noch seltener besuchen.

Du bist gesprächiger geworden, stellte meine Frau neulich fest. Sie ist erfreut darüber. Sie ahnt nicht, daß ich nur übe, „Erzählen" übe, Geschichten ausprobiere. Einem Sprachlosen erzählen zu müssen, erfordert Vorbereitung, wenigstens bei mir. Er zwingt mich mit seiner Jaja-Sprachlosigkeit aus meiner Sprechunlust heraus.

Ich bin froh, daß Sie wiederum gekommen sind, sagt seine Frau jedesmal. Und lächelt. Es ist für sie eine Abwechslung. Ich kann mir nicht vorstellen, wie sie Tag und Nacht mit dem Verstummten zusammenlebt. Sie ist ein Dutzend Jahre jünger als er, Mitte vierzig.

Man redet ihr nach, sie hätte vor zwei, drei Jahren mit einem geschiedenen Mann im vierten Stockwerk ein Liebesverhältnis gehabt. Das hat ihr die Mißbilligung seiner Freunde und mancher Nachbarn eingetragen und war mit ein Grund dafür, daß die Besuche noch spärlicher wurden. Ich weiß nicht, ob an dem Gerücht etwas Wahres ist. Die, die ich davon reden hörte, hielten das, was sie zu wissen glaubten, für einen Verrat der Frau an ihrem Mann. Für viele gibt es in einem solchen Fall, jedenfalls wenn er nicht sie selber betrifft, nur gänzliche Selbstaufgabe und totalen Verzicht.

Was ich feststelle ist, daß sie ihren Mann nicht verraten hat, mehr noch daß sie weder bitter reagiert noch ihn durch Bemutterung demütigt, was bei einer kinderlosen Frau immerhin denkbar wäre. Sie legt ihre Hand auf seine Linke, in der noch Leben ist, oder streicht ihm über das Haar, jedoch nicht mütterlich, sondern, so scheint mir wenigstens, mit freundschaftlicher Zärtlichkeit.

Ich erzähle, wenn wir zu dritt im kleinen Wohnzimmer sitzen, was ich mir zu erzählen vorgenommen habe und bald entwickelt sich dann ein Gespräch zwischen ihr und mir. Der Gelähmte im Rollstuhl nimmt an ihm teil: seine Augen gehen von mir zu ihr, von ihr zu mir, plötzlich sagt er jaaa. Oder dann wieder ja-ja-ja. Manchmal nickt er ein wenig ein. Je nach dem Wetter. Die voralpinen Staulagen und Druckwechsel machen ja auch Gesunden zu schaffen. Es ist deshalb nicht nur albern, vom Wetter zu reden. Ich tue es bei meinen Besuchen ab und zu. Zu vernehmen, daß gegenwärtig auch andere schlapp sind oder Kopfschmerzen haben, läßt die eigenen Beschwerden harmloser erscheinen. Ich erzähle von Guri Uldum, einer jungen Dänin, die einmal bei uns lebte und ebenfalls unter dem hiesigen Klima litt: „Ich bin ja soo s-läferig", sagte sie immer wieder.

Uns stört es nicht, wenn er im Rollstuhl einnickt.

Im Tessin oder am Meer wäre es besser für ihn. Das meinte auch der Arzt. Aber die Rente reicht knapp für ein bescheidenes Leben hier. Ich getraue mich nie zu fragen, ob sie finanzielle Schwierigkeiten hätten, nur, ob ihm nicht ein Fernsehgerät etwas Abwechslung bringen könnte. Sie meint, es würde ihn zu sehr ermüden. Der Hauswart, der in einem Radio- und Fernsehgeschäft arbeitet, habe ihnen schon einen Apparat zu günstigem Preis angeboten.

Der Hauswart hilft jeden Abend, den Gelähmten ins Bett zu bringen. Am Vormittag, beim Verlassen des Bettes, hilft eine Krankenschwester, die vorbeikommt. Der Hauswart kann unangenehm sein, die meisten Mieter scheinen ihn nicht zu mögen, können aber nichts gegen ihn ausrichten. Mieter bekommen wir übergenug, doch einen Hauswart zu finden ist schwer, erklärt die Hausverwaltung. Die Machtstellung des Hauswartes ist unerschütterlich. Kommt es zum Streit, so wird dem betreffenden Mieter gekündigt, selbst wenn dieser im Recht ist. Doch seitdem ihr Mann gelähmt ist, sagt seine Frau, ist der Hauswart die Freundlichkeit und Hilfsbereitschaft in Person. Sie hätten von ihm nichts mehr zu befürchten, schon gar nicht eine Kündigung.

Jaa, sagt der Mann unversehens und nickt.

Hat mich dieses jaa und ja-ja-ja angesteckt? Eine Zeit lang achtete ich auf meine Ja's und Nein's. Ich glaubte dabei feststellen zu können, daß ich infolge dieser Selbstbeobachtung häufiger ja und weniger nein zu sagen begann. Ich gewöhnte mir sogar an, statt nein zu sagen den Kopf zu schütteln, was ich vorher kaum getan hatte.

Gewiß: man gewöhnt sich an alles, auch an den Umgang mit einem beinahe Stummen. Dennoch muß ich mich, wie unter einem Zwang immer wieder in seine Lage versetzen, mache sozusagen Identifikationsübungen, versuche die Frau, das Wohnzimmer, die Fensteraussicht mit seinen Augen zu sehen, denke mir die Gedankengänge aus, die ich als Gelähmter im Gefängnis ähnlicher Sprachlosigkeit verfolgen würde: endlose Gedankengänge, so stelle ich mir vor, leere, unendliche Gedankengänge, die nie einen Ausgang in Sprache, in Mitteilung finden, die deshalb Angst und Panik erzeugen müssen. Allein schon die Vorstellung dieses kommunikationslosen Gedankenlebens erfüllt mich mit Verzweiflung. Warum verzweifelt *er* nicht? Doch ist auch das eine unüberlegte Frage. Verzweifeln kann vielleicht nur, wer Verzweiflung in Worten oder Handlungen äußern kann. Ihm ist selbst die Freiheit zur Verzweiflung genommen. Im Anfang ist das Wort, sagt man. Die Sprache macht den Menschen aus, las ich jüngst in einer Zeitschrift. Ihm bleibt sogar die Gebärdensprache versagt. Ist er kein Mensch mehr? Sicher hat der Professor, der den Aufsatz über den Menschen als Sprachwesen verfaßte, nicht an einen Fall wie diesen gedacht. Meine Frau meint allerdings: doch, der Professor hat schon recht, du darfst nicht nur an das eigene Sprechen denken, ebenso wichtig ist, daß mit uns gesprochen *wird*, daß du also zu ihm gehst, mit ihm sprichst, daß er dich mit seiner Frau sprechen hört, daß die Frau mit ihm redet. Unmenschlich wäre alles erst, wenn niemand mehr mit ihm und in seiner Gegenwart sprechen würde.

Aber manchmal spiele ich, wie gesagt, doch mit dem Gedanken, nicht mehr oder seltener hinzugehen. Er erinnert mich an Möglichkeiten, an die ich lieber nicht erinnert sein möchte.

Bin ich dann wieder im kleinen Wohnzimmer, so fällt mir diese und jene Veränderung auf. Einer der Stühle ist anders gestellt. Die Geranien auf dem Fenstersims sind verblüht, auf dem Dach des Nachbarhauses klettert ein Dachdecker herum, ein anderes Buch, aus dem ihm die Frau manchmal vorliest, liegt auf dem Tisch, die Radiozeitung ist aufgeschlagen. Ich registriere diese kleinen, unmerklichen Veränderungen, beachte Dinge, die ich früher nie beachtet hätte. Sie sind Anknüpfungspunkte für eine rasche Bemerkung, für eine kleine Reminiszenz. Der Dachdecker auf dem Dache drüben bewegt sich unbefangen, doch mir fällt Arthur Spöhel ein, der im Aktivdienst unser Alpinspezialist gewesen war und dafür zum Gefreiten ernannt wurde, obgleich er sich um militärische Formen so wenig wie möglich kümmerte. Ein wortkarger, zuverlässiger Mann. Später ging er ganz allein nach Afrika und bestieg den Kilimandscharo. Er betrieb ein Dachdeckergeschäft. Eines Tages stürzte der Kletter- und Gipfelgewohnte von einem Dach auf die Straße hinunter und war tot. Ja-ja-ja, sagte der Gelähmte. Hast du Spöhel gekannt, fragt ihn die Frau. Ja-ja-ja, sagt er nochmals und nickt eifrig. Mehr kann er nicht, kann er nie sagen. Bleibt der verstellte Stuhl, die Geranienstöcke, das Buch, die Radiozeitung. Ist jener kleine Fleck in der Tapete neu? Ich hatte ihn bisher noch nie beachtet. Sicher hat ihn der Gelähmte jedoch längst bemerkt. Er lebt, so vermute ich, von den Details, die er sieht, von den kleinen Veränderungen, die er feststellen kann. Mir fällt eine Ausstellung in der Kunsthalle ein: ein Häufchen Sand, ein Tau am Boden, Fett an der Wand, herausgeschlagener Verputz. Was solls? Mit den Augen des Gelähmten sehend begreife ich besser: Leben, Geheimnis, Sprache des banalen Details! Der seltsam geformte Fleck in der Tapete wird plötzlich anregender als daneben das Ölgemälde mit der üblichen Berglandschaft. Zugegeben: so denke *ich*! Doch er? Was bedeutet ihm der Fleck, das Bild? Ich werde es nie wissen. Ich habe mich an dieses Nicht-Wissen gewöhnt. Man gewöhnt sich an fast alles. Sicher hat auch er sich an seinen Zustand gewöhnt.

Ich freue mich, wenn Sie wiederkommen, sagt seine Frau. Jaaa, nickt er im Rollstuhl. Es tut auch mir gut, sagt sie, es macht mir neue Lust, zu sprechen, wissen Sie, wenn man sonst immer allein sprechen, alles selber sagen muß. Jaaa, sagt er. Jaa heißt: komm bald wieder.

Mit freundlicher Genehmigung des Autors abgedruckt aus:
Erfahrungen. Témoignage. Testimonianze, herausgegeben von der Pro Infirmis zum 50jährigen Jubiläum. Bern 1970.

Ulrich Eibach

Sterbehilfe – Hilfe zum Tode?

1. Ursachen und Hintergründe der heutigen Diskussion über Sterbehlfe

Das Problem der „Euthanasie" (= guter Tod) stellte sich nicht erst mit dem Aufkommen der technischen Medizin. Zu allen Zeiten haben Menschen an Krankheiten und Sterben schwer gelitten und über die Möglichkeit der Befreiung von Leiden nachgedacht. Unbestritten ist, daß viele Probleme mit dem Sterben sich erst aus dem Überhandnehmen der Medizintechnik ergeben. Andererseits soll man nicht verschweigen, daß die Medizin auch viele Möglichkeiten der Linderung von Schmerzen geschaffen hat, die frühere Zeiten nicht kannten. Menschen vergangener Jahrhunderte haben mit Sicherheit mehr an Krankheiten und im Sterben gelitten als heutige Menschen. Auch heute ist das Augenmerk nicht nur auf das Sterben unter den Bedingungen der technisierten Medizin zu richten, sondern nicht zuletzt auf die immer größer werdende Zahl schwer pflegebedürftiger betagter Menschen.

1.1. Was lernen wir aus der Geschichte der „Euthanasie" für die heutige Diskussion?

Das Problem der „Euthanasie" begegnet uns in sogenannten „primitiven" wie auch in „entwickelten" Kulturen. Insbesondere bei nomadischen Völkern gab es die Praxis der Aussetzung von altersschwachen und schwer kranken Menschen und die Kindstötung. Teilweise wurden diese indirekten oder direkten Tötungshandlungen mit einem religiösen Zeremoniell umgeben. Auf diesem Hintergrund können auch die alttestamentlichen Forderungen nach Ehrung der Eltern und alter Menschen überhaupt betrachtet werden. Das nomadische Israel war mit den Schwierigkeiten, die schwer kranke und alte Menschen den Stämmen auf der Wanderung bereiten, wahrscheinlich ebenso vertraut wie andere Nomadenvölker. Vielleicht wurde gerade deshalb das Gebot der Altenehrung so betont. Es mag zufällig sein, daß das Gebot der „Eltern- und Altenehrung" (Ex 20,12; Lev 19,3.32; Mt 15,4), das – wie Eph 6,2 ausdrücklich hervorhebt – als einziges eine Verheißung bei sich trägt, unmittelbar vor dem Tötungsverbot steht. Dennoch besteht auch ein sachlicher Zusammenhang zwischen beiden Geboten wenigstens dann, wenn man unter Tod nicht nur den physischen Tod, sondern auch den „sozialen Tod", das Ausgeschlossensein von der normalen Gemeinschaft versteht (vgl. Mt 5,21 ff.). Die Mißachtung des Gebots der Altenehrung zeigt ein verborgenes Gefälle hin zur

Übertretung des Tötungsverbots. In Israel und dem Judentum galten die Ausstoßung der Alten, die Kindstötung und auch der Schwangerschaftsabbruch als typisch heidnische Greuel, ein Urteil, dem sich die frühe Christenheit angeschlossen hat, als sie sich in die heidnische griechische und römische Umwelt ausbreitete.

Nicht nur in Sparta, sondern in ganz Griechenland und auch im römischen Bereich wurden der Schwangerschaftsabbruch und die Kindstötung praktiziert. *Platon* und *Aristoteles* (Politik VII, 14) empfahlen als Gesetz – das offenbar bis über das 2. Jh. n. Chr. wie selbstverständlich in Geltung stand –, daß „keine verkrüppelte Geburt auferzogen werde". Und wer sich am Körper ist, den sollen die Ärzte sterben lassen, „wer aber an der Seele mißraten und unheilbar ist, den sollen sie sogar töten" (Platon, Politeia 409, 10). Das Lebensrecht des Individuums wurde also bedenkenlos am Nutzen für den Staat (die Gesellschaft) gemessen. Wenn der Nutzen für die Gesellschaft in einen dauernden Schaden umschlägt, dann erlischt das Lebensrecht des einzelnen, und man darf ihn töten. Den Hintergrund bildet die Beurteilung der Würde und des Werts menschlichen Lebens nach dem Nutzen für die Allgemeinheit und eine rationalistische Überschätzung der Vernunft des Menschen. Nutzlos für die Gesellschaft sind vor allem die, die einen kranken „Geist" (bzw. Seele) haben. Dieser Typ von „unfreiwilliger" Euthanasie begegnet uns wieder zu Ende des 19. und zu Anfang des 20. Jahrhunderts im sogenannten *„Sozialdarwinismus"*, der *Darwins* Theorie über die Entwicklung des Lebens, die Vorstellung vom Kampf ums Dasein und von der Ausmerzung der Schwachen zum angeblich naturwissenschaftlich begründeten Modell der Regelung menschlicher Beziehungen erhob. Er verstand sich durchaus als humanitäre Bewegung, als Helfer zum Überleben und zur Verbesserung der Menschheit, bereitete jedoch durch die Verachtung der schwachen und unheilbar kranken Menschen und die Glorifizierung der starken, schönen und tüchtigen Menschen die Verbrechen an Kranken und Behinderten im „Dritten Reich" vor. Der gemeinsame Kern der sozialdarwinistischen Vorstellungen mit der NS-Ideologie bestand in der Behauptung, daß der Wert des einzelnen in erster Linie nach dessen meßbarer Leistung und Nützlichkeit für die Gesellschaft (Volk, Rasse) zu bewerten und er nicht gemäß der ihm von Gott verliehenen einzigartigen Würde zu achten und zu behandeln sei. Deshalb wurde den angeblich „lebensuntüchtigen" Menschen zunächst das Recht auf Fortpflanzung (1933) und dann das Recht auf Schutz und Erhaltung des Lebens abgesprochen. Schon 1920 haben der berühmte Strafrechtler *K. Binding* und der bekannte Psychiater *A. Hoche*, die durchaus keine Nazis waren, in ihrer Schrift „Die Freigabe der Vernichtung lebensunwerten Lebens" (1920/1922) das Rechtsgut „Leben" nach seinem sozialen Nutzwert für die Gesellschaft bemessen und gefolgert, daß das Menschenleben die Eigenschaft eines zu schützenden Rechtsguts einbüßt, wenn es „für die Gesellschaft dauernd allen Wert verloren hat". Die Nazis haben also ein bereits vorgefundenes theoretisches Konzept nur ausgebaut und vor allem in radikaler Weise praktiziert.

Ein zweiter Typ von „Euthanasie" läßt sich ebenfalls bis in die Antike zurückverfolgen. Er wurde vor allem von stoischen Philosophen vertreten. Bei ihnen stehen die Interessen des Individuums im Mittelpunkt. Sie vertreten ein ausgeprägtes Persönlichkeitsideal, dem gemäß der Mensch die innere Freiheit seines Ich auch gegenüber leidvollen äußeren Umständen wahren soll und von ihnen nicht so gepackt werden darf, daß er in seinem „Selbst" (Ich) entmächtigt wird, seine Freiheit und Herrschaft über sein Leben verliert. Ehe die Persönlichkeit durch solche äußeren Umstände entmächtigt würde, solle sie sich selbst den Tod geben, um so gleichsam durch einen letzten Akt der Freiheit zu sterben. Anders ausgedrückt: Der Tod soll nicht ein Naturereignis sein, das ich passiv und unwillentlich erleide, sondern er soll zu einer *Tat* des freien Ich umgestaltet werden. Die idealistische Philosophie hat diese Gedanken aufgenommen. Am radikalsten hat sie *Friedrich Nietzsche* ausgesprochen. Nach ihm muß die „dumme physiologische Tatsache" eines naturbedingten und erlittenen Todes in eine moralische Notwendigkeit umgekehrt werden, damit das Ich auch Herr des eigenen Todes bleibt. „Stirb zur rechten Zeit", läßt Nietzsche seinen Zarathustra (1892) mahnen: „Meinen Tod lobe ich euch, den freien Tod, der mir kommt, weil ich will" und nicht, wenn die Natur oder „ein Gott" es will. Der Mensch soll Subjekt und Vollstrecker seines eigenen Todes sein und sich nicht von den verächtlichen Bedingungen des unfrei machenden naturhaften Todes zufällig überwältigen lassen. Das ist des Menschen unwürdig, weil seine Würde mit seiner Freiheit identisch ist und er gegenüber dem Tier gerade dadurch ausgezeichnet ist, daß er sich selbst den Tod geben kann.

Ähnliche Gedanken lesen wir auch heute bei Befürwortern des Freitods (z.B. J. Amery, Hand an sich legen, 1978) und des Rechts einer „Tötung auf Verlangen" (z.B. Chr. Barnard, Glückliches Leben – Würdiger Tod, 1981). Das dahinterstehende idealistische Freiheitsverständnis dringt zunehmend selbst in Äußerungen von Theologen zu diesem Themenkomplex ein (so z.B. bei H. Kuitert, Das falsche Urteil über den Suizid, 1986). Besonders in *Holland* sind in den letzten Jahren intensive Diskussionen über „Euthanasie" geführt worden. Hier haben erstmals Kirchen – und zwar die beiden großen reformierten Kirchen – in einer Synodenvorlage die Meinung vertreten, „daß die Entscheidung, das eigene Leben zu beenden oder beenden zu lassen, vom christlichen Glaubensstandpunkt gesehen verantwortet sein kann". Begründet wird dies vor allem mit einem angeblich vom Apostel Paulus im Galaterbrief eröffneten – aber im Grunde doch idealistischen – Freiheitsverständnis, wonach der Mensch sein Leben und mit ihm angeblich auch das Sterben – „in die eigene Hand und Verantwortung nehmen" soll. Zur Diskussion steht deshalb nicht zuletzt dieses Recht auf eine letzte und totale Selbstverfügung über das Leben.

Die beiden genannten Typen von „Euthanasie" sind vor allem in ihrer Begründung zu unterscheiden. Beim ersten Typ beurteilen Menschen das Leben anderer Menschen, stellen ihren „Lebensunwert" anhand ihres negativen Nutzens (Schaden) für die Gesellschaft fest und verweigern ihnen daraufhin ihr Lebensrecht und töten sie. Es handelt sich also um eine unfreiwillige Euthanasie, die wir korrekter als Vernichtung angeblich „lebensunwerten Lebens" bezeichnen sollten. Im zweiten Typ von Euthanasie wird ganz auf die Freiheit des Menschen abgestellt, die als Freiheit zur totalen Verfügung über das Leben das Recht auf einen selbstbestimmten Tod einschließt; es geht um eine freiwillige Euthanasie, um Selbsttötung, Beihilfe zur Selbsttötung oder Tötung auf ausdrückliches Verlangen. Und doch gibt es zwischen beiden Typen von Euthanasie gleitende Übergänge und wesentliche Gemeinsamkeiten, wie sich am deutlichsten an *F. Nietzsche* zeigen läßt. Nietzsche scheidet das Leben in ein *werthaftes* und *wertloses*, unwertes Leben und versteht unter letzterem ganz im Sinne der Stoa das Leben, in dem der Mensch nicht mehr der freie Herr seiner selbst ist. Die sittliche Rechtfertigung für eine Tötung des Lebens ist also auch nach der Stoa und Nietzsche letztlich nicht in der Freiheit zu suchen, sondern in dem drohenden Unwert des Lebens, also in einem Urteil über den *Lebenswert*. Der Unterschied zum ersten Typ von Euthanasie besteht also hauptsächlich darin, daß beim ersteren Typ andere über den Lebenswert eines Menschen richten und beim zweiten Typ der betroffene Mensch selbst. So verwundert es auch nicht, daß einerseits Vertreter des Sozialdarwinismus auch Verfechter des Rechts auf Selbsttötung und Tötung auf Verlangen waren, daß andererseits die amerikanischen und englischen Euthanasie-Gesellschaften in etwa der gleichen Zeit auch für die Tötung hoffnungslos Kranker, vor allem schwer geistig Behinderter, eintraten. Trotz der NS-Verbrechen werden heute solche Forderungen – wenn auch überwiegend im angelsächsischen Sprachraum (vgl. U. Eibach, Medizin und Menschenwürde, [3]1988, S. 286 ff.) – wieder laut. Dabei betont man, daß es nicht um die Befreiung der Gesellschaft von der Last der Pflege, sondern nur um die Erlösung der Menschen selbst vom Elend ihres Daseins gehe. Nicht zu Unrecht stellen sich die Verfechter eines unerbetenen „Gnadentods" – wie der amerikanische Arzt und Vorsitzende der Euthanasie-Gesellschaft der USA, *Marvin Kohl* – auf den Standpunkt, daß, wenn es schon ein menschenunwürdiges Leben gebe, dies mit Sicherheit am ehesten bei denen vorliege, die aufgrund schwerster Schädigungen von Körper und/oder Geist ihre Freiheit zur Entscheidung über ihr Leben längst eingebüßt haben. Sie nur deshalb leiden und „dahinvegitieren" zu lassen, weil sie nicht mehr entscheiden können, sei unmenschlich, komme einem „fanatischen Beharren auf Einwilligung" gleich. Dann wird es aber schwer, zu unterscheiden, ob eine Tötung nur im Interesse des Kranken oder auch seiner Angehörigen oder auch der Gesellschaft geschieht. Es gibt überall gleitende Übergänge zwischen der einen und der anderen Form der „Euthanasie", und es läßt sich schwerlich beweisen, daß alles, was heute in Sachen „Euthanasie" gedacht und gefordert wird, überhaupt nichts mit dem Gedankengut zu tun habe, das zu den

NS-Verbrechen führte. Die wesentliche Gemeinsamkeit aller Formen der „Euthanasie" besteht ja in der Annahme, daß es so etwas wie „lebensunwertes" Leben überhaupt gibt. In dem einen Fall urteilt der Mensch selbst, wann sein Leben nicht mehr lebenswert erscheint, dann beurteilen es andere nach seinem mutmaßlichen Willen oder nur nach ihren Vorstellungen und zuletzt entscheiden die Interessen der Gesellschaft. Damit wird der fatale Sinn des Begriffs „unwürdiges" bzw. „lebensunwertes" Leben deutlich, und es stellen sich die beiden entscheidenden Fragen, worin der Lebenswert des Menschen gründet, und wer das Recht hat, ihn zu beurteilen.

1.2. Wandlungen in der Einstellung zu Leben, Sterben und Tod – ihr Einfluß auf die Medizin und die Diskussion über Sterbehilfe

Die kurzen Ausführungen zur Geschichte der „Euthanasiediskussion" lassen deutlich werden, daß das Problem „Sterbehilfe" nur zum Teil durch die technischen „Fortschritte" in der Medizin aufgeworfen wird, daß es sich noch vielmehr aus den unterschiedlichen und sich wandelnden Lebenseinstellungen, insbesondere zum Sterben und Tod, ergibt. Bis in die Neuzeit hinein wurde das irdische Leben mit seinen Leiden als Vorbereitung zum „ewigen Leben" und Tod als Übergang in das ewige Leben betrachtet. Seit der Aufklärung entwickelt sich immer mehr ein Verständnis vom Tod, in dem dieser als das absolute Ende eines einmaligen Lebens gilt, in dem also die radikale Diesseitigkeit und mit ihr zugleich die „verzweifelte Liebe" zu diesem Leben herrschend wird. Dies hat nicht dazu geführt, daß der Mensch seine Bedürfnisse nach einem leidfreien, möglichst ungebrochen glücklichen Leben, dessen Erfüllung er ehedem vom ewigen Leben erwartete, preisgibt, sondern dazu, daß er sie nun in diesem irdischen Leben zu befriedigen sucht.

Da *Gesundheit* die grundlegende Voraussetzung eines leistungsfähigen und glücklichen Lebens ist, bekommt die Medizin, die diese garantieren soll, eine teils pseudo-religiöse Stellung. Von ihr erwartete man die Herstellung eines von Krankheiten und Entsagung freien Lebens, Alterns und Sterbens oder gar die Besiegung des Todes. Vor dem Hintergrund dieser durch die Erfolge der Medizin begünstigten oder teils erst ausgelösten Wandlungen in der Einstellung zu Krankheit und Tod wird verständlich, wieso die Erhaltung des irdischen Lebens zur obersten und einzigen allgemeinverbindlichen Norm nicht nur medizinischen Handelns wird.

Der medizinische Kampf gegen Krankheit entspricht den gewandelten Einstellungen zum *Tod*. Da jede Krankheit mehr oder weniger als Vorbote des Todes betrachtet werden kann, wird mit der Krankheit gleichsam immer auch der Tod bekämpft. Die Medizintechnik kann also als Anstrengung verstanden werden, den Tod zu bekämpfen. Sie ist damit zugleich auch Ausdruck einer gesellschaftlichen Leugnung des Todes. Schon zu Beginn des Siegeszuges der modernen Medizin hat der Arzt *Chr. W. Hufeland* (1762–1836) die Aufgabe der Medizin darin gesehen, immer Leben zu erhalten und den Tod bis zuletzt zu bekämpfen. „Den Tod verkünden, heißt, den Tod geben, und das kann niemals ärztliche Aufgabe sein." Dieser Ratschlag Hufelands galt bei Generationen von Medizinern als Dogma. Er entsprach gänzlich der in dieser Zeit anhebenden Leugnung des Todes in bürgerlichen Kreisen. Die ärztliche Leugnung des Todes ist also nur eine Widerspiegelung der Unfähigkeit des Menschen, mit dem Tod zu leben, und diese ist wiederum auch eine Folge der radikalen Verdiesseitigung des Lebens, seiner Verabsolutierung als letztes und einziges allgemeinverbindliches Gut.

Die seit einigen Jahren in Gang befindliche Kritik an einer mit allen Mitteln gegen den Tod kämpfenden Medizin muß größtenteils auch als Ausdruck der Verdiesseitigung des Lebens und der Erwartung eines leidfreien Lebens und problemlosen Sterbens verstanden werden. Wenn es für dieses Leben kein „Jenseits" gibt, welchen Sinn soll es dann haben, unheilbare Krankheit und Siechtum bis zum Ende zu ertragen? Es kann dann in unheilbarer Krankheit und Sterben auch nicht mehr um die Bewährung des Glaubens und der Hoffnung gehen (Röm 5,1 ff.; Röm 8, 18 ff.). Es wäre dann ein unnötiger Heroismus, die Entmächtigung der Persönlichkeit im Sterben zu ertragen. Es gäbe dann in der Tat ein lebensunwertes Leben und Sterben. Und daraus ergibt sich dann auch die Forderung, daß der Mensch sich selbst den Tod geben darf, wenn das Leben für ihn sinnlos, wertlos, lebensunwert erscheint, und der Anspruch, daß andere ihm bei diesem Schritt helfen oder ihn gar vollziehen. Dies ist eine Folge des modernen Denkens, das die Autonomie des Ich und die aktiv freiheitliche Gestaltung des Lebens als höchste und teils einzige Werte betrachtet. Unter dieser Voraussetzung kann die Tatsache, daß im Sterben das Leben der Verfügung des Ich entzogen wird und Freiheit in zunehmende Unfreiheit übergeht, nur als ein nichtseinsollendes Übel betrachtet werden. Die christliche Auffassung von einer letzten Unverfügbarkeit auch des eigenen Lebens ist dann nur noch eine den Menschen entwürdigende Fremdbestimmung durch ein letztlich blindes Naturgeschick, das christlich dann als Fügung Gottes gedeutet werde.

Das an- und hinzunehmen ist der moderne Mensch nicht mehr einfach bereit. Er kämpft aktiv handelnd mit allen Mitteln der Medizin gegen sein Krankheits- und Todesgeschick und will, wenn aller Kampf keinen Erfolg mehr zeigt, dem passiven Überwältigtwerden durch die Krankheit mit einer aktiven Tat zuvorkommen, will dem Todesgeschick nicht ohnmächtig ausgeliefert sein, will auch im Tod Herr seines eigenen Lebens sein. Wenn die Medizin ihr Ziel nicht erreichen kann, die Krankheit zu heilen und den Tod erfolgreich zu bekämpfen, dann darf oder soll sie doch wenigstens den Tod geben.

Mit dem Kampf gegen den Tod an sich, wie auch mit dem Verlangen, dem Leben bewußt ein Ende zu setzen, wenn das Ich durch die Krankheit entmächtigt zu werden droht oder ist, wird das Todesgeschick aktivistisch über-spielt, und zwar auf dem Hintergrund der Annahme, daß der Mensch bis in den Tod hinein Herr seines eigenen Lebens ist und sein soll und daß es kein „Jenseits" dieses diesseitigen zeitlichen Lebens gibt.

Wir stoßen damit auf die theologischen Kernprobleme, die in der Frage der „Sterbehilfe" zur Debatte stehen, nämlich das Verständnis von *Leben* und *Tod* und das von *Freiheit* und *Würde* des Menschenlebens. Ehe wir dem näher nachgehen, muß noch auf einige, von Kritikern der technischen Medizin oft übersehene Schwierigkeiten hingewiesen werden.

1.3. Schwierigkeiten mit ethischen Entscheidungen im Krankenhaus

Insbesondere das *Krankenhaus* ist diejenige Einrichtung, in der die Gesell-schaft ihren Glauben an die Machbarkeit von Gesundheit institutionalisiert hat. Mitbedingt durch die Erfolge der Medizin ist die Auffassung verbreitet, daß die Krankheit um so schneller und besser beseitigt wird, je konsequenter man technische und chemische Errungenschaften in der Medizin einsetzt. Damit besteht die Gefahr, daß der kranke Mensch zu einem Objekt medizini-scher Spezialisation und einer Maschinerie wird, die von seinen ganzmensch-lichen Bedürfnissen absieht. Vor allem wird denen menschenwürdige Hilfe versagt, bei denen eine erfolgreiche Bekämpfung der Krankheit nicht mehr möglich ist; denn mit fortschreitender Krankheit wandeln sich die *Bedürfnisse der Person* und decken sich immer weniger mit den *Zielen,* auf die hin das Krankenhaus organisiert ist: die technische Bekämpfung von Krankheit und Tod. Anders ausgedrückt: Je ernsthafter eine Krankheit, je geringer die Chance der Wiederherstellung und je unaufhaltsamer das Gefälle auf den Tod hin ist, um so mehr hat der Patient auch Bedürfnisse, die mit dem medizini-schen Instrumentarium und den davon bestimmten Verhaltensweisen des Personals nicht befriedigt werden können.

In der Organisationsstruktur des Krankenhauses sind der Tod und die damit verbundenen tiefen seelischen Konflikte kaum eingeplant. Auch der unheilbar Kranke wird meist bis zuletzt mit dem ganzen technischen Instrumentarium so behandelt, als ob seine Krankheit nicht zum Tode sei. Das Krankenhaus ist auf *Macht* über den Tod hin organisiert, weder der Verzicht auf technische Machtausübung noch erst recht nicht das Aufkommen des Gefühls der *Hilf-losigkeit* und *Ohnmacht* ist strukturell vorgesehen. Derartiges kann nur gegen die dem System immanente Struktur durchgesetzt werden, aber auch nur durch den, der über eine entsprechende Machtposition verfügt und sich – als Arzt zum Beispiel – das Gefühl der Ohnmacht erlauben und es gegenüber Mit-arbeitern und Patienten zeigen kann und darf. Dazu reicht es offenbar nicht aus, daß der Arzt in sich selbst die Fähigkeit vereinigt, einerseits Kämpfer gegen Krankheit und Tod zu sein und entsprechenden Optimismus auszustrahlen, andererseits aber auch die Übermacht des Todes und die Niederlagen im Kampf gegen den Tod sich eingestehen zu können. Schon dies erfordert menschliche Größe und viel psychische Kraft zur Verarbeitung. Die daraus resultierenden Erkenntnisse nun aber auch noch gegen die Organisationsstruktur einer Institution durchzusetzen, ist selbst denjenigen selten möglich, die in der Krankenhaushierarchie eine herausgehobene Position haben. Es bedürfte schon einer grundlegenden Änderung der Einstellung zu Krankheit, Sterben und Tod bei sehr vielen Ärzten und Mitarbeitern, um die „Eigengesetzlichkeiten" der Organisationsstruktur zu verändern. Aber letztlich wird dem nur Erfolg beschieden sein können, wenn sich auch bei den Patienten – und das heißt in der Gesellschaft allgemein – entsprechende Wandlungen vollziehen, wenn sich also die Erwartungshaltungen der Menschen gegenüber der Medizin ändern.

Wenn die Zielsetzung der Medizin, auf die das Krankenhaus hin organisiert ist, nicht zu erreichen ist, wenn die Krankheit unheilbar und der Tod unabwendbar wird, dann stürzt diese Erkenntnis oft nicht nur den Patienten, sondern auch die Ärzte und die Schwestern/Pfleger in eine tiefe Verunsicherung, die allzuoft mit einem zweifelhaften „Machen" überspielt wird. Damit wird nur die Tatsache verdrängt, daß letztlich nicht die Macht der Medizin, sondern die Macht des Todes siegt. Wo Patienten, Angehörige, Ärzte und Schwestern sich dieser Tatsache nicht stellen, folgt daraus nicht nur die Verleugnung einer unausweichlichen Wirklichkeit, sondern wird medizinisches Handeln ethisch blind, folgt nur der „organisierten Routine", macht alles Machbare und wird so allzuoft den wahren Bedürfnissen von Menschen nicht gerecht. Zwar ist das Krankenhaus einmal mit dem Anspruch angetreten, eine Institution zur ausschließlichen Förderung des Wohlergehens des einzelnen Patienten zu sein, doch entspricht dieses keinesfalls den Realitäten der komplexen Organisationsstruktur eines Krankenhauses, die ihre Eigengesetzlichkeiten hat und deren reibungsloser Ablauf in erster Linie gesichert sein muß. Der Patient befindet sich meist in einem solchen Abhängigkeitsverhältnis – und zwar allgemein um so mehr, je hilfsbedürftiger er ist und je niedriger sein sozialer Status ist –, daß er seinen in der Organisationsstruktur nicht eingeplanten persönlichen Bedürfnissen kaum Geltung verschaffen kann.

Dies stellt vor die Herausforderung, eine Übereinstimmung der Eigengesetzlichkeiten des Medizinbetriebs mit dem Wohlergehen des Patienten erst durch bewußtes ethisches Entscheiden und Handeln herzustellen, also die Krankenhausroutine immer wieder neu zu durchbrechen und am Wohlergehen des einzelnen auszurichten. Es gehört um so mehr Mut und Kraft dazu, ethische Einsichten durchzusetzen, je komplizierter die Strukturen der Medizin werden und je vielfältiger die Wertauffassungen der Mediziner untereinander und die der Patienten sind. Dabei spielt nicht zuletzt das Verständnis von Tod und von der Würde des Menschenlebens eine Rolle.

2. Das christliche Verständnis von Tod und Menschenwürde und seine ethische Bedeutung

2.1. Der Tod als Grenze des Lebens

Menschliches Leben ist begrenztes, endliches Leben. Dies besagt schon die theologische Aussage, daß der Mensch Geschöpf Gottes ist und als solches – wie jede Kreatur – die Kraft, sich ins Dasein zu bringen und sich im Dasein zu erhalten, nicht in sich selber hat. Geschöpf-Sein heißt, daß das Leben eine Setzung Gottes, also Gabe und nicht unverlierbarer Besitz ist. Dem Menschen ist von Gott eine befristete Lebenszeit mit begrenzten Möglichkeiten zugemessen. Innerhalb dieser Grenzen soll der Mensch sein Leben in Verantwortung vor Gott und den Mitmenschen führen und sich bewähren. Das, was wir christlich als das „ewige Leben" bezeichnen, ist nicht die Verlängerung dieses irdischen Lebens ins Unendliche auf der Ebene der geschaffenen Weltzeit, sondern dieses ewige Leben beginnt hier in diesem irdischen Leben, über dem die Verheißung steht, daß es nicht sinnlos ist, sondern von Gott angenommen und im Tode bewahrt wird, vor ihm Bestand hat, indem Gott gerade dieses befristete Leben in einer neuen, nicht den Bedingungen von Raum und Zeit unterworfenen Seinsweise teilhaben läßt an seinem ewigen Leben. Daraus folgt auch, daß der Mensch die Erfüllung seines Lebens nicht in erster Linie in der Verlängerung seiner Lebenstage, sondern in der in diesem Leben beginnenden und auch im Tode nicht zerstörten Gemeinschaft mit Gott findet, die zugleich in die Gemeinschaft mit den Mitmenschen hineinführt. In diesen Lebensbeziehungen auf Gott und den Mitmenschen hin findet das Leben Tiefe, Sinn, Wert und Erfüllung, die nicht unbedingt von der Quantität der Lebenstage abhängig sind. Für den alttestamentlichen Menschen war die Tatsache, daß das Leben vergänglich ist, eine existentiell angeeignete Wahrheit. Der Tod am Ende eines erfüllten Lebens wurde nicht als Schrecken erlebt. Die Sterblichkeit an sich gehörte selbstverständlich zu den konstitutiven Ordnungen der Schöpfung, sie wurde nicht als Unglücksfall der Natur und widernatürliches Übel betrachtet. Daher müßte es nicht so sein, daß der Mensch seine „notwendige Endlichkeit" als ein „existentielles Übel" ansieht. Aus der notwendigen Endlichkeit des Daseins ergibt sich, daß jeder Mensch sterben *muß*, mithin auch sterben *darf*. Dies ist das Recht, das eigentlich nicht als solches gefordert werden müßte, wenn der Tod als Grenze des irdischen Lebens notwendig zum Leben gehört. Aus dieser Betrachtungsweise des Todes kann man folgern: Die Bekämpfung des Todes an sich ist keine Aufgabe der Medizin.

Weil Gesundheit und ein beschwerdefreies und langes Leben Voraussetzungen für Leistung, Genuß und Glück des Lebens sind, richten sich die Hoffnungen der rein diesseitig orientierten Menschen auf die Medizin. Der Mediziner rückt in die Rolle des „Priesters", dem Macht über den Tod zugesprochen wird und auf den sich das Vertrauen der Menschen richtet. Dem Sog dieser Verleugnung der Endlichkeit und des Todes kann der Arzt (und auch die Pflegenden) erliegen, indem er sich als Kämpfer gegen den Tod versteht, indem er die Tatsache des Todes verleugnet und er der ihm zuphantasierten Macht über den Tod nicht widersteht. Dabei handelt es sich aber um eine Verleugnung der eigenen Endlichkeit und der Tatsache, daß letztlich der Tod und nicht der Mensch und seine Medizin siegen. Der christliche Glaube eines Arztes hätte sich zunächst darin ethisch zu bewähren, daß er seine Endlichkeit, seine letztlich bleibende Hilflosigkeit gegenüber dem Tod so realisiert, daß er allen ihm von außen her zugetragenen und von innen her aufsteigenden Allmachtsphantasien zum Trotz demütig Gott als den alleinigen Herrn über Leben und Tod bekennt. Christliche Ethik hätte also dafür einzutreten, daß die Ärzte, die Pflegenden, überhaupt die Menschen unserer Zeit der verführerischen Täuschung einer Leugnung des Todes nicht verfallen.

2.2 Der Tod als „Fluch" über dem Leben

Es ist freilich nach christlicher Sicht einseitig, den Tod nur unter dem Aspekt der Endlichkeit zu betrachten. Der Tod, wie er uns faktisch begegnet, ist nicht der natürliche physiologische Alterstod, sondern der Tod infolge von Krankheit; er ist nicht die seinsmäßig notwendige Grenze hinter dem Leben, sondern mehr oder weniger gewalsamer Abbruch des Lebens, oft verbunden mit schweren Schmerzen, Vereinsamung und Verzweiflung. Er erscheint uns so zu Recht als *Verhängnis* und *Fluch* über dem Leben. Dieser Tod wird in der Bibel wie die Sünde zu den absolut negativen und zerstörerischen Mächten in dieser Welt gerechnet, denen der Mensch durchaus den Kampf ansagen soll. Bekämpft werden soll also der Fluchcharakter des Todes.

Dieser negative Charakter des Todes zeigt sich nicht vor allem dann, wenn der Mensch physisch tot ist. Tod ist in der Bibel ebenso ein qualitativer Begriff wie Leben. Das Gegenteil von Leben ist weniger der physische Tod als vielmehr der Abbruch derjenigen Beziehungen und Verhältnisse, die dem Leben Sinn und Tiefe geben, also der Beziehung zu Gott und zu den Mitmenschen, so daß Verzweiflung, totale Hoffnungslosigkeit, Vereinsamung, tiefe Resignation und Depression das eigentliche Gegenteil von Leben sind. Es gibt theologisch gesehen keinen Grund, dieses Gesicht des Todes auf Gottes Schöpferwalten unmittelbar zurückzuführen. *Gottes Wirken* ist in dem durch Krankheit bedingten Tod nicht direkt greifbar, sondern allenfalls „verhüllt". Es kann nur gegen die vor Augen liegende Wirklichkeit als Herr-Sein Gottes über den Tod und zukünftiger Sieg Gottes über den Tod geglaubt werden. Der Christ anerkennt also, daß es in dieser Welt nicht nur die Wirklichkeit gibt, die Gott geschaffen und gewollt hat, sondern daß auch das Böse eine faktische Wirklichkeit ist, das in der Gestalt der Sünde, der Krankheit und des Todesfluches Gottes Schöpfung zerstört.

Der Tod als Gericht, als Fluch, der über dem Leben lastet, verbietet einmal die Verharmlosung des Todes als unabänderliches Naturphänomen, als natürliches Erlöschen des Lebens, und zum anderen jede Heroisierung des Todes als Tat des Menschen, wie in der stoischen und idealistischen Tradition. Der Tod begegnet uns sowohl in der Gestalt der Grenze des Lebens wie auch erst recht in der Gestalt des Fluches über dem Leben als *Macht*, durch die über das Leben verfügt wird. Der Mensch gibt sich nicht selbst das Leben, er erleidet Anfang und Ende des Lebens in einer Passivität, die – bei aller Mitwirkung von Menschen – letztlich doch durch die Aktivität des Schöpfers bedingt ist. Das zeigt an, daß das Leben nicht Besitz des Menschen, sondern Gabe, Geschenk, ihm anvertraut ist und daß nicht der Mensch selbst Herr des Lebens ist, sondern Gott Herr des Lebens bleibt, der allein letztgültig über es richten und verfügen darf. Der Mensch soll, so wie er sich sein Dasein nicht selbst gibt, es sich auch nicht nehmen, sondern wie den Anfang des Lebens passiv *erleiden*. Ja, es ist das dem Menschen als Sünder widerfahrende Geschick, daß sein Tod nicht einfach Grenze des Lebens, ein natürliches Ende ist, dem die Vollendung des Daseins bei Gott folgt, sondern daß er immer zugleich Gericht ist, das heißt mit der Entmächtigung des Ich, dem Sterben des Ich oder – wie Paulus 2. Kor 5 sagt – mit dem Entkleidetwerden, dem Nacktwerden verbunden ist, also niemals bloß ein Überkleidet-, ein bloßes Verwandeltwerden ist.

Es hat nichts mit Unmenschlichkeit zu tun, daß die Persönlichkeit im Sterben entmächtigt wird und zerbricht, daß der Mensch im Leiden und Sterben vielleicht nur noch zum „Seufzen" in der Lage ist und so nur wie die sprachlose Kreatur den Schrei nach Erlösung ausstößt (Röm 8, 18 ff.). Deshalb wird der Mensch auch im bloß passiv erlittenen Sterben noch nicht zum Tier. Die Vorstellung, daß es des Menschen unwürdig sei, im Sterben seiner Freiheit, seines Herrseins über sein Leben beraubt zu werden, ist – wie es der Psychiater *V. E. Frh. von Gebsattel* einmal ausdrückte – Ausdruck jenes Trugbildes von Freiheit, das sich als Verfügenkönnen über das Unverfügbare versteht. „Nicht das ist die Funktion des Todes, der Ichheit auf den Thron zu helfen, sondern umgekehrt ist seine Funktion, sie vom Thron zu stürzen. Nicht die Majestät der Ichheit kommt im Tode zu Wort, sondern die Majestät Gottes ... Das ist die Tat der Freiheit, die Antwort des Menschen auf den Anruf Gottes, der die Gestalt der Todesdrohung hat. Je mehr Antwort im Menschen lebendig wird, d.h. je mehr Bereitschaft, über sich verfügen zu lassen, entsteht, desto mehr schwindet der tödliche und drohende Aspekt des Todes ..., desto mehr wird das Sterben zur Antwort des Menschen auf den Liebesruf Gottes, obschon dieses zugleich den Charakter des Gerichts hat."

2.3. Menschenwürde: Gibt es ein „lebensunwertes" Leben und Sterben?

Die Möglichkeit, daß der Mensch durch schwere Krankheit, Altern und Sterben in seiner Persönlichkeit entmächtigt wird, löst Angst aus und widerspricht einem Menschenbild, in dem in einseitiger Weise Gesundheit, Leistungs- und Genußfähigkeit und Selbstverfügung über das Leben vorherrschen und in dem für den unheilbar kranken und behinderten Menschen kein Platz ist. Wenn man sich im Verständnis des Menschseins nur von den höchsten Leistungen, vor allem den geistigen, leiten läßt, dann kann es mit dem Verlust dieser aufweisbaren Fähigkeiten auch zum Verlust der Würde des Menschen und damit zu einem „lebensunwerten" Leben kommen.

Nach christlicher Auffassung gründet die *Würde* des Menschen aber nicht in seinen aufweisbaren Qualitäten und Leistungen, auch nicht darin, daß er über dem Tier steht, sondern darin, daß er in besonderer Weise unter Gott steht, daß Gott ihn zu seinem Partner erwählt und geschaffen und zu ewiger Gemeinschaft mit sich bestimmt hat. Im Lichte des Auferstehungsglaubens gilt jedem Menschenleben die Verheißung der Teilhabe an Gottes Reich und damit der Vollendung der Gottebenbildlichkeit. In dieser besonderen Zuwendung Gottes zum Menschen wird er als *Person* konstituiert. Person ist der Mensch dadurch, daß Gott dem Menschen eine besondere Bestimmung und Verheißung gibt, in besonderer Weise zu ihm in Beziehung tritt und entsprechend an ihm handelt. Person wird und ist der Mensch ohne sein Zutun allein durch Gottes Handeln, das allem menschlichen Handeln vorgeordnet ist und demgegenüber der Mensch nur passiv, ein Empfangender sein kann. Daraus folgt, daß die Würde des Menschen, seine Gottebenbildlichkeit, nicht als empirische Qualität bewiesen werden kann, daß sie geglaubt und im Glauben behauptet werden muß, also eine Würde ist, die dem Menschenleben von Gott her so *zugeeignet* ist, daß sie *jedem Moment des Lebens und Sterbens* gilt. *Wer von Menschen geboren ist, ist und bleibt Mensch bis zum Tode und über ihn hinaus,* wie versehrt auch immer sein Geist oder Körper oder seine moralischen Qualitäten sein mögen.

Das *Personsein* gerät also weder durch Krankheit, Versehrung, physischem Verfall noch durch moralisches Versagen in Verlust. Dieses Prädikat ist dem Menschen mit seinem physischen Leben vorgegeben, und in der *Würde*, Person zu sein, sind alle Menschen *gleich*. Wir haben daher nicht das Recht, einem menschlichen Leben das Personsein abzusprechen und es als lebensunwertes Leben einzustufen, auch nicht dem eigenen Leben. Der Begriff „lebensunwertes Leben" ist christlich gesehen kein denkbarer Begriff, weil der Mensch sich mit einem solchen Urteil ein Bewertungs- und Verfügungsrecht anmaßt, das Gott – dem Schöpfer, Herrn und Erlöser des Lebens – allein zusteht. Es gibt keinen Verlust der Menschenwürde vor dem Tod. Und erst recht ist die Würde, der Wert des Menschenlebens und sein Lebensrecht nicht nach seinem *Nutzen* bzw. Schaden für die Gesellschaft zu bemessen.

So sehr der Mensch auch in Hinsicht auf die Konstitution seines Lebens und seiner Würde als Person ein passiv empfangendes Wesen ist, das sein Personsein allein Gott verdankt, so wenig soll damit bestritten werden, daß der Mensch auch in freier Selbstbestimmung durch seine Taten etwas aus sich selber erst macht, das wir im Unterschied zur Person *Persönlichkeit* nennen möchten. Die Würde der Person ist jedoch nicht eine Folge der Ausbildung der Persönlichkeit durch die Lebenstaten, sondern liegt ihr voraus. Die Persönlichkeit kann durch Krankheit zerrüttet werden oder gar „verfallen", jedoch haben wir auch dann hinter der zerbrochenen Persönlichkeit die von Gott geliebte Person in ihrer Würde zu sehen und *sie entsprechend dieser unverlierbaren Würde zu achten und zu behandeln.* Der Mensch hat also ein Anrecht, bis zu seinem leiblichen Tod in menschenwürdiger Weise behandelt zu werden. Dieses Recht wird um so dringlicher zu beachten sein, je hilfsbedürftiger der Mensch wird.

2.4. Einige ethische Folgerungen aus dem christlichen Verständnis des Todes und der Menschenwürde

Wenn irdisches menschliches Leben endlich, von Gott zeitlich begrenzt ist und der Tod deshalb eine notwendige Grenze irdischen Lebens darstellt, dann sollte der Kampf gegen den Tod an sich keine Aufgabe der Medizin sein. Dies kann jedoch nicht bedeuten, daß wir den drohenden Tod eines Menschen einfach resignativ hinnehmen, denn der Mensch stirbt faktisch nicht den natürlichen Alterstod, sondern ganz überwiegend den Tod infolge Krankheit. Krankheit aber ist Ausdruck des Todesfluches, der über dem Leben lastet, eine jener Gestalten des Nichtigen (K. Barth), die Gottes gute Schöpfung zu zerstören drohen und die wir – dem Beispiel Jesu entsprechend – durchaus bekämpfen sollen, solange dieser Kampf einen sinnvollen Erfolg verspricht. Das besagt auch, daß wir selbst aus der Tatsache, daß ein Mensch an einer unheilbaren zum Tode führenden Krankheit leidet, keinesfalls folgern dürfen, daß man von vornherein auf jede Maßnahme der Lebensverlängerung verzichten muß. Zunächst ist immer davon auszugehen, daß *Gottes Wille das Leben und nicht der Tod ist*, daß die lebenszerstörende Krankheit von ihm nicht verursacht ist. Sicherlich soll auch ein schweres Krankheits- und Sterbensgeschick nicht losgelöst von Gott und seiner Verheißung gedacht werden, doch bleibt Gottes Walten in diesem konkreten, durchaus von ihm nicht verursachten Geschehen verborgen. Wären die Krankheiten von Gott verursacht, müßte jedes Kämpfen gegen sie Auflehnung gegen Gottes Willen sein. Da sie aber tatsächlich Folgen der lebenszerstörenden Mächte des Bösen sind, sollen wir sie durchaus bekämpfen oder wenigstens eindämmen, selbst dann, wenn wir sie nicht besiegen können.

Die Erkenntnis, daß der Tod uns meist als Flucht begegnet, rechtfertigt jedoch nicht, daß wir ihn mit allen nur möglichen Mitteln als Feind des Menschen bekämpfen. Damit maßt der Mensch sich einerseits Macht über den Tod an, die er tatsächlich nicht hat, und andererseits kommt er damit in die Gefahr, daß er mit seinem Handeln mehr Unheil anrichtet als heilt, daß er mehr schadet als hilft.

Aufgabe und Ziel medizinischer Behandlung kann deshalb nicht die Bekämpfung des Todes an sich, nicht die Verlängerung der Lebenstage an sich sein, vielleicht sogar um den Preis, daß dem kranken Menschen um dieses Zieles willen von Menschenhand noch mehr Leiden zugefügt wird als er als unabwendbares Geschick ohnehin zu tragen hat. *Aufgabe der Medizin ist vielmehr, die körperlichen und seelischen Voraussetzungen zu erhalten, die ein Leben entsprechend der menschlichen Lebensbestimmung, also ein Leben als Persönlichkeit, möglich, wenigstens aber das Leben erträglich machen.* Es ist nicht leicht, dafür objektive Kriterien anzugeben. Dazu bedürfte es eingehender Überlegungen, die zu der berechtigten Annahme führen, daß zu den *Grundbedingungen für eine sinnhafte Entfaltung eines Lebens als Persönlichkeit* folgende Fähigkeiten gehören: Selbstbewußtsein und Kommunikationsfähigkeit; die Fähigkeit, eine – wenn auch beschränkte – körperliche Eigentätigkeit zu entfalten; ein Leben ohne andauernde schwere Schmerzen. Wo diese Grundstrukturen für ein sinnhaftes und erträgliches Leben nicht mehr gegeben sind, muß eine Verlängerung der Lebenszeit durch medizinische Behandlungen nicht mehr angestrebt werden; denn der Kampf gegen die Krankheit gerät dann leicht zu einer Verlängerung der Leidenszeit. Es kann der Medizin aber keinesfalls erlaubt sein, zu dem als unabwendbares Geschick über den Menschen gekommenen Leiden noch zusätzliche Leiden ohne begründete Aussicht auf Besserung hinzuzufügen oder bloß die Leidenszeit und das Sterben zu verlängern. Sonst wird gegen den wichtigsten *ethischen Grundsatz* medizinischen Handelns verstoßen, Menschen nicht mehr zu schaden als zu helfen. Wir sollen *gegen die Krankheit kämpfen, um der Person zu helfen,* wenigstens ein für sie erträgliches Leben zu führen.

Ein solcher *Verzicht* auf eine weitere medizinische Behandlung mit dem Ziel der Verlängerung der Lebenszeit darf nicht dazu führen, daß man den unheilbar kranken Menschen „aufgibt"; ganz im Gegenteil muß er dazu herausfordern, die *Pflege* und den mitmenschlichen Beistand zu intensivieren, alles zu tun, was dem Kranken sein schweres Geschick erleichtert, und das kann freilich auch die Form einer aufwendigen medizinischen Behandlung zur Schmerzlinderung annehmen. Jede Vernachlässigung der Pflege und der Schmerzlinderung wäre eine Mißachtung der Würde der Person, die ihr unverlierbar bis zum Tode eignet und derentsprechend sie zu behandeln ist, selbst dann, wenn sie ihr Selbstbewußtsein oder gar ihr Schmerzempfinden eingebüßt hat. Eine Befriedigung der *Grundbedürfnisse der Person* darf also niemand verweigert werden. Dazu gehört zumindest all das, was ein Säugling an Grundbedürfnissen hat, aber nicht selbst befriedigen kann, nämlich Ernährung, Reinigung, Bettung, Schmerzlinderung (Grundpflege) und nicht zuletzt die mitmenschliche *Zuwendung.* Die Befriedigung dieser Grundbedürfnisse ist ein unverzichtbares Grundrecht der Person, das bis zum Tod nicht vernachlässigt werden darf.

Diese Hinweise machen aufmerksam auf den unterschiedlichen Ansatz und die letztlich auch verschiedene Ausrichtung von *medizinischer Behandlung und Pflege.* Die medizinische Behandlung zielt auf die Bekämpfung der lebenseinschränkenden oder lebensbedrohlichen Krankheit, um ein selbsttätiges Leben als *Persönlichkeit* zu erhalten. Die Pflege hingegen setzt bei der Befriedigung von wesentlichen Bedürfnissen an, die eine Person hat, die sie aber aufgrund ihrer Hilfsbedürftigkeit nicht selbst befriedigen kann. Der Auftrag der Pflege erlischt daher auch nicht mit dem Ende der medizinischen Bekämpfung der Krankheit. Die *Pflege* wendet sich unmittelbar dem hilfsbedürftigen Kranken, dem ganzen Menschen, der Person bis zu ihrem Tod zu und ist nicht in erster Linie auf die Behandlung kranker Organe ausgerichtet. Die Pflege hat also gegenüber der medizinischen Behandlung einen eigenständigen Zugang zum Kranken, ist grundsätzlich nicht abhängig von der Möglichkeit einer medizinischen Behandlung. Freilich bleiben auch dann noch Fragen zu diskutieren, wie z.B. die, welche Gestalt die Ernährung annehmen, ob eine künstliche Ernährung durchgeführt werden muß.

Leider haben sich auch Schwestern und Pfleger heute weitgehend dem Selbstverständnis von Ärzten angeschlossen, betrachten sich als medizinisches Hilfspersonal, das mit den Ärzten im Kampf gegen den Tod steht. So weiß man dann nicht recht, was zu „machen" ist, wenn medizinisch-technisch nichts mehr zu „machen" ist. Das aufkommende Geühl der *Ohnmacht* wird dann häufig nicht nur von Ärzten, sondern auch von Schwestern mit einem technischen Aktivismus überspielt.

Damit leugnet man nicht nur die Übermacht des Todes über alles medizinisch-technische Machen, sondern stellt sich auch nicht einer menschlichen Grunderfahrung, mit der alles gelebte Ethos beginnt, das leidenden Menschen wirkliche Hilfe bringt, das *Mit-Leiden.* Erfahrung von Ohnmacht führt zum Mit-Leiden, das vor vorschnellem Aktivismus und unangemessenem Handeln und Reden und damit auf jeden Fall davor bewahrt, einfach alles Machbare zu machen, und stattdessen nach wirklichen Hilfen für den leidenden Menschen sucht.

2.5. Zur Unterscheidung von Verzicht auf lebensverlängernde Maßnahmen und Tötung

Der Mensch der heutigen Zeit ist – selbst wenn er die angeblich inhumane Medizin kritisiert – allgemein nicht bereit, auf die Vorteile dieser Medizin zu verzichten. Man möchte alles Positive haben, freilich ohne die oft unvermeidlichen negativen Nebenfolgen. Wenn trotz aller Anstrengungen der Medizin der erwünschte Erfolg ausbleibt, soll das Leben nach Vorstellung vieler dann keinesfalls zu einem bloßen Erleiden werden, man soll es auch durch eine bewußte Tat beenden dürfen. Dies widerspricht auch dem theologisch begründbaren Auftrag der Medizin, die das Leben vor Krankheit und vorzeitigem Tod schützen, die also gegen die Krankheit kämpfen soll, damit und solange die Person ein sinnvolles und erträgliches Leben führen kann. Es kommt theologisch gesehen gerade darauf an, daß zwischen der *Person* und ihrer *Krankheit* klar unterschieden wird. Das Leben der Person ist zu schützen und die Krankheit ist zu bekämpfen. Deshalb macht es einen grundsätzlichen Unterschied aus, ob wir die Absicht haben, der Person die Krankheit und die Schmerzen zu nehmen, oder ob wir ihr das Leben nehmen wollen oder – anders ausgedrückt – ob sich das Handeln gegen die Krankheit oder gegen das Leben richtet.

Solche theoretisch klaren Unterscheidungen verschwimmen in der konkreten Praxis oft. Das gilt nicht zuletzt auch für die Unterscheidung zwischen Verzicht auf Leben verlängernde Maßnahmen und die Tötung von Leben, und dies vor allem deshalb, weil die Folge beidemal der Tod sein kann. Wenn man eine *Handlung* ethisch beurteilt, darf man jedoch nie nur auf die Folgen blicken, sondern muß das ganze *Handlungsgefüge* bedenken, also die *Absicht* (Gesinnung) des Handelnden, die von ihm verfolgten *Ziele,* die *Mittel* zur Handlung und die *Folgen,* einschließlich der unbeabsichtigten *Nebenfolgen,* wenigstens dann, wenn diese vor der Handlung voraussehbar sind. Bei einer solchen ganzheitlichen Betrachtung der Handlung ergibt sich ein theoretisch klarer Unterschied zwischen *Verzicht auf Lebensverlängerung* und *Tötung von Leben.*

Wenn eine schwere Krankheit unheilbar ist und wenn das Leben nur um den Preis eines dauernd von schweren Schmerzen gekennzeichneten Lebens erhalten werden kann, dann ist davon auszugehen, daß über das Leben eines solchen Menschen *verfügt* ist von einer Instanz, die sich menschlicher Verfügung entzieht. Erst recht ist dies der Fall, wenn es sich um eine unwiderruflich auf den absehbaren Tod zulaufende Krankheit handelt. Jedes medizinische Handeln zum Zweck der Lebensverlängerung überspielt dann nur die Ohnmacht der Menschen angesichts der Übermacht von Krankheit und Tod. Wo in dieser Weise über das Leben eines Menschen unwiderruflich verfügt ist, da bedarf jede das Leben und Sterben verlängernde Maßnahme einer besonderen ethischen Rechtfertigung, wenn sie nicht ein willkürliches Verfügen über das Leben sein soll. Allgemein ist davon auszugehen, daß diese Erkenntnis zu einer solchen *Änderung der Behandlungsziele* führen sollte, daß die *Schmerzlinderung* und die Sorge um ein erträgliches und noch möglichst sinnvoll zu führendes Leben (vor allem in vertrauter Umgebung) absoluten Vorrang vor der Verlängerung der Lebenszeit haben sollte. Das Verfolgen beider Ziele, optimale Schmerzlinderung und Verlängerung der Lebenstage, widerspricht sich dann meist.

150

In einem solchen *Verzicht* auf die Bekämpfung der Krankheit mit dem Ziel der Lebensverlängerung vollzieht sich theologisch gesehen keine eigenmächtige Verfügung über den Lebenswert und das Lebensrecht eines Menschen, weder durch den Patienten selbst noch durch den Arzt, sondern die Anerkennung dessen, daß über das Leben bereits von einer der menschlichen Verfügung entzogenen Instanz verfügt ist. Der Verzicht auf lebensverlängernde Maßnahmen *verursacht* den Tod nicht, sondern *läßt nur zu*, daß das Geschick zum Tode hin seinen Lauf nimmt; er läßt das Todesgeschick zu, weil seine weitere Bekämpfung letztendlich nur eine blinde Auflehnung gegen das Geschick ist, die mehr Leiden erzeugt als lindert. Der Mensch *verursacht* durch diesen Verzicht auf medizinisches Handeln nicht den Tod, sondern *läßt ihn zu*. In der Anerkennung dieses Geschicks, des Verfügtseins zum Tode, vollzieht sich für den Christen letztlich die Anerkennung des Urteils Gottes über das zeitliche Leben, auch wenn Gottes Handeln unter der konkreten Gestalt des Sterbens „verhüllt" ist, die konkreten Umstände des Sterbens und des Todes also nicht unmittelbar als Fügung Gottes gedeutet werden dürfen.

Wichtig für die Unterscheidung zwischen Verzicht auf lebensverlängernde Maßnahmen und Tötung ist auch die Beurteilung, ob es sich um Kranke handelt, die *notwendig in absehbarer Zeit an ihrer unheilbaren Krankheit sterben,* also um *Sterbende,* oder ob die Krankheit nicht notwendig unaufhaltsam auf den Tod zuführt. „Sterbender" ist ein Mensch dann zu nennen, wenn es notwendig zu einem unwiderruflichen und fortschreitenden Prozeß kommt, der erfahrungsgemäß in absehbarer Zeit zum Tode führt. Über das Leben eines solchen Menschen ist dann unwiderruflich so verfügt, daß der Sterbeprozeß nicht aufzuhalten ist, allenfalls noch verlangsamt werden kann. Wenigstens in diesen Fällen ist es ganz deutlich, daß ein Verzicht auf „Sterbensverlängerung" keinesfalls den Tod verursacht, sondern ein Verzicht auf weitere medizinische Manipulation des Lebens ist. Sofern es sich nicht um notwendig sterbende Menschen handelt, ist jedoch auch beim Verzicht auf medizinische Maßnahmen der Lebensverlängerung besondere Vorsicht geboten, selbst dann, wenn die genannten Grundstrukturen für ein sinnhaftes Leben als Persönlichkeit nicht mehr alle gegeben sind.

3. Ethische Konkretionen

3.1. Sterbehilfe – Begriffliche Klärungen

Die Diskussion über Probleme der Sterbehilfe leidet oft an der Unklarheit darüber, was wir unter Begriffen wie „Euthanasie" oder „Sterbehilfe" verstehen. Auf den Begriff „Euthanasie" sollte wegen seines Mißbrauchs im „Dritten Reich" am besten ganz verzichtet werden. Aber auch der Begriff „Sterbehilfe" ist so weit und unklar, daß mit ihm so verschiedene Sachverhalte bezeichnet werden wie der mitmenschliche und pflegerische Beistand bei Sterbenden *(Hilfe beim Sterben)*, die Erleichterung des Sterbens mittels medizinischer Methoden der Schmerzlinderung (oft „passive Sterbehilfe" genannt), ungewollte oder beabsichtigte Beschleunigung des Sterbens, etwa als Nebenwirkung der Schmerzlinderung mit Medikamenten oder anderen medizinischen Methoden, und auch die bewußte Tötung von Patienten („aktive" Sterbehilfe). Die ethischen Probleme im Bereich des Sterbens sind offensichtlich zu unterschiedlich, als daß sie unter einem Begriff zusammengefaßt werden könnten. Abgesehen von der „Hilfe beim Sterben" empfiehlt es sich, grundsätzich zu unterscheiden zwischen *Tötung* (einschließlich beabsichtigter Lebensverkürzung als Ziel einer Handlung) einerseits und dem *Verzicht auf Lebensverlängerung* (einschließlich der Lebensverkürzung als unbeabsichtigter Nebenwirkung von Schmerzlinderung) andererseits. Diese Unterscheidung deckt sich nicht mit der am Handlungsvollzug orientierten Unterscheidung von „aktiver" und „passiver" Sterbehilfe, denn auch ein Verzicht (ein Unterlassen) auf lebensverlängernde Maßnahmen erfordert immer eine geistige Aktivität (bewußte Entscheidungen), oft aber auch ein Handeln (Absetzen von Geräten, Behandlungen usw.).

Weiter ist es wichtig zu unterscheiden, ob sich die Tötung bzw. der Verzicht auf lebensverlängernde Maßnahmen bei *mündigen* Menschen vollzieht, die einer freien *Willensbekundung* fähig sind, oder ob es sich um Menschen handelt, die nicht mehr in klarer Einsicht entscheiden können. Auf diesen Kriterien basiert die Unterscheidung von *Tötung auf Verlangen* und der Tötung ohne Verlangen. Sowohl für die Tötung wie auch den Verzicht auf lebensverlängernde Maßnahmen macht es einen entscheidenden Unterschied in der sittlichen und rechtlichen Bewertung aus, ob es sich um sterbende oder nicht notwendig sterbende und ob es sich jeweils wieder um mündige oder nicht mündige Menschen, um die Erfüllung ihres Wunsches oder die Entscheidung anderer handelt. Ferner ist es wichtig, das bereits erwähnte Kriterium in Betracht zu ziehen, ob es sich um notwendig sterbende oder nicht notwendig sterbende Menschen handelt.

Aufgrund dieser Unterscheidungen und Kriterien kommen wir zu folgender Aufteilung des Problems „Sterbehilfe":

1. Hilfe beim Sterben
2. Tötung (und gezielte und bewußte Lebensverkürzung)
   2.1.   von notwendig Sterbenden
   2.1.1. mit bewußter Einwilligung
   2.1.2. ohne bewußte Einwilligung
   2.2.   von nicht notwendig Sterbenden
   2.2.1. auf bewußtes Verlangen
   2.2.2. ohne Verlangen bzw. wider Willen = Vernichtung sogenannten
          „lebensunwerten" Lebens
3. Verzicht auf Lebensverlängerung (weitere Einteilung wie unter 2)

3.2. Zum Verzicht auf lebensverlängernde Maßnahmen

Fallbeispiel 1:

Herr K., 81 Jahre alt, ist seit einigen Jahren herzkrank, kann sich nur sehr mühsam selbst helfen, liegt meist im Bett. Im Laufe des letzten Jahres mußte er viermal ins Krankenhaus, weil sein Körper nicht mehr recht entwässert wurde. Danach ging es ihm jedesmal nur für kurze Zeit besser. Seine 80jährige Frau ist mit der Betreuung und Pflege überfordert. Das Ehepaar hat sich das Versprechen gegeben, daß sie bis zum Tode zusammenleben wollen. Nun droht, daß Herr K. in ein Pflegeheim muß, seine Frau dort jedoch nicht aufgenommen werden kann, weil sie nicht pflegebedürftig ist. Das Ehepaar stellt sich die Frage, ob die ständigen Krankenhausaufenthalte sinnvoll sind, ob man „den Dingen nicht ihren Lauf lassen" soll. Es wendet sich mit dieser Frage an den Hausarzt, einen erfahrenen Kliniker, der über 20 Jahre Missionarzt in verschiedenen Kontinenten war und dort ein anderes Verhältnis zum Tode als bei uns kennengelernt hatte. Er zeigte für die Anfrage des Ehepaars viel Verständnis und versprach, Herrn K. nicht mehr ins Krankenhaus einzuweisen. Als er jedoch im Urlaub war, nahm sein Vertreter dann – zur Enttäuschung des Ehepaars, das sich nicht recht wehren konnte – doch wieder eine Einweisung vor.

Das Beispiel zeigt eine Alltagssituation für Hausärzte. Bereits heute wird ein sehr großer Teil von internistischen Stationen eines Krankenhauses von alterskranken Menschen deshalb belegt, weil sie zu Hause nicht behandelt oder gepflegt werden können. Das *Krankenhaus* sieht seine Aufgabe allein in der Besserung des Krankheitszustands, selbst wenn diese nur vorübergehender Natur ist und am Grundzustand nichts verändert werden kann. Auf diese Weise wird sicherlich das Leben vieler alter Menschen erheblich verlängert. Und es steht außer Frage, daß auch alte Menschen das Recht haben, diese lebensverlängernden Behandlungen im Krankenhaus *unabhängig von den Kosten für die Solidargemeinschaft* in Anspruch zu nehmen. Wollte man dies bestreiten, so wäre man schnell bei einer ethisch verwerflichen „gelenkten Sterblichkeit". Ethisch fraglich ist aber, ob die Einweisung in ein Krankenhaus so „automatisch" verlaufen muß, wie es meist geschieht, ob man nicht fragen müßte, ob sie im Interesse des Kranken wirklich geboten ist, ob sie seinem Willen entspricht. Sicher sehen Hausärzte oft keine andere Lösung, weil eine sachgerechte Behandlung und Pflege zu Hause nicht möglich ist.

Betrachten wir unser Beispiel unter den bisher erarbeiteten ethischen Kriterien, so ist zunächst festzustellen, daß Herr K. keinesfalls ein notwendig *sterbender* Mensch ist, denn er kann – mit ständiger Einweisung ins Krankenhaus – durchaus noch Jahre leben. Ohne Einweisung ins Krankenhaus würde sein Leben wahrscheinlich bald zu Ende gehen. Es ist also bei Herrn K. durchaus medizinisch noch etwas „zu machen", aber es ist die Frage, wie sinnvoll das ist. Er und seine Frau haben Zweifel an der Sinnhaftigkeit solcher Maßnahmen, obgleich die herausgestellten *Grundstrukturen* für ein *sinnvolles* und *erträgliches Leben* als *Persönlichkeit* bei Herrn K. noch vorhanden sind. Unverkennbar ist jedoch auch, daß der Grundzustand von Herrn K. durch die Krankenhausbehandlung immer nur kurzfristig verbessert werden kann. Trotzdem kann eine Einweisung ins Krankenhaus ethisch gesehen nicht von vornherein abgelehnt werden. Als entscheidendes *ethisches Kriterium* bleibt nur der Wunsch, der *Wille* von Herrn K. Inwieweit ist er feststellbar und für den Arzt verbindlich?

Herr K. sieht, daß seine Frau mit seiner Betreuung überfordert ist und daß eine Einweisung ins Pflegeheim notwendig wird, wenn sein Leben und Leiden sich länger hinzieht. Es könnte sein, daß ihn die Angst vor diesem Schritt zu dem Wunsch veranlaßt, nicht mehr länger zu leben, ja es ist durchaus denkbar, daß er lediglich aus Rücksicht auf seine Frau die Einweisung nicht möchte und daß von ihr auch ein unbewußter seelischer Druck auf ihn ausgeht, daß es also mehr der Wunsch der Frau als der des Mannes ist. Hier wäre sicherlich eine eingehende Abklärung nötig, ohne daß damit behauptet werden soll, daß die Situation des gemeinsamen Lebens des Ehepaars, das Versprechen, das sie sich gegeben haben, und auch der Wunsch der Ehefrau ethisch belanglos sind. Ein derart abstrakt individualistisches Lebensverständnis verkennt, daß zum Verständnis von *Leben* immer auch die *Beziehungen* hinzugehören, in denen sich das Leben verwirklicht und die dem Leben erst Sinn geben. Dies zeigt sich insbesondere, wenn ein Mensch infolge Behinderung oder Krankheit auf die intensive Zuwendung anderer unabdingbar angewiesen ist. Es ist einsehbar, daß ein Leben im Pflegeheim für Herrn K. ein tiefer seelischer Schock sein wird. Hinzu kommen schwer zu lösende finanzielle und andere Folgeprobleme. Versteht man „Leben" in seinem sozialen Kontext, so ist es durchaus berechtigt, den geäußerten Wunsch von Herrn K. selbst dann zu berücksichtigen, wenn er nicht ohne Mitwirkung seiner Ehefrau zustande kam. Herr K. weiß um die Folgen einer solchen Entscheidung. Er hat sich offensichtlich mit seiner Sterblichkeit auseinandergesetzt und kann den Tod annehmen. Angesichts seines Alters und seiner realen Lebenssituation kann man seine Entscheidung *nicht* als eine *eigenmächtige Verfügung* über das eigene Leben deuten. Das Handeln des ersten Hausarztes ist mithin ethisch voll zu rechtfertigen. Das abweichende Handeln des zweiten Arztes läßt deutlich werden, wie sehr der erste Hausarzt durch seine Erfahrungen als Missionsarzt geprägt ist und wie er sich deshalb nicht als Kämpfer gegen den Tod an sich versteht. Bedingung für eine Nichteinweisung in ein Krankenhaus ist allerdings, daß Herr K. auch zu Hause gut gepflegt und so ärztlich behandelt wird, daß er keine unnötigen Schmerzen leiden muß. Auf keinen Fall darf der Grund für eine Nichteinweisung ins Krankenhaus der sein, der Solidargemeinschaft die aufwendigen Kosten für die Krankenhausbehandlung zu ersparen. Allein das Wohlergehen des Kranken hat den Ausschlag zu geben, allerdings nicht nur ein isoliert somatisches Wohlergehen, sondern genauso das seelische Wohlergehen, das nicht zuletzt vom sozialen Lebenskontext abhängt.

Fallbeispiel 2:

Herr M., 62 Jahre alt, ist vor drei Jahren bereits einmal an einem Darmkrebs operiert worden. Vor einigen Monaten wurde wieder eine große Geschwulst im Beckenbereich mit Metastasen ins Becken festgestellt. Während chemotherapeutischer Maßnahmen kommt es zu einem Bruch des Beckens. Es besteht nur die Möglichkeit, den von Metastasen befallenen Teil des Beckens und den übrigen Tumor in einer komplizierten und risikoreichen Operation zu entfernen, die zur Folge hat, daß Herr M. nicht mehr stehen und sitzen, sondern nur noch liegen kann. Man unterbreitet dem Patienten diese Möglichkeit, läßt ihm aber bewußt einige Tage Bedenkzeit. Herr M. betont aber sogleich, daß er sich der Operation unterziehen möchte und bleibt bei seinem Entschluß. Nach sorgfältiger Vorbereitung wird die Operation eine Woche später durchgeführt. Viele Stunden nach der Operation treten Blutungen auf, die erneut operative Notmaßnahmen nötig machen. Es muß viel Blut übertragen werden. Der Patient kommt in einem bedenklichen Zustand auf die Intensivstation, sein Bewußtsein ist beeinträchtigt. Alle intensivtherapeutischen Möglichkeiten werden ausgenützt. Bei einem Herzversagen (der Patient hatte bereits eine Herzoperation) werden Wiederbelebungsmaßnahmen eingeleitet. Die Ehefrau und die Kinder stellen danach die Frage nach dem Sinn dieser Maßnahmen, sind aber auch nicht ganz sicher, wie sie im Sinne von Herrn M. entscheiden sollen, wenn eine echte Überlebenschance besteht, haben allerdings Angst, daß Herr M. nun nicht nur körperlich schwerst behindert, sondern auch noch hirngeschädigt sein wird. Der behandelnde Intensivmediziner stellt sich auf den Standpunkt, daß es sich um eine Kriseninterventon handelt, daß sich Herr M. bewußt für die Operation entschieden habe und also mit der Behinderung habe leben wollen, daß daher kein Grund bestehe, ihn nunmehr sterben zu lassen, zumal ein Hirnschaden nicht objektivierbar sei. Bei erneutem Herzversagen sollen allerdings keine Wiederbelebungsmaßnahmen eingeleitet werden. So werden die intensivtherapeutischen Maßnahmen noch einige Tage bis zum Tod infolge Herzversagens fortgesetzt.

Von Kritikern der Medizin wird oft übersehen, wie sehr sich die allermeisten Patienten ans Leben, an jeden „Strohhalm" klammern, wie sie sich bereitwillig jeder belastenden Maßnahme unterziehen, die ihnen eine Hoffnung auf Überleben mit unbestimmter Lebenszeit beläßt. Natürlich kann man fragen, ob ein Patient mit einer Entscheidung zum Verzicht auf weitere Behandlung nicht überfordert ist, ob man ihm überhaupt derart risikoreiche Maßnahmen mit zweifelhaftem Erfolg als Möglichkeit anbieten sollte, ob man ihn nicht stattdessen auf das „Unabänderliche" vorbereiten und ihm zur Annahme seines Geschicks helfen sollte. Das erfordert freilich eine ganz andere Form des aufklärenden und helfenden Gesprächs von seiten der Ärzte und nicht zuletzt einen Abschied von der Zielsetzung der Mediziner, den Tod zu bekämpfen. Der *wahrhaftigen Aufklärung* kommt eine Schlüsselrolle beim Verzicht auf lebensverlängernde Maßnahmen zu, denn über den Kopf des Betroffenen hinweg darf ihm weder eine mögliche lebensverlängernde Maßnahme einfach verweigert noch sie ihm aufgenötigt werden.

Herr M. war sicher in einer schwierigen Lage. Es bestand die Gefahr, daß der Tumor in den Darm- und Blasenbereich vordringt und damit erhebliche Leiden verursacht. Möglicherweise entschied er sich für die Operation, um diesen Risiken aus dem Wege zu gehen, ja es ist nicht unmöglich, daß er – bewußt oder unbewußt – fühlte, daß er unter oder infolge der Operation sterben wird, ihm dann aber ein längerer Leidensweg erspart bleibt. Daß der Arzt einen solchen verkappten Todeswunsch nicht in seine Überlegungen einbeziehen kann, sondern nur von der Entscheidung des Patienten ausgeht, ist verständlich. Gegen die Bedenken der Angehörigen kann er sich auf diesen geäußerten Willen des Patienten berufen. Die Frage ist nur, ob er als Willen zum Leben um jeden Preis gedeutet werden darf. Die eingetretenen schweren Komplikationen nach der Operation hätten zu Bedenken Anlaß geben müssen, ob weitere lebensrettende Maßnahmen sinnvoll sind, ob sie nicht ein Zeichen dafür sind, den Patienten sterben zu lassen; denn es stand außer Zweifel, daß der Patient an einer zum Tode führenden, durch die Operation nicht behebbaren Grundkrankheit leidet. Dennoch war es fraglich, ob man Herrn M. als notwendig „Sterbenden", als Patienten betrachten darf, der in absehbarer Zeit stirbt. Wenn er überlebt, wird er ständig im Bett liegen müssen und dauernder intensiver Pflege bedürfen, wobei offen bleibt, ob sein Leben und Sterben über längere Zeit mit schwersten Schmerzen verbunden sein wird. Hinzu kommt der Verdacht auf eine zusätzliche hirnorganische Beeinträchtigung infolge der Komplikationen nach der Operation. Man kann daher zwar nicht sagen, daß die herausgestellten Grundsignaturen für ein sinnvolles und erträgliches Leben bei Herrn M. erloschen sind, aber doch, daß sie stark beeinträchtigt sind. Die Angehörigen stellen die Frage nach der Sinnhaftigkeit weiterer intensivtherapeutischer Maßnahmen, wünschen ihren Abbau und meinen, daß dies im Sinne von Herrn M. ist. Faßt man diese Gesichtspunkte zusammen, berücksichtigt vor allem, unter welch notvoller Situation der Patient leben muß, wenn er überlebt, abstrahiert nicht von diesen Folgen der Behandlung, indem man nur auf die Möglichkeit des Überlebens blickt und dieses allein als Erfolg wertet, so erscheint ein Verzicht auf weitere intensivtherapeutische Behandlungen trotz der Möglichkeit des Überlebens hinreichend gerechtfertigt und keinesfalls einer *Infragestellung des Lebensrechts* von Herrn M. nahezukommen. Jede weitere Intensivbehandlung stellt sich weniger als wünschenswerte Hilfe als vielmehr als problematische Leidens- und Sterbensverlängerung dar. Faktisch scheitert ein solcher Verzicht auf Lebensverlängerung jedoch meist nicht deshalb, weil er ethisch und rechtlich nicht begründbar ist, sondern weil es schwerer fällt, ethische Entscheidungen zu fällen als alles Machbare zu machen.

Fallbeispiel 3:

Mongolismus (Down Syndrom) ist die häufigste angeborene Erkrankung, die oft mit weiteren Schäden, wie z.B. schweren Herzschäden oder einem Verschluß des Zwölffingerdarms verbunden ist. Aus den USA wird von einer Reihe von Fällen berichtet, in denen die Einwilligung zu der relativ leichten und wenig risikoreichen Operation zur Behebung dieses Verschlusses von den Eltern verweigert werde. Ohne diese Operation muß das Kind verhungern oder auch verdursten. In einem Fall begründete die Mutter ihren ablehnenden Entschluß damit, daß es gegenüber den anderen Kindern „unfair" sein würde, sie zusammen mit einem mongoloiden Kind aufzuziehen. Der behandelnde Arzt akzeptierte die Entscheidung. 19 Tage lang dauerte es, bis der in einem besonderen Raum untergebrachte Säugling verhungerte und verdurstete. Dies ist kein Einzelfall, vielmehr ein übliches Verfahren. Nach Auskunft kanadischer Psychiater ließ man von den im Laufe von 20 Jahren in der Kinderklinik in Montreal aufgenommenen 50 mongoloiden Kindern mit Verschluß des Zwölffingerdarms 27 auf diese Weise sterben. In anderen, aus den USA berichteten Fällen, haben Ärzte diese Behandlung gegen den Willen der Eltern durch ein Gericht erzwungen.

Es ist eine von Laien wie von Medizinern weitgehend geteilte Auffassung, daß Föten, bei denen vorgeburtlich ein Down Syndrom diagnostiziert wird, abgetrieben werden sollen. Dabei hat man natürlich in erster Linie die Belastung der Familie durch ein behindertes Kind im Blick, aber man denkt doch auch an die ökonomischen Belastungen, die ein solches Kind der Solidargemeinschaft der Versicherten bringt. Der Philosoph *H. M. Sass* hat ausgesprochen – was viele sicher auch denken –, daß es unverantwortlich sei, wissentlich ein behindertes Kind auszutragen, wenn die Gesellschaft die Möglichkeit der Abtreibung einräumt, unverantwortlich gegenüber der Gesellschaft, „die einen so schwerst Benachteiligten in die Solidargemeinschaft der Gesellschaft aufnimmt". Auf dem Hintergrund eines solchen Urteils über vorgeburtliches Leben ist es Eltern eines mongoloiden Säuglings nur schwer rational zu erklären, warum sie die Einwilligung zu einem das Leben bewahrenden operativen Eingriff geben sollen oder ansonsten gegebenenfalls mit dem Entzug der Vormundschaft rechnen müssen, während im Fall der vorgeburtlich entdeckten gleichen Behinderung von den meisten Ärzten und dem weitaus größten Teil der Gesellschaft eine Abtreibung, eine „vorgeburtliche Euthanasie" erwartet wird. Den relativ kleinen und wenig risikoreichen Eingriff zur Behebung der Verengung des Dünndarms würde man bei jedem geistig normalen Kind für unbedingt geboten halten. Es handelt sich, an den heutigen Möglichkeiten der Medizin gemessen, sicher nicht um eine „außergewöhnliche" und ethisch problematische Maßnahme der Lebensrettung, die nur den Leidens- und Sterbensweg verlängert, es sei denn, man halte das Leben mongoloider Kinder für sie selbst für einen unerträglichen Leidenszustand. Dagegen sprechen alle Erfahrungen mit diesen Menschen. *Es ist also völlig unberechtigt, bei mongoloiden Kindern mit Darmverschluß von notwendig Sterbenden zu spre-chen.* Die Verweigerung der Operation kann nicht als Zulassen des Todes, als Nicht-Verhindern des Eintretens des Todes, sondern *muß als Verweigerung der immer ethisch gebotenen Befriedigung von Grundbedürfnissen (Ernäh-rung) mit Todesfolge betrachtet werden.* Daß die Befriedigung dieses Grund-bedürfnisses nach Ernährung einen operativen Eingriff nötig macht, rechtfer-tigt keinesfalls dieses Unterlassen mit Todesfolge. Es wird hier in einem geisti-gen Akt eine – *aktive* – Entscheidung über den Lebenswert eines Menschen gefällt, die ihn das Leben kostet. Es spricht alles dafür, daß dieses bewußte Unterlassen mit Todesfolge ethisch gesehen als *Tötung durch bewußtes Unterlassen* eingestuft werden muß.

3.3. Tötung auf Verlangen?

Vom *Verzicht* auf Lebensverlängerung ist die *Tötung* zu unterscheiden, durch die der Tod eines Menschen *verursacht* wird. Der beabsichtigten Tötung geht – von der Tötung aus niederen Motiven abgesehen – meist eine abschlie-ßende Bewertung des Lebenswertes oder des Lebensrechtes, also ein „Letzt-urteil" über das Leben voraus, in dem der Mensch über das eigene oder das Leben anderer abschließend richtet und verfügt und dieses „Urteil" dann an sich oder anderen vollzieht. Dieses Urteil beinhaltet immer eine Erklärung des Unwertes des Lebens, die die Tötung rechtfertigen soll. Vom christlichen Standpunkt aus ist gerade diese geistige Totalverfügung (die Beurteilung des Lebenswertes), der die physische Verfügung folgt, in sich problematisch, weil der Lebenswert überhaupt kein an bestimmte psychophysische Leistungen gebundener und daher empirisch feststellbarer Sachverhalt ist und weil auch der Sinn des Daseins nicht etwas ist, was der Mensch selbst setzt, sondern was als Geschenk und Lebensaufgabe auf „mich" zukommt, „mich" in Anspruch nimmt als Herausforderung, die das Leben an mich stellt. Der Sinn des Daseins kann daher nicht nur in der freien und aktiven Gestaltung des Da-seins gesehen werden. Es verstößt nicht gegen die Würde des Menschen, wenn er in seinem Sterben die Entmächtigung seiner Persönlichkeit erleidet. Sein Leben wird damit nicht „untermenschlich" und „würdelos". Ein Urteil über den „Lebenswert" ist selbst dann nach christlicher Sicht eine Anmaßung, wenn es über das eigene Leben gefällt wird.

Es wäre eine Aufgabe des mitmenschlichen und seelsorgerlichen Beistands zu verdeutlichen, daß der Mensch ein Urteil über den Wert seines Lebens nicht fällen muß, daß er auch in dem passiv erlittenen Leben von Menschen und Gott bejaht und geliebt ist, daß er nicht vorweg entscheiden muß, ob und wielange das Leben für ihn sinnvoll und tragbar ist. Vielmehr ginge es darum, Vertrauen darauf zu vermitteln, daß der Mensch auch im größten Elend von dem noch größeren Gott umfangen und getragen ist, daß Gott auch in dieser Situation ihm nahe sein will, daß „uns nichts von der Liebe Gottes scheiden kann" (Röm 8, 31 ff.). Der Mensch muß nicht vorweg entscheiden, ob und wie er fähig sein wird, zu sterben. Er soll aber die Gewißheit haben, daß er von Menschen und Gott nicht verlassen wird. Das falsche Ideal eines selbstbeherrschten und vom Ich gestalteten Sterbens ist abzubauen. Aus ihm heraus wächst nur die Angst, diesem Ideal nicht gerecht zu werden, gerade für Menschen, die immer in der Lage waren, die Geschicke ihres Lebens selbst zu lenken, die den Sinn des Daseins nur in der aktiven Selbstgestaltung, in Leistung sehen, ist es schwer, den Zustand wachsender Passivität und des Überwältigtwerdens des Ichs, die zunehmende Hilfsbedürftigkeit zu ertragen. Hinzu kommt oft das Gefühl, überflüssig und für andere nur eine Last zu sein. Beides zusammen stürzt sie oft in eine tiefe Verzweiflung. Für manche ist daher die Vorstellung ein Trost, sich selbst umbringen zu können, wenn das Leben vom Erleiden beherrscht zu werden droht.

Praktisch kommt ein echter Tötungswunsch selbst bei krebskranken Menschen (man schätzt 1 pro 1000 Fälle) ganz selten vor. So gesehen ist die Forderung nach Tötung auf Verlangen mehr ein Problem derjenigen, die Angst vor ihrem eigenen Sterben haben, als derjenigen, die sich im Prozeß des schweren Leidens und Sterbens befinden. Der Gnadentod ist mehr ein Anliegen der „Gesunden" als der unheilbar und zu Tode kranken Menschen. Alte und schwer kranke Menschen lehnen ganz überwiegend alle Formen der „Euthanasie" ab. Bei einer Umfrage in diesem Personenkreis sprachen sich im Jahre 1987 nur 22 % der Befragten für die „passive" und die „aktive" Sterbehilfe aus, während sich im Durchschnitt der Bevölkerung 79 % der Befragten für eine Straffreiheit der Tötung auf Verlangen aussprachen. Das ist gegenüber einer Befragung im Jahre 1973 ein Anstieg um ca. 30 %. Eine (im Jahre 1987 nicht wiederholte) Frage nach der Stellung zur Tötung Geisteskranker erbrachte 1973 – was eigentlich unglaublich ist – 38 % bejahende Stimmen.

Fallbeispiel 1:

Ein knapp 50jähriger, gut und sportlich aussehender Mann, leitender Angestellter, empfängt den Seelsorger mit den Worten: „Schön, Herr Pfarrer, aber Sie können mir nicht helfen. Ein Melanom, ein bösartiges Ding, wie Sie vielleicht wissen. Wenn es so weit ist, tauche ich unter und komme nicht mehr hoch. Ich bin nämlich passionierter Taucher. Das Ding wird mich kaputt machen. Und nun machen Sie sich keine Gedanken, wie Sie mich davon abhalten. Das habe ich mir schon gut überlegt." Der Seelsorger betonte, daß es ja noch nicht so weit sei, und daß, wenn der Zeitpunkt komme, manches anders aussehen könne. Das Gespräch ging dann zu einem anderen Thema über. Beim Abschied brachte der Patient nochmals die Sprache darauf mit den Worten, daß er sich die Lösung ernsthaft vorgenommen habe. Es entzieht sich der Kenntnis des Seelsorgers, ob der Patient diesen Weg der Selbsttötung gegangen ist. Die sonstige Erfahrung spricht dagegen. Das Wissen um die tödliche Erkrankung löst Angst vor dem Sterben aus. Die Erwägung, sich vor einem die Persönlichkeit entmächtigenden Sterben den Tod geben zu können oder zu wollen, ist ein Trost, der das Leben angesichts des Todes für einen Menschen erträglicher machen kann, besonders für jene, die das Steuer ihres Lebensschiffs bisher fest in der Hand zu haben meinten oder auch hatten. Dies besagt jedoch noch lange nicht, daß sie diesen Schritt der Selbsttötung auch gehen, daß sich ihre Lebenshaltung unter der Krankheit nicht entscheidend ändern kann.

Fallbeispiel 2:

Die 78 Jahre alte Frau S. muß sich einer Gefäßoperation am Bein unterziehen, die ohne Komplikationen verläuft. Als der Seelsorger sie zwei Tage nach der Operation besucht, teilt sie ihm mit, daß sie Gott schon oft gebeten habe, daß er sie sterben lasse. Ihr Mann sei vor zwei Jahren verstorben. Er sei sonst immer gesund gewesen, sie sei jedoch im Leben ständig von Krankheit verfolgt gewesen und habe jetzt bereits 22 Operationen hinter sich. Sie habe immer damit gerechnet, daß sie vor ihrem Mann sterben würde. Ihr Stiefsohn, mit dem sie in einem Hause wohne, kümmere sich sehr um sie. Von daher habe sie keinen Grund zur Klage. Aber irgendwann wäre doch der Zeitpunkt da zu sterben. Sie hätte gedacht, sie würde die Operation nicht überleben. Nun aber müsse sie doch wieder weiterleben. Dann bittet sie den Seelsorger, doch zu beten, daß sie sterben darf. Dieser nimmt den Wunsch auf. Er informiert die Stationsschwester anschließend, daß Frau S. wahrscheinlich sterben wird. Diese teilt ihm mit, daß es Frau S. bestens gehe. Der Seelsorger geht tags darauf für 14 Tage in Urlaub. Als er zurückkommt, erzählt man ihm, daß Frau S. das Essen eingestellt, daß man sie dann etwas gefüttert habe, daß sie aber vor einer Woche ohne erkennbaren Grund verstorben sei, man könnte auch sagen, einen psychogen bedingten Tod erlitten habe.

Fallbeispiel 3:

Frau O., 65 Jahre alt, ist im fortgeschrittenen Stadium an Krebs erkrankt, klagt gegenüber dem Seelsorger fast immer über unerträgliche Schmerzen, obwohl sie nach Ansicht der Ärzte hinreichend Schmerzmittel bekommt. Sie möchte nicht mehr leben. Bei den meist abendlichen Besuchen klammert sie sich an den Seelsorger. Nach mehreren Besuchen antwortet Frau O. ihm eines Abends auf die Frage, wie es ihr heute gehe: „Herr Pfarrer, kann man dem nicht ein Ende machen?“. Als der Seelsorger rückfragt, wie sie das meine, sagte sie: „Man kann da doch eine Spritze geben, das ist doch möglich! Können Sie da nicht etwas für mich unternehmen?“. Der Seelsorger hatte bei seinen Besuchen beobachtet, daß das Stöhnen unter den Schmerzen nach einer Zeit der Zuwendung und des Gesprächs meist aufhörte. Er fragt Frau O. daher: „Sie wollen nicht mehr leben, aber der Grund dafür sind doch nicht nur die Schmerzen, oder? Was ist am schlimmsten?“ Da erzählt Frau O., daß sie sechs Kinder habe, die alle nicht weit weg vom Ort der Klinik wohnten, von denen aber höchstens zwei pro Woche sie besuchen. Diese Enttäu-schung sei das Schrecklichste, verschlimmerte ihre Schmerzen ganz erheb-lich, denn das Schmerzempfinden ist nicht zuletzt durch die seelische Befind-lichkeit mitbedingt. Daß die Schmerzen besonders abends so stark auftreten, weist hin auf die Angst der Patientin, die durch das Alleinsein und das Verlas-senheitsgefühl – besonders in der oft schlaflosen Nacht – verstärkt wird.

Die angeführten Beispiele bedürfen keiner großen Interpretation. Sie lassen deutlich werden, daß man zwischen der Äußerung von Selbsttötungsabsich-ten für den Fall, daß das Leben nicht mehr lebenswert erscheint, einem Todeswunsch eines Menschen, der alt und lebenssatt ist, und der Bitte um Beihilfe zur Selbsttötung klar unterscheiden muß. Immer wieder zeigt sich, die Angst vor der Entmächtigung der Persönlichkeit, der eigenen Hilflosigkeit und davor, anderen eine Last zu werden, das Gefühl des Verlassenseins. Es soll nicht bestritten werden, daß die seelischen und sozialen Umstände, durch die solche Bitten ausgelöst werden, häufig nicht beseitigt werden können oder einfach nicht erkannt und ernst genommen werden. Es wäre aber sicher die fal-sche Lösung dieser Mißstände, sie durch den „Gnadentod" aufheben zu wollen. Wenn ein Mensch an seinem Geschick verzweifelt und wenn er dann Todes-wünsche äußert, so stellt dies für alle Beteiligten zunächst immer einen Aufruf dar, ihre Bemühungen um Schmerzlinderung, um gute Pflege und mit-menschlichen und seelsorgerlichen Beistand zu verstärken. Der Todes-wunsch ist zunächst immer als Schrei um Hilfe zu interpretieren. Dahinter kann sich, besonders bei älteren Menschen, oft der Wunsch verbergen, das Leben möge doch zu Ende gehen, also der Wunsch nach Erlösung durch ein naturbedingtes Eintreten des Todes. Ganz selten sind Todeswünsche als Bitte um aktive Beihilfe zur Selbsttötung zu deuten. Selbst wenn dies offen so ausge-sprochen wird, bleibt die Frage, ob dies nur Ausdruck momentaner Verzweif-lung am Dasein, ein Schrei um Hilfe oder ein wirklicher Tötungswunsch ist.

So wurde vor Jahren in Holland ein „Experiment" durchgeführt, in dem man auf die ernsthaften Bitten jener Patienten um „Erlösung" einging, die als inner-lich stabil angesehen wurden. Alle 24 in einem terminalen Stadium befindli-chen Patienten waren sehr erschrocken darüber, daß der Arzt auf ihre Äuße-rungen einging, als ob sie um aktive „Euthanasie" gebeten hätten. Dies macht deutlich, welch kritischer Punkt hier berührt wird. Das gebrochene Vertrau-ensverhältnis zwischen Arzt und Patienten konnte teils nicht wiederhergestellt werden.

3.4. Grenzsituationen

Es ist einzuräumen, daß die meisten der wenigen Menschen, die aufgrund physischer Krankheiten Selbsttötungsabsichten äußern, nicht ausdrücklich beabsichtigen, eine geistige Totalverfügung über ihr Leben zu vollziehen, ihr Leben in ein lebenswertes und lebensunwertes aufzuteilen, sich als uneingeschränkte Herren ihres Lebens aufzuspielen und den Tod in eine menschliche Tat umzubiegen. Derartiges ist bei einigen exzentrischen Persönlichkeiten und Propagandisten der Selbsttötung zwar der Fall gewesen, trifft aber deshalb noch nicht auf alle anderen Menschen zu, die mit dem Gedanken der Selbsttötung umgehen und die in dieser Möglichkeit eine Hilfe zur Bewältigung ihres Sterbensgeschicks sehen.

Es ist unbestreitbar, daß Leidenszustände in ganz seltenen Fällen so schwer und unerträglich werden können, daß eine Unterscheidung zwischen Krankheit und Persönlichkeit überhaupt nicht mehr möglich ist, daß die Krankheit die Persönlichkeit total beherrscht und zerrüttet. Man kann die Krankheit dann nicht mehr bekämpfen, ohne zugleich das Leben der Person anzutasten. Dann kommt man in den ausweglosen, ohnmächtig machenden Konflikt, helfen zu wollen und doch nicht helfen zu können. Wer in solchen Fällen die Möglichkeit der Tötung als „ultima ratio" erwägt, der sollte dies *nicht* als Handeln aus *Liebe* bezeichnen. Liebe ermöglicht, fördert Leben, sie vernichtet aber nicht den Gegenstand der Liebe und damit die Liebesbeziehung. Es ist ein Handeln aus *Ohnmacht,* aus Verzweiflung, und es setzt doch voraus, daß man dem schwer leidenden Menschen in Liebe verbunden ist, ihn in seiner Biographie, seinen Lebensanschauungen genau kennt und seinen Lebens- und Leidensweg über längere Zeit intensiv persönlich begleitet hat; es setzt voraus, daß man sein eigenes Leiden an diesem Elend nicht in den anderen hineinprojiziert. Wenn aus solcher Ohnmacht heraus, nämlich helfen zu sollen und mit keinem Mittel helfen zu können, zum Mittel der Tötung gegriffen wird, so entzieht sich ein solcher Schritt jeglicher allgemeiner normativer ethischer Be- und Veurteilung. Der Täter steht allein mit seinem *Gewissen* vor Gott. Die Bereitschaft, aus einem derart ausweglosen Konflikt heraus die Verantwortung für die Tötung und damit Schuld zu übernehmen, schließt ein, sich auch vor Menschen zu verantworten und die möglicherweise zu erwartende Strafe auf sich zu nehmen.

Ein solches Geschehen kann nicht aus der intimen persönlichen Vertrauensbeziehung herausverlagert, durch Gremien geregelt und rechtlich gebilligt und nachträglich wohl auch kaum hinreichend objektiv überprüft werden, denn das erforderte nicht nur die Überprüfung, ob der Kranke seine Bitte um Beihilfe zur Selbsttötung in geistiger Freiheit und ohne Druck von außen vollzogen hat, sondern auch, ob sein Geschick wirklich so ausweglos, schmerzhaft und verzweifelt ist, daß sein Wunsch berechtigt ist und seine Bitte erfüllt werden kann. Begründend für die Beihilfe zur Selbsttötung sind dann meist die leidvollen Umstände und keinesfalls allein der Wunsch des Kranken, getötet zu werden. Je mehr die objektiv leidvollen Umstände gegeben sind, um so weniger ist der Mensch im Besitz klarer geistiger Kräfte. Warum soll dann aber nur derjenige, dessen geistige Fähigkeiten durch die Krankheit noch nicht zerrüttet oder beeinträchtigt sind, in seinem Schrei nach einem Ende des Lebens aktive Hilfe zum Tode erfahren, aber nicht derjenige, der etwa infolge einer schweren Erkrankung oder schwerster Schmerzen nicht mehr im Besitz klarer geistiger

Kräfte ist und der nicht einmal mit Recht als sterbender Mensch eingestuft werden kann, dessen Leben aber noch viel leidvoller und „unwürdiger" ist? Wenn alles in der Argumentation auf die freie Selbstentscheidung abgestellt wird, dann dürfte man überhaupt nicht nach objektiven, den anderen einleuchtenden Gründen – wie etwa schwere Krankheit – für die Beihilfe zur Tötung fragen, dann wäre der Beihilfeleistende einfach Vollzugsgehilfe eines Wunsches des anderen. Sobald man jedoch auf objektiv begründende Argumente für die Tötung abhebt, also etwa auf den Tatbestand, daß es sich um einen sterbenden Menschen handelt, daß sein Zustand unerträglich ist, kann das Moment der Achtung der Freiheit der Entscheidung des Betroffenen nicht allein begründend sein. Es zeigt sich dann bald, daß eigentlich die Menschen, die diese Freiheit nicht mehr besitzen (z.B. in Pflegeheimen), in einem elenderen Zustand sind, von dem sie erlöst werden sollten, aber nicht dürfen, weil sie es versäumt haben, zur rechten Zeit zu sterben, oder weil sie gar nicht ahnen konnten, daß so etwas auf sie zukommt (etwa Schlaganfallpatienten).

Das Tötungsverbot ist das für den Schutz des Lebens grundlegendste Verbot. Jede Erweichung des Verbots für bestimmte Einzelbereiche kann auch Folgen für andere Bereiche haben. Diese möglichen Folgen sind bei jeder Veränderung zu beachten. Man kann eine generell geltende ethische und rechtliche Norm deshalb nicht ohne weiteres auflösen oder in ihrer unverbrüchlichen Geltung in Frage stellen, weil sie bestimmten Einzelsituationen nicht gerecht wird, wie sie uns hier und da in der Seelsorge begegnen. Ethische und rechtliche Normen haben es nicht primär mit Einzelfällen zu tun, sondern haben immer den gesamten Geltungsbereich einer Norm vor Augen. Nun denken z.B. auch die Reformvorschläge der „Alternativ-Professoren" nicht daran, das Verbot der Tötung abzuschaffen, „wenn derjenige, der einen anderen tötet, ... durch das ausdrückliche und ernsthafte Verlangen des Getöteten zur Tötung bestimmt worden ist", sondern nur daran, daß unter dieser Voraussetzung dann von Strafe abgesehen werden *kann* (nicht muß), „wenn die Tötung der Beendigung eines schwersten, vom Betroffenen nicht mehr zu ertragenden Leidenszustands dient, der nicht durch andere Maßnahmen behoben oder gelindert werden kann". In diesem Reformvorschlag ist nicht festgelegt, was ein solcher Zustand ist. Gedacht war aber durchaus nicht nur an Sterbende, denn dann müßte man ja auch rechtlich definieren, was ein Sterbender ist. Solche Indikationen sind in diesem Bereich noch viel problematischer als am Lebensbeginn (§ 218). Wenn man aber keine solchen Indikationen festlegt, die Möglichkeit der Straffreiheit nicht einmal auf Sterbende eingrenzt, so wissen weder die Betroffenen noch ihre Angehörigen noch die Ärzte, in welchen Fällen die Möglichkeit der Tötung auf Verlangen straffrei ist. Der Staatsanwalt muß in allen Fällen einschreiten und der Richter muß als Unbeteiligter entscheiden, ob er von Strafe absieht. Die Entkoppelung von rechtlicher Norm (Tötungsverbot) und Sanktion (Strafe) erweist sich als sehr problematisch, sie bringt nichts als Unsicherheit, und zwar sowohl auf seiten dessen, der den

Tötungswunsch äußert, wie auch derer, die ihn erfüllen sollen. Einerseits können Angehörige und Ärzte sich dem nicht mehr mit Hinweis auf die immer zu erwartende Strafe verweigern, andererseits ist nunmehr aber kein Schwerkranker mehr davor eindeutig geschützt, daß man ihm nicht insgeheim zu verstehen gibt, besonders wenn er eine schwere Last für alle darstellt, daß er doch um die „aktive Erlösung" nachsuchen solle. Diese Möglichkeit zu beachten ist gerade angesichts der zunehmenden Zahl von pflegebedürftigen, senilen und zerebral abgebauten Patienten und der Last, die ihre Pflege darstellt, unerläßlich. In dieser ganzen Frage gilt, was der am NS-Euthanasieprogramm beteiligte Arzt Heyde als späte Einsicht kundgetan hat, daß auch gutgemeinte Gesetzestexte den Mißbrauch nicht abwehren können, und zwar in jedem politischen System, wegen der Unvollkommenheit der Menschen.

3.5. Schutz vor medizinischer Verfügungsgewalt

Dem Menschen kann aus theologischer Sicht kein totales Verfügungsrecht über sein eigenes Leben eingeräumt werden. Erst recht gibt es aber kein Verfügungsrecht anderer über „mein" eigenes Leben. Der politische und rechtliche Kampf für ein humanes Sterben muß in der Tat darauf ausgehen, daß der Wille des Patienten geachtet wird und daß er nicht zu einem Objekt anderer Menschen oder von eigengesetzlich ablaufenden Strukturen von Krankeninstitutionen wird. Geschützt werden muß der Patient davor, daß ihm von Menschenhand zu seinen als Verhängnis über ihn gekommenen Leiden zusätzliche Leiden ohne Aussicht auf eine wirkliche Besserung des Zustands auferlegt werden. Aufgabe der Medizin kann es also weder sein, einem Menschen um jeden Preis den Schmerz des Sterbens zu ersparen, noch sein Leben mit allen Mitteln und um jeden Preis zu verlängern oder gar den Tod zu bekämpfen./Die allermeisten Fälle qualvollen Sterbens könnten Menschen erspart werden, wenn die Patienten und Ärzte fähig wären, über Tod und Sterben zu sprechen, den Tod als unausweichliche Gegebenheit anzunehmen, wenn Ärzte daraufhin bereit wären, die rechtlich gegebenen Freiräume zum Verzicht auf lebensverlängernde Maßnahmen und Schmerzlinderung auszuschöpfen und gegen die Eigengesetzlichkeit der Organisationsstruktur der Medizin, die bloß auf Bekämpfung von Krankheit und Tod hin organisiert ist, auf die wahren Bedürfnisse von Patienten Rücksicht zu nehmen und überhaupt entsprechende ethische Entscheidungen zu fällen./Wir brauchen also nicht so sehr eine neue Ethik und ein neues Recht, sondern Menschen, die fähig und willens sind, das gegen die Eigengesetzlichkeit der Organisationsstruktur der Medizin und die Trägheit von Menschen durchzusetzen, was sie als gut und richtig erkannt haben. Aus der Erkenntnis des Guten und dem Wissen um es folgt nämlich oft nicht, daß der Mensch es tut und tun kann, daß er die Freiheitsspielräume, den Willen, die Kraft und Macht hat, es Tat werden zu lassen. Die Gefährdung der Würde des Menschen besteht in dem Geist der

Medizin, die den Menschen primär als Objekt von Diagnose und Therapie betrachtet, aber nicht als Subjekt ernst nimmt, und darin, daß man immer noch entsprechend der Organisationsstruktur der Medizin und des Krankenhauses davon ausgeht, daß das technisch Machbare, also auch jede Verlängerung des Lebens, dem Wohl des Menschen dient. Es ist der Erkenntnis endlich Rechnung zu tragen, daß die Eigengesetzlichkeiten wissenschaftlich-technischer und ökonomischer Strukturen und das Wohlergehen von Menschen sich nicht decken, daß eine annähernde Entsprechung durch bewußte ethische Entscheidungen und dementsprechendes entschiedenes Handeln erst hergestellt werden muß. Dabei sind neben eindeutigen Willensentscheidungen von Patienten auch sogenannte „Patiententestamente" und begründete Hinweise und Bitten von Angehörigen wichtige Hilfen für ärztliches Entscheiden und Handeln, das dem Willen und Wohlergehen des Patienten dienen möchte. Dem Gesetzgeber käme die Aufgabe zu, dafür zu sorgen, daß Ärzte, die sich in ihrem Handeln an solchen „Patiententestamenten" orientieren, wenigstens strafrechtlich voll abgesichert sind. Der Gesetzgeber hat bereits das Betäubungsmittelrecht so geändert, daß Opiate bei chronisch kranken, sterbenden und unter schweren Schmerzen leidenden Menschen dauerhaft dosiert eingesetzt werden dürfen.

Weiterführende Literatur:
U. Eibach, Sterbehilfe – Tötung auf Verlangen?, R. Brockhaus TB 417, Wuppertal 1988 (allgemeinverständlich)
U. Eibach, Medizin und Menschenwürde, TVG WTB 10, Wuppertal 1988 (3. Aufl.)

Caspar Kulenkampff

Zwangssterilisierung, Vernichtung sogenannten lebensunwerten Lebens und Menschenversuche im Dritten Reich

Herr Präses, meine Damen und Herren!
Die Ihnen vorliegende Erklärung zu Zwangssterilisierung, Vernichtung sogenannten lebensunwerten Lebens und Menschenversuchen während des Nationalsozialismus weist in äußerster Verknappung auf ein dunkles, grauenhaftes Kapitel deutscher Geschichte hin. Die erschreckenden Geschehnisse im einzelnen und ihre weit verzweigten Hintergründe können in einem kurzen Referat nicht vermittelt werden. Das, was ich auszuführen habe, ist sicher unvollkommen und unvollständig und wohl auch nicht ganz frei von Einseitigkeit. Dennoch mache ich den Versuch, die wesentlichen Fakten, ihre Einordnung in das damalige Bewußtsein und die Bedeutung der katastrophalen Ereignisse für die heute in unserem Lande lebenden Menschen wenigstens im Ansatz darzulegen.
Auszugehen ist von jenem Schreiben Hitlers, das auf seinem privaten Briefpapier abgefaßt, rückdatiert auf den 1. September, irgendwann im Oktober 1939 von ihm unterschrieben wurde. Es lautet: „Reichsleiter Bouhler und Dr. med. Brandt sind unter Verantwortung beauftragt, die Befugnisse namentlich zu bestimmender Ärzte so zu erweitern, daß nach menschlichem Ermessen unheilbar Kranken bei kritischster Beurteilung ihres Krankheitszustandes der Gnadentod gewährt werden kann." gez. Adolf Hitler
Die Rückdatierung markiert symbolisch das Zusammenfallen des Kriegsbeginns mit der Absicht, von diesem Zeitpunkt an sogenanntes lebensunwertes Leben zu vernichten. Zweifelsfrei konnte das private Schreiben Hitlers formal die Massenvernichtung psychisch Kranker und Behinderter nicht legitimieren. Aus wohlweislichen, auch politischen Gründen hat sich Hitler auch stets gegen eine gesetzliche Regelung zur Wehr gesetzt. Es fanden sich jedoch damals genügend Ärzte und Juristen, welche die bloße Willensäußerung des Führers zur selbstverständlichen Grundlage ihres Handelns machten.
Bereits im Laufe des Jahres 1939 fand die makabre Inszenierung der Vernichtungsaktion ihren Abschluß. Die Organisation der Tötungsmaschinerie trägt deutlich konspirative Züge. Wenn auch mit der Kanzlei des Führers verkoppelt, legen sich die bürokratisch Verantwortlichen Decknamen zu. Es wird eine in der Namensgebung unverdächtige „Reichsarbeitsgemeinschaft Heil- und Pflegeanstalten" und eine Scheingesellschaft „Gemeinnützige Kranken-Transport-GmbH", die sogenannte „Gekrat" gegründet, die mit ihren grauen

Omnibussen später Schrecken verbreiten sollte. Im Februar und Oktober 1939 wurden die Tötungsanstalten Hartheim in Österreich und Grafeneck – zuvor konfessionelle, sehr abgelegene Behinderteneinrichtungen – beschlagnahmt. Die Anstalten Brandenburg, Bernburg, Sonnenstein und Hadamar – alle mit Tarnchiffren gekennzeichnet – kamen hinzu. Ende Juli 1939 wurde eine Reihe von Psychiatern, etwa 15 bis 20, die meisten Professoren, versammelt, über das Programm in Kenntnis gesetzt und zur Mitarbeit als Gutachter aufgefordert. Schutz vor Strafverfolgung wurde zugesichert. Bis auf einen sagten alle zu. Weder damals noch später ist irgendjemand gezwungen worden, sich an der Kampagne zu beteiligen. Verweigerung war immer möglich. Jedoch wurde über die ganze Aktion, welche wegen des Sitzes der Zentraldienststelle in Berlin, Tiergartenstraße 4, das Kennwort „T 4" erhielt, ein völliges Geheimhaltungsgebot gelegt, dessen Durchbrechung allerdings Sanktionen zur Folge haben konnte.

Auch die Tötungsanstalten – besetzt mit ausgewechseltem Personal – wurden strikt von der Umgebung isoliert. Zur gleichen Zeit entschied man sich unter Beteiligung der mitwirkenden Psychiater und des Kriminaltechnischen Instituts im Reichssicherheitshauptamt, reines Kohlenoxydgas bei der Tötung der vorgesehenen Geisteskranken zu verwenden. Beginnend in Grafeneck und Hartheim wurden die Vergasungsanlagen mit samt der Krematorien eingebaut. Während schon zuvor auf Veranlassung der SS in Pommern und Westpreußen sowie nach der Besetzung von Polen tausende von Geisteskranken wahllos erschossen worden waren, trafen die ersten Meldebögen im Oktober 1939 bei den psychiatrischen Landeskrankenhäusern ein. Zu melden waren sämtliche Kranke, die u.a. unter Schizophrenie, Epilepsie, senilen Erkrankungen, Schwachsinn jeder Ursache litten und, wie es hieß, „in den Anstaltsbetrieben nicht oder nur mit mechanischen Arbeiten (Zupfen u.ä.) zu beschäftigen sind" sowie kriminelle Geisteskranke, die nicht die deutsche Staatsangehörigkeit besaßen oder, wie es damals hieß, nicht-deutschen Blutes waren.

Schon an dieser Stelle wird deutlich, daß sich die Praxis sehr schnell von der schriftlichen Ermächtigung Hitlers entfernte, in welcher verlogen von so etwas wie „Gnadentod" unter „kritischster Beurteilung des Krankheitszustandes" die Rede war. In Wirklichkeit ging es um die Beseitigung als minderwertig angesehener, die Volksgemeinschaft belastender, unbrauchbarer, auch mißliebiger, z.B. jüdischer Menschen. Deswegen rückte, besonders im Hinblick auf das Kriegsgeschehen, bei der Auswahl das Kriterium der Fähigkeit zu produktiver Arbeit schließlich ganz in den Vordergrund. Anfang 1940 begann der Rücklauf der Meldebögen in Berlin. In einem freigelassenen Feld trugen die psychiatrischen Gutachter ein rotes Kreuz ein, wenn der Kranke zu töten war, einen blauen Strich, wenn er leben bleiben durfte. Keiner der Gutachter hat in diesem Verfahren je einen Patienten zu Gesicht bekommen, über dessen Leben oder Tod er entschied. Aus dem Ergebnis der Sortierung wurden Listen zusammengestellt. Die Gemeinnützige Transport-Gesellschaft holte die so gekennzeichneten Kranken und Behinderten aus den Einrichtungen – wie man sagte, aus „planwirtschaftlichen Gründen" – ab und brachte sie in die Tötungsanstalten. Seit Herbst 1940 erfolgten zur Tarnung die Verlegungen häufig über sogenannte „Zwischenanstalten". Nach der Vergasung wurden die Leichen verbrannt. Zur Verschleierung und falschen Beurkundung der Tötungen wurden jeweils örtliche Sonderstandesämter eingerichtet. In weitgehend schematisierten sogenannten Trostbriefen wurden die Familien vom Tod ihres Angehörigen benachrichtigt und um Mitteilung gebeten, „an welchen Friedhof wir die Übersendung der Urne mit den sterblichen Überresten des Heimgegangenen durch die Ortspolizeibehörde veranlassen sollen". Die sofortige Einäscherung wurde mit „seuchen-polizeilichen Erwägungen" begründet. Daß die übersandten Urnen nicht die Asche der Ermordeten enthalten konnten, bedarf keiner Erklärung. Ich erspare Ihnen die Schilderung, wie diese gefüllt wurden.

Am 24. August 1941 verfügte Hitler – wahrscheinlich unter dem Eindruck der außerordentlichen Wirkung, welche die öffentliche Protestpredigt Bischof von Galens vom 3. August nach sich zog – den sogenannten „Euthanasie-Stop". Diese Verfügung muß insofern relativiert werden, als das Morden auch danach weiter ging. Die Organisation „T 4" wurde nicht aufgelöst, die Gaskammern in Bernburg, Sonnenschein und Hartheim blieben betriebsbereit. In den folgenden Jahren vermengten sich die spezifisch-psychiatrische Vernichtung von Menschen mit der Ausrottung „Mißliebiger" und „Unbrauchbarer" in den Konzentrationslagern immer mehr. Schon im Laufe des Jahres 1941 durchkämmten in der Selektion erfahrene Ärzte Konzentrationslager, um sie nach den Kriterien der Meldebögen von den sogenannten „Ballastexistenzen" zu befreien. Die Kriegslage erforderte den restlosen Einsatz aller Häftlinge für die Rüstungsindustrie. Die Kooperation zwischen psychiatrischen Anstalten und Konzentrationslagern entwickelte sich zu einem irrwitzigen System: Unerwünschte Insassen wurden zur „Vernichtung durch Arbeit" – ein Terminus, der offenbar von Goebbels stammt – in ein Konzentrationslager gebracht. War ihre Arbeitskraft ausgepreßt, wurden sie in psychiatrische Tötungsanstalten zurück verlegt und dort vergast. Zur gleichen Zeit wurden im besetzten Rußland gesamte Belegungen psychiatrischer Krankenhäuser liquidiert. Die „T 4"-Tötungstechnologie floß – auch personell – in die ab 1941 anlaufende Judenvernichtung ein.

In einigen deutschen psychiatrischen Anstalten wurde, nachdem man den Pflegesatz ab 1933 bereits herabgesetzt hatte, Hungerkost, sogenannte „E-Kost", eingeführt, an der viele Kranke zugrundegingen. Wo man nicht mehr vergasen konnte, verabfolgte man erhöhte Dosen Luminal und schaffte die sowieso geschwächten und unterernährten Kranken auf diese Weise unauffällig beiseite. Es ist kaum zu glauben, aber wir wissen, daß in Teilbereichen des psychiatrischen Krankenhauses Kaufbeuren, buchstäblich bis die Amerikaner vor der Tür standen, Patienten umgebracht wurden. Bei dieser Sachlage – und einige Kapitel, z.B. den Komplex der sogenannten „Kinder-Euthanasie" und der Menschenversuche habe ich beiseite gelassen – ist es nicht ganz einfach, die Zahl der psychisch Kranken und Behinderten, die den vielfältigen Aktionen zum Opfer fielen, abzuschätzen. Sicher waren es mehr als 100.000; vermutlich, zählt man alles zusammen, ist diese Zahl mindestens zu verdoppeln.

Es wäre ein Irrtum, wollte man annehmen, daß diejenigen, welche Leben vernichtet haben, weil sie es für lebensunwert hielten, als sadistische Verbrechernaturen zu kennzeichnen sind. Von Ausnahmen abgesehen, die sich wohl immer von derartigen Szenarien anziehen lassen, waren die Täter und ihre Helfer in der Regel angepaßte, aus ordentlichen Verhältnissen stammende Bürger. Man wird sich rückblickend fragen müssen, wie die Motivation zu lebensvernichtendem Handeln und das duldende Hinnehmen derartigen Tuns bei so vielen Menschen während des Dritten Reiches geweckt werden konnte. Ich möchte meinen, daß bei dem Versuch, sich einer Antwort verstehend anzunähern, vor allem die geistesgeschichtliche Situation – also Gedanken, Ideen und Vorstellungen, welche seit der zweiten Hälfte des 19. Jahrhunderts, dem 1. Weltkrieg, der Weimarer Republik bis hin zu den 30er Jahren in den Köpfen umgingen – zu bedenken ist.

1859 veröffentlichte Darwin „Die Entstehung der Arten durch natürliche Zuchtwahl, oder die Erhaltung der begünstigten Rassen im Kampf ums Dasein". Das Werk hatte in einer Epoche sich entfaltender Naturwissenschaft und des damit verbundenen modernen Fortschrittsglaubens große Wirkung. Eher fachliche Begriffe wie Rasse, Abstammung, Vererbung, Evolution kamen unter die Leute. Alsbald wurde die darwinistische Theorie auch auf die menschliche Entwicklung angewandt. Ernst Haeckel schrieb 1868 seine „Natürliche Schöpfungsgeschichte", 1874 die „Anthropogenie oder Entwicklungsgeschichte des Menschen". 1883 kam der Begriff „Eugenik" auf. 1895 führte Alfred Ploetz den Terminus „Rassenhygiene" ein – Wissenschaften, die sich mit allen Einflüssen befassen, welche die angeborenen Eigenschaften einer Rasse verbessern, wobei hier unter „Rasse" der Erbanlagenbestand einer Menschengruppe, eines Volkes verstanden wurde. Asozialität, Arbeitsscheu, Alkoholismus wurden überwiegend als Ausdruck degenerierter Erbanlagen angesehen, und es bestand offensichtlich weitverbreitet so etwas wie eine uns heute gar nicht mehr verständliche Angst, es könnte das Volk angesichts der hohen Vermehrungsraten in diesen minderwertigen Kreisen genetisch sozusagen vor die Hunde gehen. Es nimmt daher nicht wunder, daß die von dem Juristen Binding und dem Psychiater Hoche 1920 verfaßte Schrift „Freigabe der Vernichtung lebensunwerten Lebens, ihr Maß und ihre Form" Widerhall fand. Überhaupt wurden in den 20er Jahren viele Vorschläge zur Ausmerze von Volksschädlingen, Vagabunden, ihre Tötung, Sterilisierung und Asylierung diskutiert. 1928 und 1933 forderte der Deutsche Verein für öffentliche und private Fürsorge ein Bewahrgesetz, also Bewahranstalten für Asoziale, eine Forderung übrigens, die im Dritten Reich mehrfach von kirchlichen Trägern vorgebracht wurde. 1929 konnte Hitler auf dem Parteitag in Nürnberg ohne Protest den Satz ausrufen: „Wenn jährlich eine Million Kinder geboren, und 700.000 bis 800.000 der Schwächsten beseitigt würden, wäre das Ergebnis eine Kräftesteigerung".

Auf diesem weit zurückreichenden Hintergrund müssen die ersten Taten der an die Macht gekommenen Nationalsozialisten gesehen werden. In welcher Weise sich aus dieser eher sektiererischen, völkisch-antisemitischen, völlig epigonalen politischen Gruppierung schließlich eine antirepublikanische Massenbewegung mit einem diffusen Parteiprogramm – aus dem jeder herauslas, was er wollte – entwickeln konnte, muß hier außer Betracht bleiben.

1933 entstand das Gesetz zur Verhütung erbkranken Nachwuchses zusammen mit dem Sterilisierungsgesetz. Die Anzeigepflicht wurde verfügt, Erbgesundheitsgerichte bestellt. Bis zum Kriegsende sind etwa 300.000 geistig Behinderte, Schizophrene, Personen mit manisch-depressiver Krankheit, körperlichen Mißbildungen und Alkoholismus zwangsweise sterilisiert worden. 1935 folgte das Erbgesundheitsgesetz, durch welches das „Ehetauglichkeitszeugnis" eingeführt wurde sowie das „Gesetz zum Schutze deutschen Blutes und der deutschen Ehre", das u.a. die Ehe zwischen Juden und Staatsangehörigen „deutschen oder artverwandten Blutes" – so in der damaligen Terminologie – verbot. 1933 wurde das erste Konzentrationslager in Dachau eingerichtet, um – in der damaligen Sprache – den „Untermenschen" auszuschalten und das ganze kriminelle Volk einschließlich der Kommunisten hereinzuholen. Von 1934 bis 1936 erfolgten Aktionen zur „Auskämmung" der Bettler, Landstreicher, Zigeuner, Arbeitsscheuen, Querulanten, Gewohnheits- und Sittlichkeitsverbrecher, Raufbolde, Geisteskranken – d.h. der Population, die unter den in einer langen Vorgeschichte entstandenen Begriff der „Asozialen", der völkisch und rassisch Minderwertigen, subsumiert wurde. Von hier her war es nicht mehr weit bis zu den Vorbereitungen, die dann in die krude Vernichtung des sogenannten lebensunwerten Lebens geführt haben.

Der in sehr groben Strichen gezeichnete Gang durch die geistesgeschichtliche Entwicklung wirkt, das sei zugegeben, sehr gradlinig, beinahe so, als hätte alles so kommen müssen, wie es gekommen ist. Natürlich hat es über die Generationen hin immer Gegenbewegungen gegeben. Die komplexen Zusammenhänge solchen Widerstandes auf einen Nenner zu bringen und durchgängig darzustellen, ist freilich wesentlich schwieriger. Beschränkt man sich auf die Zeit etwa ab 1930, so besteht wohl kein Zweifel, daß weite Kreise, auch des Kirchenvolkes, zunächst die Machtergreifung mit mancherlei Hoffnungen verknüpft haben. Konservativ gesonnen, staatstreu aus alter Tradition, fühlte man sich vor den Gefahren des „Bolschewismus", wie es damals hieß, des Sozialismus, des Freidenkertums und Liberalismus geschützt. Nach den chaotischen Erfahrungen der Republik sollte ein Führer die Nation wiederherstellen und Ordnung schaffen. Gewiß spielte dabei auch der Satz vom „positiven Christentum" im Parteiprogramm der Nationalsozialisten und das rasch abgeschlossene Konkordat eine affirmative Rolle. Die anfänglichen Siege der „Deutschen Christen" weisen in die gleiche Richtung. Die überhandnehmenden und die dieser Bewegung verbundenen, zum Teil abstrusen sektiererischen Erscheinungen gaben den Anstoß zur Formierung der Bekennenden Kirche und der sich von diesem neuheidnischen Treiben distanzierenden Barmer Theologischen Erklärung. Es ist weder meine Aufgabe, noch liegt es in meiner Kompetenz, zu den kirchenpolitischen Kämpfen jener Jahre und ihrer Folgen etwas auszusagen.

Der Widerstand der evangelischen Kirche, der konfessionellen Einrichtungsträger, ihrer Mitarbeiter und des Kirchenvolkes selbst gegen die hier zur Rede stehenden brutalen Maßnahmen des Dritten Reiches ist durch Zersplitterung, weitverbreitete Ratlosigkeit und konfliktbesetzte Entschlußunfähigkeit gekennzeichnet. Offizielle Proteste gegen das 1934 in Kraft getretene Zwangssterilisierungsgesetz, das sich in dieser Schärfe und Konsequenz kein anderes Land der Erde geleistet hat, sind mir nicht bekannt.

Spätestens Anfang 1940 verdichteten sich die Informationen über die Aktion „T 4". Die wahren Hintergründe der zahlreicher werdenden Verlegungen psychisch Kranker und Behinderter sickerten durch. Es war wohl Pfarrer Paul Braune, Leiter der Hoffnungsthaler Anstalten/Lobetal, der am schnellsten reagierte. Er nahm Kontakt mit den Berliner Ministerien auf, protestierte mit Pastor Bodelschwingh beim Reichsjustizminister, verfaßte eine Denkschrift, die im Juli 1940 der Reichskanzlei übergeben wurde. Im August 1940 wurde er für zwölf Tage in Gestapo-Haft genommen. Bethel verweigerte, wie andere Einrichtungen gelegentlich auch, die Ausfüllung der Meldebögen. Anzeigen wurden – ohne Folgen versteht sich – erstattet. Vor allem wurden zahllose Eingaben verfaßt – alles Unternehmungen, die nicht in die Öffentlichkeit drangen. Lediglich ein sehr deutliches Schreiben des württembergischen Landesbischofs WURM vom Juli 1940 an den Reichsminister des Inneren geriet – ohne sein Zutun – in Umlauf. Die 9. Bekenntnissynode der evangelischen Kirche der Altpreußischen Union am 12. und 13. Oktober in Leipzig kommt – schon in voller Kenntnis der Geschehnisse – innerlich zerrissen zu keiner gemeinsamen oppositionellen Stellungnahme: Es wird beschlossen, ein theologisches Gutachten über die Euthanasie auszuarbeiten. 1942 wird allerdings Pfarrer Ernst Wilm, der spätere Präses der westfälischen Landeskirche, wegen seiner mutigen Predigten gegen die Euthanasie in den Silversternächten 1940/41 und 1941/42 verhaftet und in das Konzentrationslager Dachau verbracht. Einige Pfarrer, die an den Gräbern der Ermordeten ein offenes Wort sprachen, kamen wegen „Kanzelmißbrauch" ins Gefängnis.

Aber erst die bereits erwähnte öffentliche Predigt Bischof Graf von Galens in der Lamberti-Kirche von Münster im August 1941 brachte die Wahrheit unter das Volk. Die Predigt ging in Tausenden Exemplaren von Hand zu Hand. Galen anzutasten wagte die nationalsozialistische Führung nicht. Mehrere katholische Bischöfe wurden ermutigt, ebenfalls öffentlich die Euthanasie abzulehnen. Im Herbst 1941 dekretierte und veröffentlichte das Heilige Offizium in Rom die Verurteilung der Tötung Unschuldiger wegen geistiger und körperlicher Defekte. Um die gleiche Zeit verfaßte der Leiter der Kirchenkanzlei, Werner, im Auftrage des Geistlichen Vertrauensrates eine Eingabe an das Reichsinnenministerium: Der Geistliche Vertrauensrat nimmt darin Abstand, im Namen der evangelischen Kirche eine ähnliche Position zu beziehen, wie es das Heilige Offizium getan hatte. Die evangelische Kirche sei vielmehr „der Meinung, daß staatliche Gesetzgebung vom Staate selbst und seinen verantwortlichen Leitern vor Gott und dem eigenen Gewissen verantwortet werden muß. Deshalb beschränkt sich der Geistliche Vertrauensrat darauf, auf den schweren Ernst der zu treffenden Entscheidung hinzuweisen". Sehr spät endlich findet die letzte preußische Bekenntnissynode am 16. und 17. Oktober 1943 in Breslau bei der Auslegung des 5. Gebotes eindeutige Worte: Sie verkündet u.a. „Begriffe wie Ausmerzen, Liquidieren unwerten Lebens kennt die göttliche Ordnung nicht. Vernichtung von Menschen, weil sie Angehörige eines Verbrechers, alt oder geisteskrank sind ... ist keine Führung des Schwertes, das der Obrigkeit von Gott gegeben ist". Die Erklärung findet keine Beachtung mehr. Ich möchte hier abbrechen.

Die Konfliktlage wird, glaube ich, deutlich: Zwischen Gehorsam gegen die Obrigkeit einerseits und Widerstand andererseits konnte rechtzeitig und im Konsensus kein Ausweg gefunden werden. Dietrich Bonhoeffer muß einem zu diesem Thema einfallen. Die Angst im allgemeinen – unter einem Terrorregime nur zu verständlich – und die spezielle Sorge durch Verhaftung die Kranken und Behinderten dem selektierenden Zugriff der Ärztekommissionen völlig schutzlos ausgesetzt zu sehen, kam hinzu. Ich meine, daß das Handeln der evangelischen Kirche während des Dritten Reiches in unserem Zusammenhang ein Lehrstück darstellt, in welchem zumindest Fragen an die sogenannte Zwei-Reiche-Lehre provoziert werden. Wenn die weltliche Obrigkeit sich selbst offenkundig dem Verbrechen verschreibt, kann das Schweigen nicht mehr mit der eigenverantwortlichen Führung des Schwertes glaubwürdig gemacht werden. Daß die Kirche nicht frühzeitig, fortdauernd und unüberhörbar gesprochen hat, gründet zu einem Teil wenigstens in ihrem auch heute noch wirksamen zwiespältigen und problematischen Verhältnis zur Politik, worüber Herr Präses heute gesprochen und die lang anhaltende Diskussion ein Zeugnis abgegeben hat. Durch die Zersplitterung des Widerstandes und die lähmende Entschlußunfähigkeit derer, die qua Amt etwas zu sagen gehabt hätten, bleiben diejenigen, welche in den Gemeinden und Einrichtungen erleben mußten, was sich vor ihren Augen abspielte, mit ihrer Gewissensnot und ihrer Hilflosigkeit gegenüber dem brutalen Zugriff der Staatsgewalt sich selbst überlassen. Sich selbst überlassen in der Tradition der deutschen

Untertanenmentalität, der Gehorsamspflicht um ihrer selbst willen und unter dem Druck rassisch-völkischer Ideologien.

Man sollte sich nicht täuschen, daß wir mit dem Untergang des Dritten Reiches gleichsam automatisch von allen überkommenen Gefährdungen befreit seien. Nach wie vor leben wir in einer Epoche, die sowohl durch eine angsterzeugende Sinn- oder Glaubenskrise als auch von naturwissenschaftlich-rationalistischem und verflachtem Fortschrittsdenken geprägt ist. Dieses Denken neigt dazu, alles, schließlich auch den Menschen, zum bloßen Gegenstand, zum Objekt werden zu lassen, mit dem man macht, was machbar ist. Die Techniken der Lebensverlängerung, die Manipulationen an genetischer Substanz – heute ist darüber gesprochen worden –, das Experimentieren mit sogenannten „Retorten-Babys", die Tötung ungeborenen Lebens, der distanzierend-aussondernde Umgang mit Behinderten, mit Fremdartigem sind Beispiele für ethische Herausforderungen unserer Tage. Es ist, meine ich, und das sage ich als einfaches Gemeindeglied, ein permanenter Auftrag der Kirche, die in der Ebenbildlichkeit Gottes festgemachte Würde des Menschen zu verteidigen. Wer die Botschaft Christi hört, weiß, daß wir uns auf die Seite der Schwachen und Randständigen, eben auch derer, von denen hier die Rede war, jetzt und heute zu stellen haben, damit sie nicht die Lebensunwerten von heute werden. Aus diesem Auftrag leiten sich Erwartungen und Hoffnungen für gegenwärtiges und zukünftiges Handeln der Kirche ab. Er gibt ferner den Horizont frei für eine unverstellte Aufarbeitung des Scheiterns in einer schlimmen Vergangenheit. Daß es in der Tat 40 Jahre gedauert hat, bis wir uns dem, was geschah, diesem spezifischen Geschehen, stellen, um zu trauern, zu lernen und den auf uns gekommenen Gefährdungen nachzuspüren, ist eine im Grunde erschreckende Bilanz. Gerade deswegen ersuchen wir die Kirchenleitung, einen Arbeitskreis oder Ausschuß zu beauftragen, der das Begonnene fortsetzt, damit – solange noch Zeitzeugen leben – aufklärendes und interpretierendes Material erarbeitet werden kann. Derartiges Material vermag freilich nur dann Gefährdungen entgegenzuwirken und zur Neuorientierung beizutragen, wenn es tatsächlich auch in die Hände des Kirchenvolkes gelangt und von diesem reflektiert werden kann.

Literatur:
Ernst Klee, „Euthanasie" im NS-Staat. Die „Vernichtung lebensunwerten Lebens", 1983.

Synodalerklärung von 1988

Vergessene NS-Opfer

Die Landessynode der Evangelischen Kirche im Rheinland stellt dankbar fest, daß der Deutsche Bundestag die Frage der Anerkennung bisher vergessener Opfer des nationalsozialistischen Unrechts neu aufgegriffen und dabei eine weitere Entschädigungsregelung beschlossen hat.

Sie fordert den Deutschen Bundestag erneut auf, im Blick auf das sogenannte Erbgesundheitsgesetz vom 14. Juli 1933 zu erklären, daß es sich dabei um ein Unrechtsgesetz gehandelt hat. Es verletzte die Menschenwürde und bedeutet eine bis heute nachwirkende Schädigung, z.B. kranker und behinderter Menschen und die bis heute wirksame Diskriminierung dieser Personen und ihrer Familien.

Sie fordert den Deutschen Bundestag auf, eine entsprechende Rehabilitierung und Entschädigung auch für andere Gruppen von Menschen zu veranlassen, die wegen ihrer völkischen oder rassischen Herkunft, ihrer politischen oder weltanschaulichen Überzeugung oder aus anderen Gründen zu Verfolgten wurden (z.B. Homosexuelle, Sinti und Roma, Zwangsarbeiter und Kommunisten) oder der damaligen Militärjustiz zum Opfer fielen.

Sie fordert die Gemeinden auf, den noch lebenden Opfern des nationalsozialistischen Unrechts in ihrer Einsamkeit und Notlage Aufmerksamkeit zu widmen und Verständnis und Hilfe entgegenzubringen.

Beschluß der Landessynode der Evangelischen Kirche im Rheinland vom 12. Januar 1988

Materialien und Medien

Die folgende Zusammenstellung von Materialien und Medien für die Arbeit in Gemeinden, im Religionsunterricht an Schulen und in diakonischen Einrichtungen mit den Problemen Behinderter und des Umgangs mit ihnen sowie mit den Themen Euthanasie, Eugenik und Gentechnologie soll einige Hilfen dazu anbieten. Die Auswahl ist auf solche Veröffentlichungen begrenzt, die leichter zugänglich sind. Vorangestellt werden Kriterien bezüglich der Darstellung Behinderter, die zur kritischen Lektüre auffordern wollen. Dabei wird vor allem der Zusammenhang zwischen der Einstellung zu Behinderten mit der daraus folgenden Praxis und sozialdarwinistischen Vorstellungen berücksichtigt.

Kriterien zur Beurteilung der Darstellung Behinderter
Hans-Joachim Boué

Die folgenden Kriterien ergeben sich aus dem Beschluß der Landessynode vom Januar 1985 „Erklärung zu Zwangssterilisierung, Vernichtung sogenannten lebensunwerten Lebens und medizinischen Versuchen an Menschen unter dem Nationalsozialismus" und dem vom Arbeitskreis „Kirche und ‚Euthanasieprogramm'" zusammengestellten „Materialien und Dokumenten". Sie erheben einerseits keinen Anspruch auf Vollständigkeit. Andererseits können nicht jeweils alle Kriterien an jede Veröffentlichung angelegt werden. Der direkte Bezugspunkt der Kriterien ist die Darstellung Behinderter und ihrer Problematik in unserer Gesellschaft in Veröffentlichungen, die der Information der Öffentlichkeit – vor allem in Schule und Erwachsenenbildung – dienen sollen.

Zu prüfen ist,

– **ob das Lebensrecht und die Menschenwürde Behinderter nicht nur vorausgesetzt, sondern auch formuliert werden.**

Die wieder aufgekommene Diskussion um Sterbehilfe und Euthanasie sowie mögliche Konsequenzen der pränatalen Diagnostik zeigen deutlich, daß die Unantastbarkeit des Rechts auf Leben an bestimmten Grenzpunkten infrage gestellt wird. Welche Lebens- und Wertvorstellungen spielen dabei eine Rolle? Diese müssen benannt werden wie z.B. der Maßstab des Gesunden und Leistungsfähigen, der Genußfähigkeit, der Verobjektivierung des Menschen. Die praktischen Konsequenzen daraus wie z.B. medizinische Versuche, Ausgrenzung und Aussonderung müssen deutlich werden.

- ob ein geschichtlicher Rückblick auf „Euthanasie im 3. Reich" und ähnliche Aktionen und ihre Wurzeln erfolgt.

In vielen Veröffentlichungen unterbleibt dieser Rückblick im Zusammenhang der Erörterung der Behindertenproblematik. Es werden nicht einmal Hinweise darauf gegeben. Die Auslassung wird nicht begründet.

- ob der Wert und die Würde der Person des Behinderten die Darstellung seiner Stellung in der Gesellschaft bestimmen.

Nach wie vor ist es populär, im Blick auf Behinderte und ihre Förderung die Kostenfrage in den Vordergrund zu stellen. Der gesellschaftliche Wert wird nach der erbrachten Leistung (z.B. Steuerleistung) bemessen. In diesem Zusammenhang werden auch Rehabilitationsmaßnahmen und Eingliederungshilfen vorwiegend unter dem Gesichtspunkt des Kosten-Nutzen-Denkens gesehen. Welche Rolle spielt die Befriedigung der Bedürfnisse des Behinderten? Wie werden die Bedürfnisse dargestellt und gewertet?

- ob das Verhältnis von Behinderten und Nichtbehinderten aus einer partnerschaftlichen Perspektive gesehen wird.

Oft wird der Behinderte einseitig von den Defiziten seiner Person her gesehen. Das kann umgekehrt bedeuten, daß ihm besondere menschliche Qualitäten aufgrund seiner Behinderung im Sinne von Vorbildcharakter zugeschrieben werden. Dabei muß gefragt werden, ob bei dieser Sicht des Behinderten der Nichtbehinderte zum Maßstab genommen wird. Dann bleibt er in jedem Fall der Überlegene.

- ob die medizinische, persönliche und soziale Komponente von Behinderung in der Darstellung berücksichtigt sind.

Es reicht nicht aus, Behinderung nur als medizinisch feststellbaren Schaden zu definieren. Vielmehr müssen die Beeinträchtigung in den Interaktionsmöglichkeiten und die Einschränkung durch die Umwelt als Teil der Behinderung gesehen und kenntlich gemacht werden.

- ob die Zusammenhänge zwischen sozialer Herkunft (Schichtenzugehörigkeit) und Behinderung deutlich werden.

Werden die Bedingungen der persönlichen und sachlichen Umwelt, die Behinderungen mithervorrufen bzw. verstärken können, benannt? Z.B. der Zusammenhang von materieller Armut und Gesundheitszustand von Schwangeren und Säuglingen; Gesundheitswissen und Vorsorgedenken sowie Verhältnis zu Ämtern, Behörden, Ärzten; schlechte Wohnverhältnisse, niedrige Schulbildung, sprachliche Barrieren.

– ob Behinderte als integrativer Teil der Gesellschaft gesehen werden, die gleichberechtigt an ihrem Leben beteiligt sind.

Die Rede von Behinderten als „Außenseiter" und „Randgruppen" muß kritisch hinterfragt werden. Welches Gesellschaftsbild steht dahinter, wenn Begriffe wie „Außenseiter", „Randgruppe", „Marginalisierung" u.ä. benutzt werden? Wird möglicherweise ein einheitliches, hierarchisch gegliedertes Gesellschaftssystem vorausgesetzt? Gehört zu diesem Bild die Auffassung von Behinderung als erbbiologisch bedingtem Unfall, auf den die Gesellschaft – je nach herrschender Meinung unterschiedlich – durch Integration, Absonderung oder Ausmerzung reagieren kann?

– ob bei der Darstellung von Sondereinrichtungen für Behinderte auch deren Problematik zur Sprache kommt.

Werden also Sondereinrichtungen als die bestmögliche Lösung zur Betreuung und Förderung von Behinderten dargestellt? Oder wird auch die Problematik der Sondereinrichtungen im Sinne der sozialen Aussonderung zur Diskussion gestellt? Werden die Möglichkeiten integrativer pädagogischer Förderung z.B. im schulischen Bereich erörtert? Wird die Ausstattung und Gestaltung der „Normal"schulen im Blick auf die mögliche Aufnahme Behinderter unter die Lupe genommen?

– ob die Behinderungen der „Nicht"behinderten in angemessener Weise zur Sprache kommen.

Eine Partnerschaft von Behinderten und Nichtbehinderten ist nur auf der Grundlage möglich, daß die Bedürftigkeit aller Menschen eingestanden wird. Gegenüberstellungen wie „Gesunde – Kranke", „Nichtbehinderte – Behinderte", „Starke – Schwache" werden dadurch relativiert. Es ist zu fragen, wie sie so verwendet werden können, daß nicht die Maßstäbe vom letztlich doch als positiver und höherwertig angesehenen an das als negativer und minderwertig angesehene angelegt werden.
Die Bedürftigkeit aller einzugestehen, darf jedoch andererseits nicht zur Verharmlosung von Behinderung und Krankheit führen. Ihre Schwere und Unverständlichkeit bleiben für die Betroffenen.

– ob Leiden, Krankheit und Sterben als Teil menschlichen Lebens und als Anfrage an den Sinn menschlichen Lebens dargestellt werden.

Behinderte werden zwar kaum noch als Objekte der Betreuung (insbesondere christlicher Nächstenliebe) bezeichnet, aber oft noch so behandelt. Der Mitleidsgedanke spielt nach wie vor (aufgrund seiner Entlastungsfunktion) in der Praxis eine große Rolle. Dies muß bewußt gemacht werden. Es muß die Frage nach der Leidensfähigkeit und dem Mit-Leiden gestellt werden.

- ob die theologische Begründung (sofern sie vorhanden ist) im Blick auf die besondere Problematik das biblische Menschenbild sachgemäß einbringt.

An Stichwörtern sind zu nennen: Gottebenbildlichkeit, der leidende Mensch (Gottesknecht, gekreuzigter Christus), Vollendung des Menschseins im Reich Gottes, Gottes Zuwendung. Diese Stichwörter weisen darauf hin, daß für den Glauben nicht die Qualität des Menschen, sondern die Zuwendung Gottes zu jedem Menschen entscheidend ist.

Damit ist zugleich gesagt, daß ein Zitieren des Gleichnisses vom barmherzigen Samariter oder der Hinweis auf das Gebot der christlichen Nächstenliebe nicht ausreichen. Zudem birgt das die Gefahr in sich, den Behinderten als Objekt der Liebe an den eigenen Maßstäben zu messen.

- ob die Gemeinschaft von Behinderten und Nichtbehinderten in der christlichen Gemeinde bzw. Kirche im Sinne des Bildes vom Leib Christi dargestellt wird.

Noch immer wird die Aufgabe der christlichen Gemeinde im Blick auf Behinderte gern so dargestellt, daß sie etwas *für* die Behinderten tun und ihnen helfen müsse. In diesem Zusammenhang wird dann auch die Diakonie als Aufgabenfeld der Kirche abgehandelt. Damit ist u. U. eine paternalistische Haltung verbunden, die unserem Verständnis von Gemeinde als dem Leib Christi widerspricht. Am Leib Christi sind alle Glieder gleich wichtig und gleich wertig. Sie helfen einander gegenseitig.

Weiterhin ist zu prüfen,
- ob Vorurteile gegenüber Behinderten, ihre Ursachen, ihre Entstehung und ihr Abbau, ihre Auswirkungen auf Behinderte und Reaktionen von Behinderten darauf benannt werden.
- ob Formen des Zusammenlebens von Behinderten und Nichtbehinderten vorgestellt und ihre Vor- und Nachteile erörtert werden.
- ob Behinderte selber durch Berichte, Interviews, Aussagen usw. in ausreichendem Maß zu Wort kommen.
- ob bildliche Darstellungen Behinderter (vor allem Fotos) den Respekt vor der Würde der Person und den Gedanken der Partnerschaft zum Ausdruck bringen.
- ob sachlich richtige und ausreichende Informationen über Behinderungsarten und -ursachen und ihre Auswirkungen gegeben werden oder wenigstens auf entsprechende Veröffentlichungen verwiesen wird.
- ob über Möglichkeiten der Prävention und der Rehabilitation informiert wird.

- ob technische Hilfen für Behinderte und Techniken der Hilfestellung angesprochen werden.
- ob bei der Wahl von Begriffen sich auch kein versteckter Rassismus – wie z. B. bei der Bezeichnung „mongoloid" – einschleicht.
- ob praktische Anregungen gegeben werden, damit Behinderte und Nichtbehinderte miteinander in Kontakt kommen.

Materialien und Medien im schulischen Bereich
Hans-Joachim Boué

Thema: Behinderte

Kurzgefaßte Aspekte zur Beurteilung von Unterrichtsentwürfen und Religionsbüchern finden sich bei
Anna-Katharina Szagun
Behinderung
Ein gesellschaftliches, theologisches und pädagogisches Problem
Göttingen (Vandenhoeck und Ruprecht) 1983
Seite 129–151: „Behinderung als religionspädagogisches Problem an Regelschulen"

1. Elementarbereich (Kindergartenalter)

Besonders empfehlenswert für diese Altersgruppe sind als Bilderbücher (mit Text):
Reihe „*Das behinderte Kind*":
Diana Peter, *Heike und Jutta können nicht hören*
Palle Petersen, *Susanne kann nicht sehen*
Paul White, *Andrea kann nicht laufen*
Palle Petersen, *Thorsten lernt jetzt laufen*
alle Oberursel (Finken) 1979

Diese Fotobilderbücher über den Alltag und die Schwierigkeiten behinderter Kinder sind am besten mit Erwachsenen zu betrachten und zu lesen.

Helen lernt leben. Die Kindheit der taub-blinden Helen Keller von Anne Marchon in der Reihe: Religion für kleine Leute
Lahr (Ernst Kaufmann) 1984[2] (1982)

Antoinette Becker / Elisabeth Niggemeyer
„*Ich bin doch auch wie ihr*"
Ravensburg (Maier) 1980[4] (1975)

179

In diesem Fototextbuch werden die Erlebnisse, Gedanken und Gefühle fünf verschiedener behinderter Kinder (ein spastisch gelähmter Junge, ein Mädchen mit geschienten Beinen, ein geistig behinderter Junge, ein taubstummes und ein blindes Mädchen) geschildert. Das Buch ist für behinderte und nichtbehinderte Kinder gedacht. Sie erfahren, daß ihre Spiele und Wünsche, Ängste und Leiden vieles gemeinsam haben.

Dazu gibt es eine Mappe mit 24 großformatigen Fotos und einem Begleitheft für Erzieher, das Vorschläge für Rollenspiele enthält.

Die Fotos sind auch als Diaserie (Calig-Verlag München CF 651) erschienen, die durch Informationstexte für den Lehrer und Erzieher ergänzt wird.

Zur Arbeit mit Eltern behinderter Kinder sind empfehlenswert:

Wir haben ein behindertes Kind. Eltern berichten. HG von Irina Prekop Stuttgart (Quell) 1980² (1979).

Barbara Beuys, *Am Anfang war nur Verzweiflung.* Wie Eltern behinderter Kinder neu leben lernen.
Reinbeck (Rowohlt) 1984

2. Religionsunterricht

2.1 Primarstufe (6–9 Jahre)

Das Buch „*Ich bin doch auch wie ihr*" (siehe Elementarbereich)
kann mit den ergänzenden Materialien gut in den Eingangsklassen der Grundschule verwendet weerden.

Ebenso können die schon erwähnten Fotobilderbücher der Reihe „*Das behinderte Kind*" aus dem Finkenverlag eingesetzt werden.

Als Grundlage für den Unterricht im 4. Schuljahr eignen sich Fotos und Texte des Buches von
Christa Schlett, *Ich will mitspielen*
Behinderte: Falsches Mitleid und falsche Hilfe
Wuppertal (Jugenddienst) 1978

Die spastisch gelähmte Autorin schildert die Situation körperbehinderter Kinder sowie Möglichkeiten und Grenzen der Förderung.

Eine Unterrichtseinheit für den Primarbereich findet sich in
Eberhard Sievers, *Religionsunterricht im 3. Schuljahr*
Seite 37–50: „Gesunde und Behinderte"
Stuttgart (Kohlhammer) 1985, zu Johannes 5, 1–9
mit Vorschlägen zu Selbsterfahrungen von Behinderung.

Empfehlenswert ist der Film
„Claudia oder wo ist Timbuktu?"
Es werden im Film Probleme im Zusammenhang mit Behinderung angegangen, die nicht beschönigt oder verharmlost werden. Schwierigkeiten, die auftauchen (z.B. Dani schämt sich wegen seiner mongoloiden Schwester), werden nicht moralisch verurteilt, aber auch nicht fadenscheinig gelöst. Die Konflikte werden in dieser Geschichte in einem Prozeß ausgetragen, der sehr oft für alle Beteiligten schwierig ist.

An Religionsbüchern sind zu nennen:

Mein Religionsbuch 1./2. Schuljahr (Schroedel 1982), Seite 78/79: „Anders und doch gleich"

Licht auf unserem Weg 3/4 (Bagel 1986), Seite 82–84 im Abschnitt „Nachfolge" des Kapitels „Heilsgeschichten – Unheilsgeschichten".

Elementarbuch *Religion 2* (für 5./6. Klasse der Lernbehindertenschule), Bagelverlag Düsseldorf 1979, Seite 76–85 im Abschnitt „Wir leben miteinander – Mit Behinderten leben".

Als besonders empfehlenswert aus der Kinderliteratur seien erwähnt:

Virginis Allen Jensen, *Was ist das?*
(Sauerländer) 1982

Dieses *Fühlbilderbuch* mit erhabenen Taststrukturen ist nicht nur für blinde Kinder ein Erlebnis. Über das Gefühl wird ein Zugang zur Welt der Blinden angebahnt.

Der *Fotoband* von

Yohel Nishimura, *Bilder von innen*, Blinde Kinder modellieren
Luzern (Reich) 1986

„Dieser Fotoband macht stutzig: Blinde ersehen mit Hand und Herz, was sie formen. Man sollte die Bilder mit Grundschülern lange anschauen und Beobachtungen sammeln, ehe die Texte gelesen werden. Übungen „Von innen sehen" mit geschlossenen Augen können sich anschließen. Ein aufregendes Bilderbuch, auch für Heranwachsende unter der Frage: Was sehe ich eigentlich, wenn ich die Augen schließe?" (aus: entwurf 3/86, S. 65)

Die folgenden Bücher sind ab etwa 9 Jahren geeignet:

Ernst Klee, *Der Zappler* (körperbehindert)
Düsseldorf (Pädagogischer Verlag Schwann) 1976[2] (1974)

Max von der Grün, *Vorstadtkrokodile* (körperbehindert)
Reinbeck (rotfuchs 171) 1980

Peter Härtling, *Das war der Hirbel* (geistig behindert)
München (dtv junior 7321) 1978

2.2 Orientierungs-/Förderstufe (10–11 Jahre)

Zu den im vorigen Abschnitt zuletzt genannten Büchern ist jetzt noch hinzuweisen auf

Rolf Krenzer / H. Gschwind, *Und darum muß ich für dich sprechen*
Recklinghausen (Georg Bitter) 1981

Als Filme werden neben dem schon erwähnten „Claudia oder wo ist Timbuktu?" weiter empfohlen:

Blind (F 425)
Dokumentarfilm, 20 min., der die Außenseiterprobleme schildert.

Behindert (F 343)
Kurzspielfilm, 15 min.
über das Zusammentreffen des Rollstuhlfahrers Peter mit dem gleichaltrigen
Stefan und ihre gemeinsamen Erlebnisse in einem Kaufhaus,

Die Vorstadtkrokodile
Spielfilm, 90 min.,
nach dem gleichnamigen Buch von Max von der Grün, in dem in spannender
Form die Lebenswelt behinderter und nichtbehinderter Kinder geschildert
wird,

Der Zappler (VC 527)
Spielfilm, 70 min.,
nach dem gleichnamigen Buch von Ernst Klee, der das Leben eines 12jähri-
gen körperbehinderten Jungen schildert.

Unter den Religionsbüchern wird verwiesen auf

Das neue Kursbuch Religion 5/6 (Calwer/Diesterweg 1984), Seite 103–116
„Ohne Miteinander geht es nicht"

Das Leben suchen, Relilgion 5/6 (Diesterweg 1985), Seite 95–104
„Hilf, daß ich mir selber helfe"

Schnittpunkt 5/6 (Schroedel/Crüwell 1980), Seite 129–142
„Andere einbeziehen"

Poster für den Unterricht
Nr. 2 „Tanz mit behinderten Mädchen"
Nr. 5 „Behinderter Mensch im Rollstuhl"
Hrsg. Diakonisches Werk der EKD, Postfach 476, 7 Stuttgart 1, 1985

Aus der Reihe „Bethel im Unterricht" sind geeignet:
Poster 1: Zwei, denen es gut geht. Aus der Arbeit mit schwerbehinderten Kindern aus Bethel.
Poster 2: Keine Angst vor Berührungen. Aus der Arbeit mit anfallskranken Kindern aus Bethel.
Poster 3: Persönlichkeiten in Randsituationen. Aus der sozialpädagogischen Arbeit in Bethel.

jeweils mit Arbeitsmaterial.

Zu beziehen bei: Dankort Bethel, Haus der Öffentlichkeitsarbeit
Postfach 130 260, 4800 Bielefeld 13

2.3 Sekundarstufe I (12–15 Jahre)

Neben dem Film „André – wie soll man mit ihm umgehen?" (F 326)
Dokumentarfilm, 20 min., (ab 12 Jahre)
sei für Ältere (ab 15 Jahre) vor allem verwiesen auf den Dokumentarfilm
„Liebes Kindlein, ach ich bitt', bet' fürs bucklicht Männlein mit" 23 min. (F 356).

Es wird das Leben eines seit zehn Jahren verheirateten Paares Behinderter und ihrer nichtbehinderten achtjährigen Tochter geschildert. Dem Zuschauer wird vor Augen geführt, wie Behinderung und Unterprivilegierung zusammenhängen und welche Auswirkkungen das für die Betroffenen hat. Eine ausführliche Besprechung des Films mit didaktischen Vorschlägen findet sich in Brockmann/Veit. Mit Kurzfilmen arbeiten 2 (Benzinger/Diesterweg, 1982), Seite 101–109. Dort ist auch der Dialogtext abgedruckt, der bei der Filmvorführung teilweise schwer zu verstehen ist.

Der Film „André..." (F 326) wird in der
Unterrichtseinheit für das 7./8. Schuljahr von

Helmut Hanisch / Klaus Homann „Behinderungen überwinden"
in „danken und dienen" 1981, Seite 76–88

ebenso wie Fotos von Behinderten eingesetzt. Die Einheit zielt auf die Begegnung der Schüler mit Schülern einer Klasse einer Lernbehindertenschule. Dazu schreiben die Autoren:
„Der erzieherische Wert der Behandlung des Themas „Behinderte" steht und fällt mit der Möglichkeit der unmittelbaren Kontaktaufnahme mit Behinder-

ten. Nur durch die unmittelbare Begegnung läßt sich partnerschaftlicher Umgang aufbauen und das verbal Erarbeitete im konkreten Lebensvollzug erproben und einüben."

Die Tonbildserie von Paul Kohler *„Anders als wir?"* (TB 303) über geistig Behinderte (Calwer Verlag 1979) mit 50 Farbdias und Toncassette, 23 min., ist ab 7. Schuljahr einsetzbar.

Unter dem Titel *„Behinderte Menschen – Menschen wie wir"* ist als Begleitheft zu dem Film *„Menschen wie wir"* ein Lehrer-Begleitheft mit einer Unterrichtseinheit erschienen. (Bundeszentrale für gesundheitliche Aufklärung, Köln).

Als empfehlenswerte Bücher sind zu nennen:

Wolfgang Gabel, *Valentins Traum* (körperbehindert)
Baden-Baden (Signal) 1975

Inge Wolf, *So fing es an* (geistig behindert)
(Lentz) 1980

Jaap ter Haar, *Behalt das Leben lieb* (blind)
München (dtv junior 7805) 1986

Elfie Bonnelly, *Der rote Strumpf* (psychisch gefährdet)
München (dtv junior 70073) 1985

Rolf Krenzer, *Nur weil ich 5 Minuten zu langsam denke* (geistig behindert)
München (dtv junior 70105) 1987

Von den Religionsbüchern sind zu nennen:

Zeitzeichen Religion ab 7. Schuljahr
Schroedel/Crüwell 1980
Seite 18–27: Diakonie

Das Leben suchen Religion 7/8
Diesterweg 1984
Seite 85–104: Alle Menschen wollen leben!

Es ist das einzige Lehrbuch, das eine Darstellung der „Aktion Gnadentod" (1939) und des Widerstandes dagegen bringt.

Dia zum Thema

„Behindertenfreundschaft"
6 Dias, sw.
Hrsg. Diakonisches Werk Rheinland

3. Erwachsenenbildung

Grundlegend für Vorüberlegungen und Planung zu Veranstaltungen im Rahmen der Erwachsenenbildung, die Veränderung zum Ziel haben, ist

Walter Thimm, *Mit Behinderten leben, Hilfe durch Kommunikation und Partnerschaft Freiburg i.Br.* (Herderbücherei Bd. 604) 1977

Auf Seite 109–117 ist die Beschreibung „Seminar: Behinderte unter uns" zum Abschluß dieser lesenswerten Veröffentlichung.

Miteinander leben, Behinderte und Nichtbehinderte

Arbeitsmappe für Erwachsenenbildung

Hrsg. Ev. Erwachsenenbildungswerk Nordrhein und Rheinland-Süd e.V., 1977

Im Vorwort schreiben die Autoren: „Gilt es nicht, statt *für* die Behinderten *mit ihnen* und *für uns* zu arbeiten, zu leben? Es ist ein gemeinsamer Prozeß der Befreiung und der Selbstbefreiung".
Die Arbeitsmappe, die am Beisiel des Körperbehinderten das Problem des Behindertseins verdeutlicht, stellt ua. zwei Seminarreihen (für Erwachsene und für Jugendliche) und drei Modelle der Arbeit mit Behinderten vor.

Die Tonbildreihe
Dabeisein und mitgestalten (TB 078), 50 Dias, 29 min., f. Realfotos
informiert über Probleme geistig und körperlich Behinderter, Sinnesgeschädigter, psychisch Kranker und Mehrfachgeschädigter. Sie zeigt Diakonie in Einrichtungen für diese Menschen und Möglichkeiten der Integration in unsere Gesellschaft.

Einander annehmen
Begegnen und annehmen
Mit einander leben
Vorschläge für *Gemeindeseminare* zu den Themen „behindert", „psychisch krank", „sinnesbehindert"
alle in: danken und dienen 1981, Seite 54–70
    Arbeitshilfen für Verkündigung, Gemeindearbeit und Unterricht 1981,
    Hrsg. Diakonisches Werk der EKD

In den Vorbemerkungen zum ersten Seminar heißt es:
„Es soll nicht über Behinderte gesprochen werden, sondern mit ihnen. Die Betroffenen müssen bei allen Veranstaltungen mit dabeisein können. Die Begegnung von Behinderten und Nichtbehinderten ... muß zum Programmpunkt werden".

Aus der Fernsehserie *„Christsein im Alltag"*, 1984 befaßt sich die fünfte Sendung

„Die von nebenan" (F 055)

mit der Situation einer psychisch kranken Frau. U.a. wird in dem Film auch die Frage der Euthanasie im 3. Reich angesprochen.
Dazu gibt es eine Arbeitshilfe mit „Anregungen und Materialien für Gruppenarbeit" sowie ein Begleitheft mit Texten, hrsg. im Auftrag der Landesarbeitsgemeinschaft für Erwachsenenbildung in Rheinland-Pfalz von Horst Adams und Dr. Dieter Bach, Burckhardthaus-Verlag/TR-Verlagsunion.

Andreas Hämer, *Behinderte Gemeindeglieder*, Studienbrief Diakonie D 2
Arbeitstgemeinschaft Missionarische Dienste, Postfach 476, 7000 Stuttgart 1

4. Basisinformationen

Ernst Klee, *Behindert*
Über die Enteignung von Körper und Bewußtsein, ein kritisches Handbuch
Frankfurt/M. (Fischer Taschenbuch) 1987 (überarbeitete Ausgabe), Bd. 3860

Ernst Klee, *Behindertenreport*
Bd. I 1974 (Nr. 1418) Bd. II 1976 (Nr. 1747)
Frankfurt/M. (Fischer Taschenbuch)

Handbuch der Praktischen Theologie. Band 4, Praxisfeld: Gesellschaft und Öffentlichkeit, Gütersloh (Gütersloher Verlagshaus Gerd Mohn) 1987, S. 382–428: Hilfe für Behinderte

mit den Abschnitten:

Behinderte als Herausforderung unserer Gesellschaft (Ernst Begemann)
Blinde und Sehbehinderte (Hans Rupp)
Gehörlose und Schwerhörige (Dietfried Gewalt)
Geistig Behinderte (Günter Ruddat)
Körperlich Behinderte (Günter Ruddat)
Schwerstbehinderte (Ernst Begemann)

mit ausführlichen Literaturangaben.

Wir brauchen einander, Behinderte in kirchlicher Verantwortung
hrsg. von Geiko Müller-Fahrenholz
Frankfurt/M. (Lembeck) 1979

Ulrich Bach, *Boden unter den Füßen hat keiner*
Göttingen (Vandenhoeck & Ruprecht) 1980

Ulrich Bach, *Dem Traum entsagen mehr als ein Mensch zu sein*
Neukirchen-Vluyn (Neukirchener) 1986

Erika Schuchardt, *Warum gerade ich ...?* Behinderung und Glaube
Pädagogische Schritte mit Betroffenen und Begleitenden
Offenbach (Burckhardthaus-Laetare) 1985[3] (1981)

Das Zentrum der Studie bilden Lebensgeschichten und Deutungsmuster
Betroffener. „Wie erleben Betroffene und ihre Bezugspersonen Kirche? Welche Erfahrungen machen sie mit menschlicher Begleitung und christlichem Glauben?"
Das Buch enthält eine ausführliche Bibliographie von Biographien und Autobiographien Behinderter von 1900 bis 1984, die sowohl alphabetisch als auch nach Behinderungsarten aufgelistet ist.

5. Zum Betrachten, Lesen und Nachdenken

Wolfgang Hahner, *Das kleine große Glück behinderter Kinder*
Hrsg. vom Fachbereich Design der Fachhochschule Bielefeld
Neukirchen-Vluyn (Neukirchener) 1978[2]

Antoinette Becker / Elisabeth Niggemeyer
Chancen für behinderte Kinder und Jugendliche
Stuttgart (Klett-Cotta) 1978

Das „Fotolesebuch" zeigt und schildert in 16 Abschnitten Hilfen für behinderte
Kinder und Jugendliche. Die Verfasserinnen schreiben dazu:
„Dieses Buch will kein Mitleid erzeugen, sondern die Bedürfnisse behinderter
Jugendlicher und die Möglichkeiten ihrer Lern- und Arbeitsfähigkeit bekannter machen und die privaten Initiativen vermehren."

Barbara Lister (Hg.), *Briefe an die heile Welt*
Behinderte schreiben an (sogenannte) Nichtbehinderte
Frankfurt/M. (Eichborn) 1981

Thema: Eugenik und Euthanasie

1. Religionsunterricht Sekundarstufe I (ab Klasse 9)

„Aus Mitleid töten?"
in: H. Hansich / O. Haas
24 Unterrichtseinheiten für den Religionsunterricht im 8./9. Schuljahr der
Hauptschule, 1. Halbband, Seite 152–177
Stuttgart (Calwer) 1980

In dieser Einheit über die aktuelle Problematik der Sterbehilfe findet sich ein Abschnitt über den „Mißbrauch der Euthanasie" in der Zeit des NS.

In dem Religionsbuch für die Sekundarstufe I

Anpassung oder Wagnis
Diesterweg 1971

wird auf Seite 119 (Nr. 90 und 91) die Aktion „Gnadentod" und der Widerstand dagegen (Kardinal von Galen) sowie auf Seite 151 (Nr. 126) F. von Bodelschwingh behandelt.

Die „Aktion Gnadentod"
in: Arbeitshefte Religion für 8.–10. Schuljahr
         Kirche im Dritten Reich
         Heft 2: Zwischen Schuld und Widerstand, Seite 3–8
         Lahr (Kaufmann) 1983
dazu
         Unterrichtsmodelle Religion
         Kirche im Dritten Reich, Seite 46–48, 92–99
         (Lehrerband)
         Lahr (Kaufmann) 1984

Aus Mitleid töten?
Ein Entwurf zum Problem der sogenannten „Euthanasie", Schuljahre 9–13
Modelle für den Religionsunterricht 1, Materialheft und Lehrerheft
Stuttgart/M. (Calver Kösel) 1979[4] (1972)

2. Religionsunterricht Sekundarstufe II und Erwachsenenbildung

„Das Recht auf Leben ist unantastbar"
Die Lebenshilfe für geistig Behinderte erinnert an die Opfer der NS-Euthanasie
Bundesvereinigung Lebenshilfe e.V., Marburg 1985

Die Broschüre enthält neben einer Erklärung der Bundesvereinigung und einem geschichtlichen Überblick Dokumente und Erinnerungen sowie eine Literaturliste.

„Euthanasie"
Göttinger Quellenhefte 22. Bearbeitet von Ruth Engelbert
Göttingen (Vandenhoeck & Ruprecht) 1977[2]

In dem Heft wird die Frage der Sterbehilfe von verschiedenen Seiten (aus rechtlicher, medizinischer, ethischer, christlicher Sicht) diskutiert. Ein Abschnitt ist dem Thema „Vernichtung ‚lebensunwerten' Lebens" und dem Widerstand dagegen (Kardinal von Galen, F. von Bodelschwingh) gewidmet.

188

Die Vernichtung „lebensunwerten" Lebens – das Problem der Euthanasie

in: Arbeitsmaterial Religion Sekundarstufe II
        Volker Fabricius, Kirche im Nationalsozialismus
        Zwischen Widerstand und Loyalität, Seite 37–44
        Frankfurt/M. (Diesterweg) 1982
dazu
        Lehrerhandbuch, Seite 81–96.

Themaheft: *Sterbehilfe*
botschaft und dienst 1985, Heft 3

Das geknickte Rohr zerbrechen: „Euthanasie" in der NS-Zeit

in: Der weite Raum Heft 1, März 1985
        Zeitschrift der Kaiserswerther Generalkonferenz, Breklum

3. Filme

„Grafeneck – Die Zeit des Lebens" (F 697)
BRD 1984, Dokumentarfilm Farbe und sw. 43 min.

Fünf Wochen hielt sich der Dokumentarist in Grafeneck auf. Die Anstalt liegt auf der schwäbischen Alb fernab von jeglichem Kontakt zur Außenwelt. Mit ihren 110 Patienten, ihrem landwirtschaftlichen Betrieb und ihren Werkstätten unterscheidet sie sich kaum von anderen Einrichtungen dieser Art. Doch der Name Granfeneck steht für eine fürchterliche Vergangenheit.
Hier verwirklichten die Nationalsozialisten zum ersten Mal ihre Vorstellung von Euthanasie. 11 000 behinderte Kinder und Erwachsene wurden in Grafeneck vergast und verbrannt. In dem Heim lernt der Autor des Films drei Menschen kennen, deren Leben die Dokumentation vornehmlich nachzuzeichnen versucht. (aus: Kurzfilmliste 87/88, Hrsg. GEP und IFF)

„Fritz. Die zweite Beachtung" (F 686)
BRD 1984, Dokumentarfilm Farbe und sw, 12 min.

Zum ersten Mal taucht Fritz 1938 in einem Nazi-Propagandafilm über „unwertes Leben" auf. Dort hat ihn Hartmut Schoen entdeckt und anschließend aufgesucht. Er lebt noch immer im gleichen Zimmer in der gleichen Anstalt, in der er 1929 eingeliefert wurde. Die Geschichte eines alten Mannes, der, wie er selbst sagt, mit dem richtigen Leben nie in Berührung gekommen ist. (aus: Kurzfilmliste 87/88, Hrsg. GEP und IFF)

„Noch 16 Tage – Eine Sterbeklinik in London" (F 203)
BRD 1971, (FWU), Dokumentarfilm, 30 Min., sw.

Wer in das St. Christopher Hospiz im Südosten von London eingeliefert wird, stirbt in 16 Tagen, so sagt die Statistik. Die 50 Patienten, die hier liegen, sind von den Ärzten als unheilbar krebskrank aufgegeben. In einem gewöhnlichen Krankenhaus würde man sie „abschieben", St. Christopher jedoch wurde ausschließlich für sterbende Menschen gebaut. Wer hier eingeliefert wird, erfährt die nötige Pflege durch Personal, das Zeit für ihn hat: Schmerzen werden durch sorgfältig dosierte Drogen gelindert, eine familienähnliche Atmosphäre hilft, Einsamkeit und Verzweiflung der letzten Tage zu überwinden. Ein Fernsehteam befragte drei Wochen lang Ärzte, Patienten und Besucher der Klinik und beobachtete das Leben und Sterben in diesem Haus. (aus: Verleihkatalog 84 fffz)

„Sterbehilfe – Mord oder Möglichkeit" (F 373)
BRD 1974, Dokumentarfilm, 45 min., f.

Die Autorin des Films spricht mit Schwerkranken, mit Ärzten, Juristen und Seelsorgern über die Frage der Euthanasie, Patienten wünschen Sterbehilfe, Juristen haben Bedenken, von Ärzten gehen die differenziertesten Meinungen aus. Sie unterscheiden zunächst aktive und passive Euthanasie. Erstere ist als künstliches Herbeiführen des Todes zu verstehen, passive Euthanasie ist das Unterlassen lebensverlängernder Maßnahmen. Der Arzt ist verpflichtet, Leben zu retten, solange eine Chance besteht. Aber widerspricht jede Bemühung über diese Chance hinaus nicht der Pietät, dem Recht des Menschen, mit Würde zu sterben? (aus: Verleihkatalog 84 fffz)

4. Basisinformationen

Ernst Klee, *„Euthanasie" im NS-Staat*
Die „Vernichtung lebensunwerten Lebens"
Frankfurt/M. (Fischer Taschenbuch) 1985 (Nr. 4326)

Dokumente zur „Euthanasie"
Hrsg. Ernst Klee
Frankfurt/M. (Fischer Taschenbuch) 1985 (Nr. 4327)

Thema: Gen-Technologie und ihre Folgen, Humangenetik

1. Religionsunterricht Sekundarstufe II und Erwachsenenbildung

„Gen-Technologie"
Ein Unterrichtsvorschlag zur aktuellen Diskussion
in: Pädagogik heute (Beltz), Heft 12, Dezember 1986, Seite 26–37

An Beispielen von Leihmutterschaft werden die medizinischen, rechtlichen und ethischen Fragen von extrakorporaler Befruchtung und Fremdschwangerschaft erörtert. Leitend ist dabei für den Autor der Begriff der „Menschenwürde". Das Gutachten der Benda-Kommission ist berücksichtigt.

„Leben um jeden Preis?"
zum Weitergeben, Ausgabe 3, Juli 1986
Arbeitshilfen der Evang. Frauenhilfe in Deutschland e.V.

Das Heft enthält u.a. einen grundlegenden Aufsatz über „Die neuen Techniken menschlicher Fortpflanzung" mit einem Vorschlag zur Bearbeitung des Themas sowie eine Abhandlung über „Bevölkerungspolitik und Rassegedanke im Dritten Reich" mit Quellenzitaten. Wichtige Literatur zum Thema wird besprochen.

„Zum Menschenbasteln – Bio- und Gentechnik"
von R. Frauenknecht / Ch. Meyers-Herwartz
Bonn, April 1986

in zweiter erheblich erweiterter Auflage erschienen unter dem Titel

„Es werde Mensch"
Zur Befruchtungs- und Gentechnik, Bonn, Januar 1987
Landesverband Evang. Frauenhilfe im Rheinland

Eine Zusammenstellung von reichhaltigem Informationsmaterial und Arbeitseinheiten zum Thema sowie einem Literaturverzeichnis.

2. Basisinformationen

Günter Altner, Ernst Benda, Georges Fülgraff
„Menschenzüchtung – Ethische Diskussion über die Gentechnik"
Im Auftrag des Deutschen Evangelischen Kirchentages
hrsg. von Konrad von Bonin
Stuttgart (Kreuz Verlag) 1985

Schöpfer Mensch?
Gen-Technik, Verantwortung und unsere Zukunft
hrsg. von Stephan Wehowsky
Gütersloh (Gerd Mohn Verlagshaus) 1985 (GTB Siebenstern 574)

Delaisi de Parseval, Alain Janand
„Ein Kind um jeden Preis"
– Ethik und Technik der künstlichen Zeugung –
Weinheim und Basel (Beltz) 1986

Ulrich Eibach
„Gentechnik – der Griff nach dem Leben"
Wuppertal (R. Brockhaus) 1986 (Tb. Bd. 398)

Das Leben achten
Maßstäbe für Gentechnik und Fortpflanzungsmedizin
Beiträge aus der Synode der Evangelischen Kirche in Deutschland von Traute
Schröder-Kurth, Klaus Koch, Christel Meyers-Herwartz, Dietrich Ritschl
Gütersloh (Verlagshaus Gerd Mohn) 1988 (GTB Siebenstern 581)

„Instruktion der Kongration für die Glaubenslehre über die Achtung vor dem beginnenden menschlichen Leben und die Würde der Fortpflanzung" vom
10. März 1987
Verlautbarungen des Apostolischen Stuhls Nr. 74
zu beziehen über: Sekretariat der Deutschen Bischofskonferenz,
Kaiserstraße 163, 5300 Bonn 1

Medien werden mit den Verleihnummern des Film-Funk-Fernzehzentrum
(fffz), Lenaustraße 41, 4000 Düsseldorf 30, angegeben, soweit sie dort im Ver-
leih sind.

Günter Ruddat

Materialien und Medien im Kirchlichen Bereich

Thema: Gemeindearbeit mit behinderten Menschen

Vorbemerkung

Wer die einleitenden „Kriterien zur Beurteilung der Darstellung Behinderter"
weiterdenkt, wird sich auch den darin sichtbar werdenden Rückfragen an die
Gestalt der Kirche bzw. der Gemeinde vor Ort zu stellen haben, Kirche und
Gemeinde nicht als Lebensräume zu verstehen, wo auch einmal etwas *für* die
Behinderten „gemacht" wird, sondern wo grundlegend Gemeinde *mit* behinderten und nicht-behinderten Menschen zu „leben" versucht wird. Dabei wird
sich die „verwandelnde Kraft" solchen Miteinanders in jeder Gemeinde ent-
puppen. Die Botschaft der ökumenischen Weltkonferenz in Vancouver ist in
dieser Richtung wünschenswert deutlich:

> „Wir sind alle nach dem Bilde Gottes geschaffen; wir alle, Behinderte eingeschlossen, sind leben-
> dige Steine des Hauses, das Gott baut und das die Kirche darstellt (1 Petr 2,4–5). Behinderte können
> nicht isoliert werden; sie sind Teil des Hauses (oikos) und für die Ganzheit und die Würde der Kirche
> wesentlich. Die zehn Prozent der Weltbevölkerung, die im Hören, Sehen, Sprechen, in der Fortbe-
> wegung, in geistiger und sonstiger Hinsicht behindert sind, bilden einen integrativen Bestandteil von
> Kirche und Gesellschaft." (Bericht von Vancouver '83, Frankfurt/M., S. 84)

In den letzten beiden Jahrzehnten ist „Gemeindearbeit mit behinderten Menschen" besonders über den *Einstieg: Kinder- und Jugendarbeit, Konfirmandenarbeit und Gottesdienst* erfolgt.

Das spezielle *Thema „Behinderte"* kann dabei vorbereitende oder laufend unterstützende Funktion gewinnen (vgl. dazu die vorstehenden Anregungen aus der Religionspädagogik), aber nicht die lebendige Begegnung und den Umgang miteinander ersetzen. Hier ist an die Erfahrung vieler Gemeinden anzuknüpfen, die immer mehr *vom punktuellen Kontakt* (Einladung von behinderten Menschen zu besonderen Feiern oder kurzen Anstaltsbesuchen), der leicht in der Gefahr steht, „Zoo"-Atmosphäre zu verbreiten, *über gemeinsame Wochenenden und Freizeiten* (zum Beispiel Konfirmanden- oder Gemeindeseminare in Kaiserswerth oder Bethel) *zum kontinuierlichen Miteinanderleben im Alltag der Gemeinde* zögernde Schritte gehen.

Eine andere Gelegenheit, elementaren Zugang zu gewinnen, kann der in letzter Zeit häufiger werdende Eltern-Wunsch sein, ihr behindertes Kind in die Krabbelgruppe oder den Gemeinde-Kindergarten „einzubringen". Hier ist einerseits die Flexibilität bestehender Sonder-Einrichtungen, andererseits die Sensibilität vorhandener Regel-Einrichtungen gefragt.

Auf diesem Hintergrund werden darum im folgenden einzelne *Beispiele* aus der *Jugend- und Freizeitarbeit* vorgestellt, deren gemeindepädagogische und -diakonische Impulse weitergreifen. Dies gilt auch für den Bereich der *Konfirmandenarbeit*, bei der Lernbehinderte selbstverständlich einbezogen sein sollten ... und alle anderen behinderten Jugendlichen nach Möglichkeit auch! Wegen der oft schwierigen oder gar unmöglichen organisatorischen Voraussetzungen sind so weitgreifend wie möglich den wöchentlichen Unterricht ergänzende Formen des Verbundes (gemeinsame Nachmittage oder Freizeiten, Gottesdienste und Konfirmation) immer wieder neu zu entdecken und auszugestalten. Hier gibt es erhebliche Theorie- und Praxis-Defizite. Ein kurzer Seitenblick auf die *Behandlung des Themas in den neueren Arbeitsbüchern zum Konfirmandenunterricht* ist nicht besonders ermutigend, immerhin können die vorstehenden Hinweise zum Religionsunterricht hier erste Hilfe leisten.

Gemeindegottesdienst wie Schulgottesdienst können schließlich als Indikator angesehen werden, inwieweit mit dem „Miteinanderleben" ernst gemacht wird.

Nimmt man die Erfahrungen aus diesen drei Bereichen zusammen, so ergeben sich erste *Bausteine für ein Gemeindekonzept*, das leider noch aussteht. Weitere Überlegungen finden sich in folgender Literatur:

Deutscher Caritasverband – Referat Behindertenhilfe (Hg),
Behinderte + Pfarrgemeinde. Hilfen für die Praxis. Materialien – Grundlegende Beiträge – Seelsorge – Tätigkeitsbereiche + Projekte. Ringbuch.
Freiburg i.Br. 1978 (eine Neubearbeitung ist geplant)

Günter Ruddat, *Gemeinde – Treffpunkt für die Opfer der Zeit*. Teil A.
In: Themenstudien für Predigtpraxis und Gemeindearbeit, Band 4.
Stuttgart 1980, 63–71

Arbeitsstelle für Bildungsfragen (Hirschengraben 13, CH-6002 Luzern),
Menschen wie Ihr! Arbeitshilfen für die Verantwortlichen im kirchlichen Dienst zum Thema „Behinderte Mitmenschen". Mappe.
Luzern 1981

Barbara Averwald, *Leben mit geistig Behinderten in christlichen Gemeinden*, Essen 1984

Norbert Mette, *Umgang mit Behinderten – Testfall christlicher Gemeinde*.
In: Beiträge zur Körperbehindertenfürsorge Nr. 43, Freiburg i.Br. 1988, 14–26

1. Jugend- und Freizeitarbeit

Wie Arbeit mit jungen Leuten das Miteinander von behinderten und nichtbehinderten Menschen fördern kann, dafür liegen inzwischen aus verschiedenen Orten gedruckte, mutmachende und nachvollziehbare „Erfahrungen" vor:

Beispiel: Essen
Werkbuch Behindertenarbeit: Ick bin all da.
Hg. Freizeitgruppen und Elternarbeitsgruppen der Arbeit mit geistig behinderten Menschen in Essen und Behindertenreferat des Ev. Stadtkirchenverbandes Essen (II. Hagen 7, 4300 Essen 1), 1978
Auf 56 Seiten wird in diesem mit viel Engagement und Liebe zusammengestellten Heft exemplarisch und überzeugend aufgezeigt, wie die Verantwortung einer Gemeinde ihren geistig behinderten Gemeindegliedern gegenüber aussehen kann und sollte. Viele Fotos und Berichte geben einen Eindruck davon, wie man zusammenleben und was man alles miteinander unternehmen kann.

Zum Hintergrund und zur Perspektive dieser Essener Erfahrungen liegen weitere Materialien vor, die über das Behindertenreferat bezogen werden können:
Hannelore und Klaus von Lüpke, Entwicklungsschritte und gegenwärtige Angebote gemeindlicher Behindertenarbeit in Essen, 1978

Auch wer nicht zählen kann, zählt mit. Auch wer nicht sprechen kann, hat viel zu sagen. Bilder und Erfahrungen aus der Freizeitarbeit mit geistig behinderten Menschen in Essen und Informationen über Möglichkeiten der Mitarbeit. 1981

Ich habe eine Behinderung – aber ich bin Uschi! Thomas! Claudia!
20 Gegensatzaussagen über geistig behinderte Menschen. 1981

Recht und Ohnmacht behinderter Menschen. 11 Thesen zur Behindertenpolitik. 1981

In dem Themaheft der Zeitschrift für Mitarbeiter in der Behindertenhilfe „Zur Orientierung": Offene Formen in der Arbeit mit behinderten Menschen (Nr. 3/88) hat Klaus von Lüpke seine „Überlegungen zur Zielbestimmung und Praxisgestaltung von Behindertenarbeit" in 14 Thesen unter der Überschrift *„Miteinander für eine menschlichere Stadt"* (S. 20–21) zusammengefaßt, eine umfangreichere Ausarbeitung zu diesen Thesen ist vom o.g. Behindertenreferat zu beziehen.

Beispiel: Leverkusen

Ein geistig behinderter Jugendlicher erobert die Disco und bringt den Stein ins Rollen. Von den ersten sieben Schritten der Matthäus-Gemeinde in Leverkusen-Wiesdorf berichtet:

Günter Ruddat, Behinderte

In: Christof Bäumler / Norbert Mette (Hg.), Gemeindepraxis in Grundbegriffen. Ökumenische Orientierungen und Perspektiven. München/Düsseldorf 1987, S. 92–105

Zum Hintergrund und zur Perspektive der „Gemeinde ohne Stufen", wie es in Leverkusen genannt wird, liegen weitere Praxishilfen vor:

Die gelungene Verknüpfung von Freizeitarbeit und Gemeindefest (Gottesdienst) dokumentiert ausführlich:

Günter Ruddat, Fest und Gottesdienst. Drei Versuche aus der Praxis.
In: Der evangelische Erzieher, Frankfurt 35, 1983, Heft 2, 109–134

Über die aus der Freizeitarbeit erwachsene Arbeit des mobilen Entlastungsdienstes für Familien mit behinderten Angehörigen berichtet:

Günter Ruddat, Erste Schritte zur ambulanten Diakonie: Entlastung der Familien mit Behinderten.
In: Diakonie im Rheinland, Düsseldorf 1985, Heft 3, 26–29

Die bisher zehn Jahre Leverkusener Erfahrung sind bis hin zu Liedern und Texten dokumentiert in der 1988 erschienenen „Festschrift zum 10jährigen Jubiläum des Freizeittreffs mit Behinderten und Nicht-Behinderten" (Bezugsadresse: Ev. Matthäus-Kirche, Karl-Bosch-Straße 4, 5090 Leverkusen 1).

Beispiel: Dortmund

Martin Schröter, Behindertenselbsthilfe

In: Norbert Mette (Hg.), Wie wir Gemeinde wurden. Lernerfahrungen und Erneuerungsprozesse in der Volkskirche. München/Mainz 1982, 170–181

Nach 10 Jahren Arbeit in Dortmund-Scharnhorst resümiert Schröter den Ansatz über „Hilfe zur Selbsthilfe".

Beispiel: Ludwigshafen

Hermann Frohnhöfer / Inge Schmidt, Club 86 – Sonderschüler, Eltern und Freunde. Zehn Jahre Erfahrungen mit außerschulischer Bildungs- und Freizeitarbeit. Rheinstetten 1981.

Dokumentation einer Clubarbeit mit Lern- und Geistigbehinderten, die aus der Zusammenarbeit von Schule und Gemeinde erwächst.

Beispiel: München

Aus der offenen Behindertenarbeit der Evangelischen Jugend München (Nördliche Auffahrtsallee 14, 8000 München 19) liegen verschiedene Materialien vor:

Arbeitshilfe Offene Behindertenarbeit, 1979
Dazu ergänzend:

Orientierungshilfe für den Umgang mit geistig- und körperlich behinderten Kindern und Jugendlichen, 1980

Spiele, Gestaltungsmöglichkeiten, Aktionen in Freizeiten mit behinderten Kindern und Jugendlichen, 1980

Über lokale Erfahrungen hinausgreifend sind zu diesem Bereich noch folgende Veröffentlichungen wesentlich:
Walter J. Zielniok / Dorothea Schmidt-Thimme,
Gestaltete Freizeit mit geistig Behinderten
Heidelberg 1977 (3. erweiterte Auflage 1983)

Ein übergreifend anregendes und praktikable Elemente und Modelle zusammenfassendes Buch mit einer hilfreich differenzierten Bibliographie. Das darin dokumentierte Beispiel *„Pfadfinder-Trotz-Allem" (PTA)* aus dem katholischen Bereich (Deutsche Pfadfinderschaft St. Georg) findet sein evangelisches Pendant in der Starthilfe für die Gruppenarbeit mit Behinderten des Verbandes Christlicher Pfadfinderinnen und Pfadfinder (Wichernweg 3, 3500 Kassel): Spuren – Materialien für die Gruppe. Reutlingen 1983

Weitere Anregungen für die Freizeitgestaltung:

Rolf Krenzer, Freizeit mit Geistigbehinderten.
(Anleitung in Karteiform), Bern 1975

Deutscher Caritasverband – Referat Behindertenhilfe (Hg.),
Freizeit Behinderter. (Ringbuch); Freiburg i.Br. 1977

Diakonisches Werk der EKD (Hg.), Arbeitshilfe
Ferien mit behinderten Menschen. (Ringbuch); Stuttgart 1981[2]

Lebenshilfe für geistig Behinderte / Landesverband Nordrhein-Westfalen (Hg.),
Spielfeste – Anregungen und Materialien. Köln o.J.
(Bezugsadresse: Karl-Bosch-Str. 33, 5000 Köln 30)

2. Konfirmandenarbeit

Eine umfassende Aufarbeitung dieses Themas steht aus, auf folgende wichtige Überlegungen zur Gestaltung des Konfirmandenunterrichts mit behinderten Jugendlichen wird hingewiesen:

Albert Stein, Die christliche Gemeinde und ihre geistigbehinderten Glieder, in: Wissenschaft und Praxis in Kirche und Gesellschaft, Göttingen 62, 1973, 242 ff.

Gerd Wiesner, Integration oder Aussonderung? Behinderte in der Konfirmandengruppe. Beilage zu: Schönberger Hefte 4/1973

Konfirmandenunterricht und Konfirmation geistig Behinderter. Vorschläge und Anregungen. Hg. Katechetisches Amt der Ev.-Luth. Kirche in Bayern, Referat Sonderschule. 1974 (Bezugsadresse: R. Rogge, Hartensteiner Str. 62, 8500 Nürnberg-Laufamholz) – eine Neubearbeitung ist für 1988 geplant!

Religionsunterricht und Konfirmandenunterricht für Gehörlose und Schwerhörige – ein Informationsdienst. Hg. Arbeitsgemeinschaft für Ev. Schwerhörigenseelsorge e.V. – erscheint in loser Folge seit 1976 (Bezugsadresse: D. Gewalt, Alsterdorfer Str. 299, 2000 Hamburg 60)

Richard Rogge, Vorbereitung Geistigbehinderter auf die Konfirmation. In: Krenzer/Rogge, Methodik der religiösen Erziehung Geistigbehinderter. Lahr/München 1978, 199 ff.

Diakonisches Werk der EKD (Hg.), Unsere Konfirmation. Stuttgart 1979, 1981[3]. Schüler- und Lehrermappe (für den KU mit Geistigbehinderten: Lehrplanentwurf, Poster, Arbeitsblätter und Bastelbogen)

Ernst Wörle, Eine Gemeinde ohne Behinderte ist eine behinderte Gemeinde. Erfahrungen mit der gemeinsamen Konfirmation von Geistigbehinderten und Nichtbehinderten. In: Katechetische Blätter, München 105, 1980, Heft 2, 368 ff.

Rudolf Atsma, Religionsunterricht und kirchlicher Unterricht mit Körperbehinderten. Münster 1980 (Bezugsadresse: Comenius-Institut, Schreiberstr. 12, 4400 Münster)

Richard Rogge, Konfirmation und Konfirmandenunterricht geistig Behinderter. In: Diakonie. Beiheft 4, Stuttgart o.J. (1981), 75–81

Diakonisches Werk der EKD (Hg.), Nicht nur 1981. Diakonische Initiativen für Behinderte und Nichtbehinderte. Stuttgart 1982 (darin Beiträge zum Thema aus den unterschiedlichen Behinderungsbereichen)

Gottfried Adam, Zur Konfirmation Geistigbehinderter. In: danken und dienen '86. Arbeitshilfen für Verkündigung, Gemeindearbeit und Unterricht. Hg. Diakonisches Werk der EKD. Stuttgart 1986, 42–46

Ernst Wörle, Konfirmation geistig behinderter Jugendlicher. In: Adam/Schultze (Hg.), Religionsunterricht mit Sonderschülern. Münster 1988, 291–299

Wörle stellt darin seine Arbeitshilfe „Mein klingendes Konfirmandenbuch" vor, die aus Arbeitsblättern und einer Kassette besteht, deren Lieder überwiegend auf der Pfälzischen Kindermesse basieren. Diese ist auf einer Schallplatte mit Partitur veröffentlicht (Studio Union, Limburg/Lahn, Best.Nr. 330).

Handreichung: Konfirmandenunterricht mit Behinderten, Hg. Ev. Kirche von Hessen und Nassau. Darmstadt (in Vorbereitung)

Zur grundlegenden Information des Unterrichtenden:

Deutsches Institut für Fernstudien an der Universität Tübingen (DIFF), Fernstudium für evangelische Religionslehrer an Sonderschulen. 10 Studieneinheiten. Weinheim/Basel 1982 ff. – Erprobungsfassung

Hans-Günter Heimbrock, Religiöse Erziehung behinderter Kinder. Ein Literaturbericht. In: Jahrbuch der Religionspädagogik Band 2. Neukirchen 1986, 144–160

Gottfried Adam / Herbert Schultze (Hg.), Religionsunterricht mit Sonderschülern. Dokumentationsband des ersten Würzburger Religionspädagogischen Symposiums.
Münster 1988 (Bezugsadresse: Comenius-Institut, Schreiber 12, 4400 Münster)

Richard Rogge, Literatur zur religiösen Erziehung. Hg. Katechetisches Amt Heilsbronn, Referat Sonderschulen (Hartensteiner Str. 62, 8500 Nürnberg 30) –
Teil A: Lernbehinderte. 12. Überarbeitung 1981
Teil B: Geistigbehinderte, Körperbehinderte, Erziehungsschwierige, Sinnesgeschädigte.
8. Überarbeitung 1981

Thema „Behinderte" im Konfirmandenunterricht

Das Thema wird in den gängigen Arbeitsbüchern für den KU meist nur als Foto-Impuls: „Nichtbehindertes Kind schiebt Kind im Rollstuhl" o.ä. im Rahmen des Themas „Diakonie" oder „Kirche" angedeutet.

Weitergreifende Angebote sind rar:

Wem kann ich glauben?, Hammersbach 1980

Die Situation eines Querschnittgelähmten wird am Ende der Einheit „Lohnt es sich zu leben?" zur „Überprüfung des Lernerfolgs" eingesetzt. – Die Theodizee-Frage wird am Beispiel einer kindergelähmten Frau im Rahmen-Thema „Gott und das Böse" behandelt. – In der Jesus-Einheit gehört ein Behinderter zu den Eingeladenen des großen Abendmahls.

Leben entdecken, Hannover 1981

„Versager haben Chancen", unter dieser Überschrift wird u.a. die Lebenssituation behinderter Menschen angesprochen bis hin zu dem leider isoliert bleibenden Hinweis im begleitenden Handbuch, den „Tagesablauf eines behinderten Jugendlichen" sich vorzustellen.

Fundamente, Neukirchen-Vluyn 1983

Abgesehen von den vertrauten Foto-Impulsen fällt lediglich eine gesonderte Seite über „Bethel" auf. Behinderte Menschen im Alltag der Gemeinde sind nicht im Blick.

Tagebuch für Konfirmanden, Düsseldorf 1987

Auch hier ein ähnliches Bild. Zu unserem Thema besonders ärgerlich: wie in der Kain und Abel-Geschichte (40) undifferenziert parallelisiert wird:
„... Doch Gott konnten die Taten des Kain nicht imponieren; er begann zu ahnen, was mit Abel geschehen war: Der war in der Anstalt für Behinderte unsichtbar gemacht worden – der war ins Altersheim zum Verwesen gebracht ..."

Bei aller kritisch zu betrachtenden Anstaltsgeschichte und deren oft scheinbar ungebrochen belastender Tendenz zur Ghettoisierung wäre angesichts solcher Konkretion eine intensive Beschäftigung der Konfirmanden mit dem Thema „dran" ... und gerade nicht – wie unter der Überschrift: „Meine Kirche" – nur mit Verweisen auf Fachleute (siehe „Seelsorge-Kirche") und die zu ermittelnde Zahl der Behinderten (siehe „Diakonische Kirche").

Über diesen die ganze Problematik signalisierenden Befund hinaus liegen als besondere Materialien vor:

Ralph Crimmann, Mein behinderter Nächster. Ein Arbeitsheft für den Religions- und Konfirmandenunterricht. Diakonie-Briefe für den Unterricht Nr. 6. Stuttgart o.J. (1981)
Klassensätze sind zum Stückpreis von 0,50 DM direkt bei der Druckerei zu bestellen: PLAG-Druck, Steingasse 7, 3578 Schwalmstadt-Treysa.

Maria Hundsdörfer, Leseszenen für Konfirmanden und Jugendliche zur Erschließung von Literatur über Behinderte. In: Hans-Heinrich Strube / Weert Flemmig, Lernen mit Medien (ku-praxis 7), Gütersloh 1977, 40–41

3. Gottesdienst

Auch hier liegen nur einzelne Überlegungen und einige Erfahrungsberichte vor, die im folgenden zusammengestellt sind:

Eberhard Röhm, Geistig Behinderte sind der Schatz einer Stadt.
Anregungen zu einem Gottesdienst und einer Ausstellung. In: entwurf, Stuttgart/Karlsruhe 1975, Heft 1, 65–72

Günter Ruddat, Das behinderte Kind. In: Kindergottesdienst-Helferhandbuch. Hg. Rheinischer Verband für Kindergottesdienst. Stuttgart 1985[3] (1976), 272–282 – eine überarbeitete Neuauflage erscheint Anfang 1989!

Helmut Schmitt / Gotthard Haushofer / Michael Propp (Hg.).,
Gott hat alle Menschen lieb. Gottesdienste mit geistig Behinderten.
Würzburg 1977

Folgeband:
Helmut Schmitt / Bernhard Heuberger (Hg.),
Gott lädt alle Menschen ein. Gottesdienste mit geistig Behinderten.
Würzburg 1984

Rolf Krenzer / Richard Rogge, Methodik der religiösen Erziehung Geistigbehinderter. Lahr/München 1978 (darin Abschnitt: Gottesdienst)

Diakonisches Werk der EKD (Hg.),
Gemeinsam leben mit Behinderten. Materialien zur Gestaltung von Gottesdiensten. Ringbuch. Stuttgart 1979

Ernst Wörle, Glauben erleben. Gottesdienste mit Geistigbehinderten. In: Theologia Practica, Stuttgart 15, 1980, Heft 4, 281–284

Günter Ruddat, Nehmt einander an (Dialoggottesdienst Behinderte und Nichtbehinderte). In: Rolf Zerfaß (Hg.), Mit der Gemeinde predigen. Beispiele – Berichte – Überlegungen. Gütersloh 1982, S. 97–103

Klaus von Lüpke, Predigen mit Eierschalen, Spieluhren und Seifenblasen. Beispiele von Familiengottesdiensten mit geistig behinderten und nichtbehinderten Menschen. In: Zur Orientierung, Stuttgart 7, 1983, 275 ff. und 396 ff.

Günter Ruddat, Fest und Gottesdienst. In: Der evangelische Erzieher, Frankfurt/Main 35, 1983, Heft 2, 109–134 (u.a. Dokumentation von zwei Familiengottesdiensten zu Gemeindefesten, die aus der Freizeitarbeit mit Behinderten und Nicht-Behinderten entstanden sind).

Hans Rupp, Leiden und Behinderung als Themen der Verkündigung. Anfragen an Predigt und Seelsorge. Stuttgart 1983

Verband ev. Einrichtungen für geistig und seelisch Behinderte e.V. (Hg.), Christliches Leben in Einrichtungen für Menschen mit geistiger Behinderung. Eine Handreichung für Mitarbeiter. Stuttgart 1984

Ulrich Kolkmann / Rolf Krenzer / Sigrid Kling, Der Tisch ist gedeckt für das Fest. Gottesdienst feiern mit geistig behinderten Menschen. Bausteine zu Familiengottesdiensten. Hg. Bundesvereinigung Lebenshilfe für Geistig Behinderte e.V. Marburg/Lahn 1986

Gottfried Adam / Herbert Schultze (Hg.), Religionsunterricht mit Sonderschülern. Münster 1988 (darin verschiedene Gottesdienstmodelle)

Gottesdienst-Kartei

Das württembergische religionspädagogische Zentrum: Haus Birkach (Grüningerstr. 25, 7000 Stuttgart 70) dokumentiert alle gedruckt erschienenen Gottesdienste auch zum Stichwort: Behinderte. Die Kartei kann in kopierten Auszügen zu speziellen Themen angefragt werden.

Audiovisuelle Medien

Die ausführlichste kommentierte Zusammenstellung zum Thema aus der Schweiz liegt fortgeschrieben vor:

Medien zum Thema Behinderung. Filme – Tonbildschauen – Tonbänder. Zusammengestellt und bearbeitet vom Brigitt Baumeler. Schweizerische Zentralstelle für Heilpädagogik, Luzern 1981, 245 S.

Fortsetzung:

Audiovisuelle Medien zum Thema Behinderung. Filme – Videos – Tonbänder – Tonbildschauen. Zusammengestellt von Margret Sieber. Schweizerische Zentralstelle für Heilpädagogik, Luzern 1987, 108 S.

Vergleiche aber auch die gängigen Medienkataloge:

Film-Funk-Fernsehzentrum, Düsseldorf*
Diözesanfilmstelle, Köln
Stadt- oder Kreisbildstelle
– Stichwort: Behinderte usw.

Kurzfilmliste 88/89,
Hg. Gemeinschaftswerk der Ev. Publizistik, Frankfurt/Main
– Stichworte u.a. Behinderte Menschen / Euthanasie / Gen-Technologie / Krankheit

Spielfilmliste 88/89,
Hg. GEP, Frankfurt/Main
– Stichworte u.a. Behinderte / Krankheit

* Alle in „Materialien und Medien" erwähnten audiovisuellen Medien sind dem Film-Funk-Fernseh-Zentrum zur Anschaffung empfohlen (September 1988).

Adressen

Bundeszentrale für gesundheitliche Aufklärung,
Postfach, Köln 100

Bundesarbeitsgemeinschaft „Hilfe für Behinderte",
Kirchfeldstr. 149, 4000 Düsseldorf 30

Diakonisches Werk der EKD,
Stafflenbergstr. 76, 7000 Stuttgart 1

Deutscher Caritasverband,
Karlstr. 40, 7800 Freiburg i.Br. (Referat Behindertenhilfe)

In der Ev. Kirche im Rheinland:

Diakonisches Werk – Fachverband Behindertenhilfe
Lenaustr. 41, 4000 Düsseldorf 30

Landeskirchlicher Arbeitskreis „Behindertenseelsorge"
über Diakonisches Werk, Lenaustr. 41, 4000 Düsseldorf 30

Pädagogisch-Theologisches Institut,
Akazienweg 20, 5300 Bonn 1 (Bad Godesberg)

Rückfragen zu Materialien und Medien

Schulreferent Hans-Joachim Boué,
Stadthallenweg 16, 5230 Altenkirchen, Tel. 0 26 81 / 40 11

Pfr. Günter Ruddat,
Karl-Bosch-Str. 4, 5090 Leverkusen 1, Tel. 02 14 / 4 62 46

Die Mitglieder des Arbeitskreises:

Prof. Dr. Ernst Begemann
lehrt Lernbehindertenpädagogik an der Universität Mainz

Hans-Joachim Boué
ist Pfarrer und arbeitet als Schulreferent der Kirchenkreise Altenkirchen und Wied

Dr. Johannes Degen
ist Vorsteher des Diakoniewerks Kaiserswerth

Dr. Ulrich Eibach
ist Krankenhaus-Seelsorger in Bonn und mit der Fortbildung der Kranken-haus-Seelsorger in der Ev. Kirche im Rheinland beauftragt

Prof. Dr. Heiner Faulenbach
lehrt Kirchengeschichte an der Universität Bonn

Lorenz Grimoni
ist Gemeindepfarrer in Duisburg und Synodalbeauftragter für Hörgeschä-digten-Seelsorge

Jörn-Erik Gutheil
ist Landeskirchenrat im Landeskirchenamt Düsseldorf und war der theologi-sche Dezernent des Arbeitskreises

Dietrich Kauffmann
ist Landeskirchenrat im Landeskirchenamt Düsseldorf und war der juristi-sche Dezernent des Arbeitskreises

Prof. Dr. Caspar Kulenkampff
war Vorsitzender der Enquête-Kommission des Deutschen Bundestages für die Psychiatrie-Enquête und arbeitet bei der „Aktion psychisch Kranke" in Bonn

Dr. Martin Lexis
ist Geschäftsführer des Bonner Vereins für gemeindenahe Psychiatrie

Dieter Ney
ist Diakon; er arbeitet als Geschäftsführer des Ev. Erwachsenenbildungs-werks Rheinland-Süd und ist Vorsitzender der „Lebenshilfe" im Rhein-Huns-rück-Kreis

Dagmar Nieschke
ist Diplom-Psychologin; sie schied mit Rücksicht auf ihren neuen Arbeitsplatz vorzeitig aus dem Arbeitskreis aus

Günter Ruddat
ist Gemeindepfarrer in Leverkusen

Dipl.-Ing. Peter Schmarsel
war Presbyter und Mitglied der Landessynode der Ev. Kirche im Rheinland; er
starb vor Beendigung der Tätigkeit des Arbeitskreises

Ruth Schumacher
ist Sozialarbeiterin in Neuwied

Jürgen Seim
ist Gemeindepfarrer in Neuwied und war Vorsitzender des Arbeitskreises

Marianne Wenzel-Olesch
ist Stationsschwester in einem psychiatrischen Krankenhaus in Bonn

Klaus Dörner

Tödliches Mitleid

Zur Frage
der Unerträglichkeit des Lebens

oder:

die Soziale Frage:

Entstehung —
Medizinisierung —
NS-Endlösung —
heute —
morgen

Das Buch weist nach, daß die Nationalsozialisten die Endlösung der Sozialen Frage beabsichtigten, um dadurch, also durch Vernichtung aller industriell unbrauchbaren Menschen, wirtschaftlich, militärisch und wissenschaftlich unschlagbar zu werden. Das Buch zeigt weiter, daß dies schon lange zuvor die Logik der Industrialisierung und der späteren Medizinisierung der Sozialen Frage gewesen ist, die Nazis also nur die Konsequenz aus dieser Logik gezogen haben. Indem der Finger auf die fast 200-jährige Wunde gelegt wird, die die Erklärung der industriell unbrauchbaren Menschen zu bloßen Sachen darstellt, erscheinen der Nationalsozialismus, der Historiker-Streit, aber auch unser heutiges fragwürdiges Helfer-Verhalten sowie die aktuellen, für die Zukunft gefährlichen Diskussionen um Sterbehilfe, Sterilisierung Behinderter und Gentechnologie — mit Fredi Saal auch aus dem Munde eines Betroffenen — in einem neuen und vollständigeren Licht, das auch angemessenere Wege des Umgangs zwischen industriell brauchbaren und unbrauchbaren Menschen erkennen läßt.

DM 15,--

Zu Leben und Werk
des Dichters Jakob van Hoddis
1887 — 1987

Hrsg.: Jürgen Seim

Zum 100. Geburtstag von Jakob van Hoddis am 16. Mai 1987 macht der Essay-Band diesen Wegbereiter des literarischen Expressionismus einer breiteren Öffentlichkeit bekannt. Der Titel deutet an, daß van Hoddis in seinen Gedichten und Texten noch vor dem I. Weltkrieg alle "Weltenden", alles Grauen und Lichterverlöschen des 20. Jahrhunderts bis heute und morgen vorwegzunehmen vermochte — um einen hohen Preis.

Das Buch enthält Beiträge des Hoddis-Biographen Helmut Hornbogen, des Psychiaters Klaus Dörner (biographisch-systematisch), der Germanistin Sybille Penkert, die sich schon um die Wiederentdeckung des Expressionisten Carl Einstein verdient gemacht hat, und des unter anderem durch Beiträge zum Behindertenproblem bekannten Theologen Jürgen Seim.

DM 18,--